转型经济研究丛书

辽宁大学“211工程”三期建设资助项目
教育部人文社会科学重点研究基地建设成果
国家社科基金项目研究成果

中亚转型研究

李淑云 著

经济科学出版社

图书在版编目（CIP）数据

中亚转型研究/李淑云著. —北京：经济科学出版社，
2013. 12

（转型经济研究丛书）

ISBN 978 - 7 - 5141 - 4224 - 2

Ⅰ. ①中… Ⅱ. ①李… Ⅲ. ①转型经济 – 研究 –
中亚 Ⅳ. ①F136. 1

中国版本图书馆 CIP 数据核字（2014）第 001060 号

责任编辑：柳　敏　张庆杰
责任校对：王苗苗　杨　海
责任印制：李　鹏

中亚转型研究

李淑云　著

经济科学出版社出版、发行　新华书店经销

社址：北京市海淀区阜成路甲 28 号　邮编：100142

总编部电话：010 – 88191217　发行部电话：010 – 88191522

网址：www. esp. com. cn

电子邮件：esp@ esp. com. cn

天猫网店：经济科学出版社旗舰店

网址：http：//jjkxcbs. tmall. com

北京汉德鼎印刷有限公司印刷

华玉装订厂装订

710×1000　16 开　15.5 印张　260000 字

2013 年 12 月第 1 版　2013 年 12 月第 1 次印刷

ISBN 978 – 7 – 5141 – 4224 – 2　定价：46.00 元

（图书出现印装问题，本社负责调换。电话：010 – 88191502）

总　序

　　作为辽宁大学"211 工程"三期建设资助项目和教育部人文社会科学重点研究基地"辽宁大学转型国家经济政治研究中心"重要建设成果，经过学术团队三年多的辛勤创作与撰著，《转型经济研究丛书》就要和读者见面了。

　　"转型经济"这一概念的使用，源于转型经济国家群体的出现。20 世纪 80 年代末 90 年代初，随着东欧剧变尤其是苏联解体，这些国家毅然决然地告别了熟悉的计划经济，开始朝向陌生的市场经济转变。于是，转型经济体便油然而生了。几乎是在同一时点，即以 1992 年邓小平同志"南方谈话"以及以此精神为指导召开的党的十四大为标志，中国也成为转型经济体的重要一员。因为，此时的中国在十几年"摸着石头过河"改革探索的基础上，决定与计划经济体制彻底地分道扬镳，进而正式地将改革的目标模式确定为建立"具有中国特色的社会主义市场经济体制"。

　　转型经济出现 20 多年后，显然与其脱胎而来的计划经济业已面目全非。与此同时，它与当代西方资本主义国家的市场经济也有相当明显甚至具有本质属性的差异。可以初步预料的是，今后转型经济背弃传统上的计划经济的距离将进一步拉大，但却得不出它将被彻底并入西方国家市场经济类别的结论。看来，转型经济是一个既不同于传统社会主义国家的计划经济，也不同于当代西方资本主义国家的市场经济的相对独立且将长期存在的社会经济形态。

　　我和我的团队骨干商议并决定撰著这套丛书的时候是 2009 年的夏天，回忆起来，具体是 2009 年的 8 月 17~20 日。四天里，我们同吃同住，封闭式工作，夜以继日地研讨丛书的立意、创新、重点、研究方法等重要问题。那是源于美国、波及世界各个角落的全球金融危机爆发高点持续的时刻，这也是我有必要提及的撰著这套丛书的另一个重要背景。在全球金融危机中，尽管中国、俄罗斯等转型经济国家的表现不同，但共同点在于均遭遇来自全球金融危机的巨大冲击。而遭遇冲击的缘由在于自身的经济增长方式存在严重问题，如中国是过度的外贸依赖（当然还有投资依赖），俄罗斯是过度的能源依赖。由此引起的思索是，在开放经济条件下，如果说以往转型经济国家的主要任务是致力于市场经济制度建设的话，那么当下，转型经济国家在必须继续深化和完善这一事业的同时，又迫在眉睫地面临着根本转变社会经济发展方式的任务。这进一步表明，转型经济的使命真的可谓任重道远。

转型经济研究这一议题强烈地吸引了我们，接下来的问题就是选择怎样的写作体例方式。我的意见顺畅地成为团队骨干的共识，即撰写一套由六本著作构成的丛书。既然是一个命题之下的丛书，基本要求自然就不能是简单的罗列，而是要有相互之间的内在逻辑关系。其中的第一部著作《转型政治经济学导论》，集中讨论转型经济的约束条件、转型目标与政策空间、转型的现实矛盾与演化机制、转型经济的未来发展等一系列关乎转型经济的基本问题，旨在为随后展开进行的国别研究提供统一的理论框架和分析工具。国别研究是丛书的主体部分，包括《东亚转型研究》、《俄罗斯转型研究》、《中东欧转型研究》、《中亚转型研究》四部著作，分别对这些研究对象转型的理论与实践、进程与特色、成效与问题以及未来走向等方面进行了较为系统的总结和尽力深入的分析。此处有必要说明的一点是，严格地讲，东亚并不属于我们所界定的转型经济体之列，然而，发端于日本而形成的极具特色的东亚模式及其后来的转型理论与实践，对于从计划经济走向市场经济的纯粹的转型国家，事实上起到了不容低估的催化和借鉴作用。所以，把东亚转型置于国别研究部分之首，有助于我们从历史脉络的角度加深对转型经济的理解。最后的落脚点定位在中国，以《中国市场化民主化现代化特色之路》收官。我们期待通过这种总、分式的系统安排体例，既在构建理论分析框架与方法方面，又在梳理和剖析纷繁复杂的实践经验方面，对于转型经济研究的深入做出新的尝试和贡献。

除了丛书方式选择以及体例安排上的新意，我们还始终追求在转型经济研究内容、视角和方法上一定要有自己的特色。这里我只简要指出以下三点，希望能够得到读者的认同。

第一，把"三化"作为转型经济研究的核心内容。在梳理相关文献的过程中我们发现，以往关于转型经济的研究大多只聚焦在经济体制转轨方面。我们认为，经济体制转轨，或者说经济域的市场化问题，事实上只是转型经济的一个组成部分。经济增长方式的现代化，经济体制转轨基本取向的市场化，以及政治制度演进的民主化，在我们看来，这"三化"共同构成了转型经济的完整体系。对于转型经济国家而言，实现经济现代化是基本战略目标，而实现这一战略目标则需要依托经济制度的市场化。同时，在实现现代化赶超发展的特殊时期，一方面推动政治民主化的进程，另一方面发挥适应本国国情的政治体制的动员优势和稳定机制，显然又是十分重要的。不同国家乃至不同时期，"三化"的侧重点尤其是经济市场化与政治民主化的组合方式会有差异和变动，但又存在必须遵循的客观演化规律。把"三化"尤其是经济市场化和政治民主化的研究有机地统一和衔接起来，贯穿于我们这项研究工作的整个过程。

第二，特别关注转型经济的内外部约束。以往研究转型经济的另一个重大缺陷，就是多为描述转型经济所发生的事实，而对其事实发生的制约因素分析较少，或者不够深入。结果，只能是知其然而不知其所以然。本项研究事前锁定的突破点之一，就是要在这个环节上有所建树。我们关于转型经济内部约束的基本看法是：以制度变迁为其核心内容的经济转型，改变着社会资源和财富的产权边界，本质上是一个财富和权力重新分配的过程，这就必然引发转型主导力量关于"转型不被逆转"、"转型社会支持"、"转型时期政治权力的宪政合法性"等问题的优先考虑，从而使得经济转型演变成为一个公共选择的过程。关于外部约束：转型经济的发展道路、模式选择等，客观上对整个人类社会的发展方向必然产生十分重要的影响。于是，转型经济外部的各种力量（尤其是主要力量）不会视而不见，必然作出利己主义的支持或者阻挠的行为选项。同时，随着实践的发展，转型经济本身的成就抑或问题，又对现实中的国际政治经济体系、秩序、规则等产生重大影响。可见，转型经济的外部约束同样构成了转型经济研究的重要内容。

第三，综合运用多学科的研究工具。既然转型经济不仅限于经济制度的变迁，还涉及国内公共选择政治域、开放经济域等诸多问题，这就要求我们的此项研究工作在采用纯经济学分析方法的同时，有必要将国际政治经济学、博弈论、新制度经济学、新政治经济学等跨学科的研究工具纳入其中。对这些方法综合并默契地加以运用是复杂的，然而，学习和驾驭新方法的使用过程却是充满乐趣的，最重要的是，其研究成果一定是更为科学的。

转型经济是一个必将长期存在的社会经济形态。如此看来，迄今20

余年的转型经历不过只是拉开了序幕。这就决定了，我们奉献给读者的研究成果是阶段性的，是初步的，是不完善的。我们等待着读者的意见反馈，尤其是读者中学界同行们的批评建议，认真消化吸收，促进接续的跟踪深化研究不断提升水平。

程　伟
2013 年 4 月

前　　言

　　近代以来，国际体系一直处于动态发展变化之中。从 17 世纪中叶的威斯特伐利亚体系，到 19 世纪初期的维也纳体系，再到 20 世纪上半叶的凡尔赛—华盛顿体系和雅尔塔体系，国际体系变迁的共同特点就是以战争结局为标志。进入 20 世纪 70 年代，随着第三次民主化浪潮在全球范围内的兴起，民主化和市场化改革向世界各地蔓延，随着南部欧洲和拉丁美洲威权主义政权的更迭以及 20 世纪 80 年代末 90 年代初苏联解体、东欧剧变的爆发，以和平方式发生的社会制度转型成为国际社会的新景观。在众多国家的制度变迁中，原苏东国家的转型举世瞩目。这不仅因为原苏东国家的转型在社会制度上具有颠覆性，而且出现了转型动因、转型方案、转型战略、转型路径、转型模式和转型绩效的多样性。其中，中亚五国的转型独具特色，也异常艰难。

　　中亚五国脱胎于苏联母体，是在苏联解体的阵痛中新独立的五个国家。哈萨克斯坦、乌兹别克斯坦、土库曼斯坦、塔吉克斯坦和吉尔吉斯斯坦五国在历史上从未建立过真正独立的国家，因其地缘战略的重要性，从远古到近代，外部势力的角逐和内部力量的较量构成了中亚历史的主旋律。波斯、希腊—马其顿、突厥、阿拉伯、蒙古、俄罗斯等帝国都曾先后入主中亚，与中亚内部势力——金帐、白帐、察合台、哈萨克、帖木儿、布哈拉、希瓦、浩罕等汗国的纷争更替一道，勾勒出中亚的历史发展轨迹。从奴隶制的汗国，到沙皇俄国的殖民地，再到苏联的加盟共和国，从游牧民族到农耕社会，专制主义、高度集权的政治文化传统始终与中亚所伴随。缺乏独立建国经验，缺乏民主政治传统，集权主义思想根深蒂固等，使得独立后的中亚转型呈现出自身的特色。

尽管中亚转型是始于苏联解体的被动选择，但走西方民主化道路，建立总统制共和国，实行三权分立制度，却是中亚各国根据国内外形势发展需要而自主选择的转型目标。为此，各国以宪法为依据，在民主政治和市场经济建构过程中，力图实现宪政合法性。独立建国历史经验和既有制度基础的缺失、独立初期经济的衰退和经济基础的匮乏、大国的地缘政治争夺与较量、"颜色革命"的蔓延等，使得中亚的转型历程一波三折，漫长而艰辛。

中亚各国与俄罗斯原同为苏联国家，与中东欧同为社会主义制度国家，在近半个世纪的冷战时期，中亚与中东欧国家都处于高度集权的政治和经济制度之下，同时经历了东欧剧变和苏联解体，同样选择了西方民主化道路，但中亚与中东欧的转型却出现了同途殊归的结果。中东欧国家在十几年时间里就完成了民主转型，建立起市场经济体系，而中亚国家在过去20年，只是实现了形式上的民主，距离实质上的民主还有很长的一段距离。

纵观中亚的转型历程，不禁要问，西方国家已有百年以上历史的民主制度和市场经济模式为何在中亚会发生变质，出现了"橘生淮南则为橘，生于淮北则为枳"的变异现象？民主转型和市场经济建构的前提是什么？21世纪初在乌克兰和格鲁吉亚发生的轰轰烈烈的"颜色革命"为何会在中亚终结？制约中亚转型的外部因素和内部条件是什么？大国在中亚的较量对中亚转型目标和转型模式的确立产生了怎样的影响？如何评价中亚的转型绩效？如何预判中亚的转型前景？研究中亚转型对产生于20世纪70年代的新兴学科——转型学的贡献何在？

中亚五国因建国时间较短，国内外学术界对其的研究尚处于起步阶段。尽管在"9·11事件"，尤其是"颜色革命"后，中亚各国越来越受关注，但无论是研究力量还是研究成果都存在欠缺。总体来看，学界对中亚的研究存在着基础研究相对较多、理论研究相对较少、开拓性研究少之又少的状况。本书以中亚五国独立后的转型历程为主线，以政治转型和经济转轨为重点，通过探究中亚转型的历史逻辑，梳理民主化和市场化的构建过程，评估转型绩效，剖析转型的外部影响和内部制约因素，对中亚建国20年的政治经济转型进行全面深入的分析。本书的特点在于将具有独特地缘环境的中亚五国作为一个整体置于国际大环境中，通过与中东欧国家的比较分析，从国际视角来解读中亚国家的转型动因、模式选择和发展历程，多元审视形成中亚五国政治经济转型的特质——独立建国与政治经济转型同构、总统制发生变异、政党政治弱化的深层次原因，并对中亚转型前景进行预判。本书作为辽宁大学转型问题研究丛书不可或缺的组成部分，无论是在研究内容还是研究体例上都具有开拓性。作为具有完整地缘环境特征和转型特质的区域，中亚转型研究有着重要的学术价值，它既是对转型国家政治经济转型研究的重要补充，也是对中亚问题研究的进一步丰富与发展。

本书是国家哲学社会科学基金课题"中亚五国政治民主化问题研究"（项目批准号：05BGJ010）成果；教育部人文社会科学重点研究基地重大项目"转型国家政治民主化理论与实践比较研究——基于中东欧独联体国家转型视角"（项目批准号：12JJD810012）研究成果；同时也是辽宁大学"211工程"三期建设重点资助项目。最初本书是以"转型时期的中亚民主化问题"为标题，该研究成果在国家社科基金项目结项审批中获得"优秀"。在进行国家社科基金课题研究过程中，适逢教育部重点研究基地重大项目申报和辽宁大学三期"211工程"建设项目启动。为全面深入地研究中亚转型问题，本书以国家社科基金研究成果为基础，结合上述两个研究项目的方向，对研究内容和书稿体例进行了重大调整和修改。

本书是在程伟教授的亲自领导下完成的。他在工作繁忙的情况下挤出时间，对书稿进行了认真的审阅和修改，在此我要表达由衷的感谢。在资料收集过程中，得到了辽宁大学国际关系学院殷红老师、商学院刘宇老师以及我的研究生的帮助；尤其是殷红老师对于我完成这本书给予了许多帮助和支持，在此深表谢意。我还要特别感谢我的先生和女儿！他们无私的爱与关怀是我从事学术研究的核动力。本书写作之时，正是女儿人生最关键的时期，谨以此书送给我的宝贝女儿，预祝她心想事成！

衷心感谢经济科学出版社，感谢张庆杰和沈成宝两位老师为此书倾注的心血和认真、细致的工作！

书中难免存在不足之处，敬请读者给予批评指正。

李淑云

2013 年 12 月

目　　录

0

1

②

民主政治与市场经济建立 ·············· 71

③

演进历程与绩效评价 ·············· 110

4

外部影响与内在约束 ················· 165

5

结束语 ·················· 213

导　　论

　　20 世纪 80 年代末 90 年代初的苏联解体、东欧剧变是 20 世纪最重大的历史事件之一。它不仅瓦解了维系半个多世纪的两极格局，将霸权争夺者之一的苏联由 15 个加盟共和国分解为 15 个独立的主权国家，而且从社会制度上将其颠覆，开始全面转型。在此进程中，1991 年从苏联母体中脱胎而出的五个加盟共和国——乌兹别克斯坦、吉尔吉斯斯坦、塔吉克斯坦、土库曼斯坦和哈萨克斯坦——先后宣布独立，选择西方民主化道路，建立总统制民主共和国。与独立建国同步，开启了其政治经济和社会转型进程。

0.1　研究中亚政治经济转型的特殊意义

　　苏东剧变带来的不仅是世界大变革，而且使各国进入了经济、政治和社会的全面转型。转型是对国际体系的挑战，关系到世界地缘政治格局的重组，关系到民族国家独立主权的巩固，也关系到各国未来发展道路的选择；转型提出了制度设计、体制变迁、政治文化建构、法治基础建立等社会关系的本质问题；转型是一种现代化的过程，后社会主义的转型是从传统社会向以市场为基础的现代社会的变革；转型需要民主、市场以及公民社会的发展和现代化的实现；政治民主化、经济市场化和国家现代化是全球化时代无法回避的问题，更是苏东剧变后独立的各国必须面对的问题。

　　纵观原苏东国家的发展历程，不难发现，转型本身"既是一个具有内在相互联系的客观外在性和内在动因的历史过程的扩展，同时也是各国当地传统、各国精英自主选择的一个多样性得以实现的过程"，既需要有内生动力，又不可忽视外在因素对转型的加速作用；转型过程"具有复杂多样的路径依赖，形成各不相同的战略选择，并表现为尚未终了的、面貌各异并日益被制度化了的转型结果。转型过程不仅是内在统一的、相似的，而且是多样化的；转型的实质不仅在于其普遍性，还在于其各自不同的独特性"①。转型的普遍性表现为对民主与市场演进的共同追求，而独特性则以独一无二的转型模式体现出来。

转型模式大致可以划分为三种：一是民主化先于市场化；二是民主化与市场化同步；三是市场化早于民主化。中亚五国的转型模式是市场化与民主化同步。中亚五国在历史上从未建立过独立的现代民族国家，无论是作为沙皇俄国的殖民地，还是苏联的加盟共和国，都处在被领导者的地位，缺失制度建构的主导权。五国独立后，面临着建国与转型同构的双重任务。在既无经济基础，又无制度基础的客观形势下，要走一条从未走过的西方民主化市场化之路，中亚转型的特殊性凸显。

中亚五国的转型并非主动改革，而是被动转变，这与中亚各国在苏联时期的地位密切相关。作为地处边疆地区、发展水平落后的加盟共和国，在苏联时期，中亚地区的经济、教育、文化等获得长足发展，中央政府的拉平政策使得中亚各加盟共和国成为受益者。苏维埃联邦的性质以及对各加盟共和国权力的规定，决定了中亚各国与苏维埃中央政府政策上的高度一致。因此，中亚的转型与苏联的变革亦步亦趋。中亚的转型肇始于戈尔巴乔夫时期的制度变迁，是在所谓"新思维"和公开性、民主化政策指导下展开的。独立初期，期盼保留联盟的中亚各国却被苏联遗产的继承者俄罗斯以"甩包袱"的形式抛弃，中亚各国的转型方向为西方国家所左右。为了得到外部力量的支持，为确保国家的独立与发展，中亚各国纷纷以宪法的形式确认实行西方民主化，建立民主共和国。与此同时，以激进或渐进的方式实行经济体制改革。由于中亚独立之后地缘战略地位的提升，大国在中亚地缘政治利益争夺加剧，引发大国争相采取不同的方式驾驭中亚的转型进程。美国承认中亚各国独立的前提是中亚要承诺实行民主化，美国的中亚战略重点之一就是要推行西方的民主价值观。2005 年发生在吉尔吉斯斯坦的"颜色革命"以及 2010 年的骚乱就是有力的佐证。美国以经济援助和租借军事基地的方式来彰显其在中亚的优势地位，而俄罗斯则利用历史、民族、文化、经济和安全的紧密联系以及自身的转型实践和转型

---

① 奥勒·诺格德：《经济制度与民主改革：原苏东国家的转型比较分析》中译本，上海世纪出版集团 2007 年版，冯绍雷序，第 V 页。

模式影响中亚的转型进程。中亚国家则奉行全方位多元平衡外交战略，以期能在大国竞争中立足，推进政治经济转型进程。

由此可见，中亚转型问题错综复杂，能否成功实现政治民主化和经济市场化，事关大国地缘政治利益的争夺，事关地区安全和国际安全，事关转型国家转型模式的构建，事关中亚各国未来的发展。作为原苏东国家的重要组成部分，尤其是在转型过程中呈现出与其他国家不同的区域特质的中亚而言，研究其政治经济转型不仅可以丰富转型学的研究内容，指导中亚未来的转型实践，也可为发展中国家，尤其是经济欠发达国家的经济转型提供借鉴，其学术价值、理论意义和现实意义可见一斑。

0.2　中亚政治经济转型的特质

中亚各国的转型皆属于被动转型，其转型特质主要表现在独立建国与政治经济转型同构、总统制的变异和政党政治的弱化等方面。在转型初期，中亚的政治民主化和经济市场化进程不仅受到内部转型的影响，同时也被外部势力所左右。在 20 余年的发展历程中，中亚各国的经济、政治和社会转型相互作用、相互影响。经济发展速度和水平直接影响到政治民主化的发展进程，而民主化程度的高低又反作用于经济转型，并受到社会结构分化的影响。国际形势的变化、大国地缘政治的争夺等外部势力的干预，则对处于转型期的中亚各国起到了相当大的制约作用。始于苏联解体的中亚各国，在大国角逐的漩涡之中艰难挣扎，转型进程异常艰辛和漫长。历经 20 余年之后，中亚政治经济转型的速度与程度距离转型初期确定的目标相差甚远。

0.2.1　独立建国与政治经济转型同构

十月革命以前，中亚地区未曾出现过主权国家。19 世纪 60 ~ 70 年代，中亚最有影响的三个封建汗国——希瓦汗国、布哈拉汗国和浩罕汗国——陆续被沙皇俄国吞并，成为沙俄的殖民地。十月革命后，土耳其斯坦苏维埃社会主义自治共和国和吉尔吉斯斯坦苏维埃社会主义自治共和国①成为

---

①　1925 年改名为哈萨克斯坦苏维埃社会主义自治共和国。

俄罗斯苏维埃联邦社会主义共和国的组成部分。苏联成立后的 1924 年，苏共中央委员会决定对中亚进行民族划界，中亚地区首次出现了以民族名称命名的自治共和国。1925～1936 年，乌兹别克、土库曼、塔吉克、哈萨克和吉尔吉斯又先后加盟苏维埃社会主义联邦，成为民族加盟共和国。苏联解体后，被民主化浪潮裹挟、在以美国为首的西方国家重压之下独立的中亚各国，因形势所迫开始了转型进程，出现了独立建国与政治经济转型同构的局面。

中亚各国建国经验的缺失是苏联推行中央集权制的结果。在苏联时期，尽管各加盟共和国以主权国家身份加入苏联，苏联宪法也明确规定，各加盟共和国作为联邦的主体，完全平等并享有主权，有自己的宪法和法律。但事实上，从斯大林到勃列日涅夫，苏联党和政府推行的是高度集权和个人崇拜，导致执政党的权力向党中央转移和集中、国家行政权力向党内转移和集中、联盟中央的权力向个人转移，苏联名誉上的双重主权体制和民族联邦制徒有虚名，加盟共和国处于无权的地位，一切权力由联盟中央掌握。对中亚国家而言，独立后的第一要务就是建国和转型。

从政治学对国家的定义来看，现代民族国家需要具备四个因素：主权、领土、居民和政权组织。作为国际社会最重要的行为体，主权国家对其所辖领土和居民享有最高控制权，对外享有独立自主权。对外权力主要是通过获得国际社会承认，制定符合国家实际和发展需要的外交战略来实现。而对内的统治与治理，除了设立国家司法机关，建立必要的国家机器外，最为重要的就是建立完善的政治和经济体制。

对中亚而言，独立建国的工作可谓千头万绪，包括从主体民族、通用语言的确立，到国家内外政策的制定、边界的划分、跨国跨境问题的处理等。在众多工作中，国体和政体的确立至关重要，关系到国家的发展前途和发展方向。总统制民主共和国和三权分立体制的确立意味着中亚国家从此走上了不同于苏联时期的发展道路，是对苏联高度集权体制的变革。由此可见，在中亚，建设独立的主权国家与转型是一枚硬币的两面，缺一不可。建国和转型的目的都是为了维护国家稳定，巩固独立主权，促进经济发展。建国即转型，意味着转型既缺乏原有的制度基础，又缺乏经济和社会基础，只能是在建国和转型的过程中去探索。中亚建国即转型的状况是以往的国家转型中未曾出现过的特殊案例，成为中亚国家转型的显性特征。

0.2.2 总统制发生变异

实行总统制、以西方三权分立代替苏维埃体制，是戈尔巴乔夫执政后期苏联政治体制改革的主要内容之一。时为加盟共和国的中亚各国，与苏共中央亦步亦趋，在 1990 年 3～11 月，先后宣布实行总统制，并将其作为政治转型的核心内容。

总统制是共和制政体之一，是发源于欧美地区的资产阶级民主共和国的一种政权组织形式，目前世界上采取总统制的国家占 1/3 左右。在实行总统制的国家中，宪法对总统权力做了明确规定，总统权力最大。总统既是国家元首，又是政府首脑；总统由公民直接或间接选举产生，向人民负责；总统直接组织和领导政府，独立于议会之外；国家的立法机关和行政机关完全分立，权力相互制衡。国会无倒阁权；政府也无解散国会的权力，国会行使立法权受总统的制约，总统如果违反宪法，国会可提出弹劾。

中亚五国的总统制规定：总统直接领导共和国政府，全权解决国家管理问题。总统既是国家元首，又是确定国家内外政策的基本方针、在国内和国际关系中代表国家的共和国最高官员，同时兼任共和国武装力量的最高统帅。总统由公民经普遍、秘密、平等和直接投票以多数票选出，负责领导共和国的内阁（政府）、军队和安全会议；经议会同意总统有权任命或罢免共和国的高级官员，任命和召回共和国驻外代表机构首脑。有权代表共和国进行国际谈判、签署条约。有权在非常时期在全国或部分地区实行战争状态，宣布总动员或局部动员。有权颁布在共和国全境具有约束力的命令和指示。

中亚五国虽然实行的也是总统制，但无论是与美国（美国被公认为是最早最典型的总统制国家）还是与其他实行总统制的国家相比，都有其独特性。主要体现在以下几个方面：

第一，总统权力较大。权力结构呈现出"强总统、弱议会"或"大总统、中政府、小议会"的形式。中亚各国的总统不仅拥有美国总统享有的一切权力，而且集国家大权于一身。总统既是国家元首，政府首脑，又是武装部队最高统帅。有些国家（乌兹别克斯坦）甚至不设副总统，没有继任制。总统不仅拥有更多的行政权，而且拥有制约立法机关的权力。总统在任期间不受弹劾，卸任后终身担任宪法法院法官。总统权力的集中造成行政、立法、司法三权分立体制形同虚设，中亚的总统实际上是凌驾于三权之上的绝对领导者，权力失衡现象十分严重。

第二，总统任期较长。尽管中亚各国宪法明确规定，总统由人民直接选举产生，任期五年，同一人连选总统不得超过两届。但实际上，中亚国家大多数总统任期都超过了两届、十年。有些国家采取全民公决的形式延长总统任期，有些国家是通过修改宪法的形式达到总统连任的目的，还有些国家是以宪法法院决议的形式为总统连任寻找依据①。无论采取何种方式，事实情况就是哈萨克斯坦总统纳扎尔巴耶夫和乌兹别克斯坦卡里莫夫自独立以来一直担任总统，土库曼斯坦总统尼亚佐夫则被授予终身总统，包括被誉为"民主宠儿"的吉尔吉斯斯坦总统阿卡耶夫在任时间也长达15年。

第三，总统来自苏联高官。中亚国家实行总统制初期，总统不是来自于反对派，而是来自苏联时期的领导者。各国的"开国之父"——哈萨克斯坦总统纳扎尔巴耶夫、乌兹别克斯坦总统卡里莫夫、土库曼斯坦总统尼亚佐夫、吉尔吉斯斯坦总统阿卡耶夫——在苏联时期，或是在苏共中央担任高官，或是在加盟共和国中央担任要职，各国独立后成为执掌国家最高权力的总统。

综上可见，中亚五国的总统制名誉上是以美国总统制为样板，实际上是美国总统制的变异。产生变异的原因有二：一是中亚各国在独立初期，为巩固国家独立、维护国家稳定，无限扩大了总统的权力，最终导致了总统集权制的出现。二是中亚的政治转型是自上而下发动的，主体为最高领导者，而非社会力量。在制度变迁过程中，已经脱离共产党的原共产党领导人掌握国家大权，权力集团掌控"游戏规则"，总统任期和选举规则任由权力精英制定，最终导致总统制的变异。

———————

① 吉尔吉斯斯坦是中亚五国中唯一一个没有通过修改宪法延长总统任期的国家。首任总统阿卡耶夫自1990年担任总统到2000年恰好是两届。按照吉尔吉斯斯坦宪法的规定，每届总统任期五年，同一个人连任总统不能超过两届。为确保阿卡耶夫在2000年的总统选举中连任，吉尔吉斯斯坦宪法法院于1998年7月13日通过了一项决议，认为阿卡耶夫首次竞选总统根据的是苏联时期1978年的旧宪法，因此，阿卡耶夫1990~1995年的首届总统不能计算在总统任期之内。以此为阿卡耶夫参加2000年总统竞选寻找法律依据。尽管1998年宪法法院决议内容与1995年12月28日宪法法院有关总统任期决议内容自相矛盾（1995年12月28日吉尔吉斯斯坦宪法法院决议指出："A. 阿卡耶夫于1990年首次当选国家总统，由此开始履行国家元首职责。因此，阿卡耶夫的任期应从他实际担任总统职务时算起，即从1990年10月27日算起（参见 См.：Аджар Куртов. Особенности президентских выборов в Центральной Азии. Центральная Азия и Кавказ. 2002. № 6.）"），但并未妨碍阿卡耶夫在2000年连任吉尔吉斯斯坦总统。

0.2.3　政党政治弱化

政党作为政治制度的载体，通过政府来行使国家权力，推荐领袖、进行选举。没有政党的活动，便没有政治活动。在现代国家中，"政党制度已经成为国家政治制度的中枢；政党制度本身是民主的还是专制的，直接决定着国家宪政的有无"①。政党制度由国体所决定，是政体的重要组成部分。从目前世界各国实行的政党制度来看，有一党制、两党制和多党制。从民主国家的建国经验来看，多党制是民主化实现的前提和基础。

苏东剧变后，中东欧国家以建立多党制作为实现政治民主化的路径。多党制既是中东欧国家的转型目标，又是实现转型目标的工具，在中东欧国家转型过程中发挥了至关重要的作用。

与中东欧国家相比，中亚五国独立初期虽然也宣布实行多党制，并将其作为制度规范载入宪法，在20世纪90年代末期，各国相继颁布了《政党法》；进入21世纪后，中亚国家政党政治逐步走向法制化，改变了剧变初期多党政治的无序状态和政局大动荡的局面，但时至今日，中亚的政党建设依然无法满足各国转型的需要。其主要原因在于：第一，从建国后20余年的发展历程中，中亚政党制度尚未健全，政党体系尚未成熟。中亚各国的多党制只是停留在宪法条文中，各国的政党组织很难得到公平竞争、发挥应有的作用。第二，各国非执政党本身因缺乏明确的政治纲领、政策主张、组织原则和组织结构，组织纪律涣散，缺乏凝集力，在国家政治生活中作用十分有限，无法与政权党匹敌。第三，中亚社会结构转型滞后影响政党政治的发展。转型是极其复杂的社会系统工程，需要动员全社会的力量。社会结构的转型与利益集团的形成与政党制度转型有着十分密切的关系。尽管中亚各国独立后的社会结构已经由苏联解体前夕的一个阶层（知识分子）和两个阶级（工人阶级和农民阶级）的单一结构向多元结构发展，中产阶级已经出现，但中亚社会结构转型和政治利益集团尚在形成过程之中却是不争的事实。中亚各国现有的"新富阶层"和"新困阶层"的产生，并非真正意义上政治利益集团的出现，而是带有掠夺性的人为的私有化实施的后果。第四，中亚总统集权制的形成制约多党制的发展。中亚各国亲总统党的势力异常强大，权力资源丰富，导致其他政党无力与之

---

① 宋玉波：《民主政制比较研究》，法律出版社2001年版，第103页。

竞争，政党政治弱化倾向十分明显。

0.3　相关研究文献综述

20 世纪 80 年代末 90 年代初苏东剧变后，原苏东国家的政治、经济和社会转型问题成为影响世界历史进程的重大事件，为各国学者广泛关注，相关研究成果相继问世。在所有研究成果中，出现了两个"一边倒"的研究倾向。一是大多数研究成果集中在对拉美国家与中东欧国家的比较研究方面，关注中亚转型问题的成果相对较少；二是在研究中亚转型问题的学者当中，西方学者占绝大多数，中亚学者较少。西方学者运用比较研究、归纳研究和国别研究等各种方法，对拉美和中东欧的转型研究涉及政治转型、经济转型和社会转型各个方面，研究成果可谓深入浅出，基本控制了转型研究的话语权。但对中亚的研究尚停留战略争夺层面，将中亚视为后苏联空间的地缘政治整体、美俄逐鹿之地，对中亚各国的转型研究呈现出明显不足的现状。

西方学者对中亚问题的研究经历了从忽视到高度重视的巨大变化。在"9·11 事件"以前，美国等西方国家研究中亚的机构和人员都很少，有些学者甚至不知道哪些国家属于中亚范畴。"9·11 事件"以后，西方国家虽然掀起了研究中亚的热潮，但他们更多关注的是美国在中亚的驻军问题、能源开发问题、打击恐怖主义问题以及如何进一步挤压俄罗斯的战略空间问题等。虽然对转型时期的中亚民主化问题有所研究，但更注重的是美国的中亚战略及民主输出等方面。对经济转型问题虽有所涉猎，但研究尚不够深入。"颜色革命"后，欧美学者对中亚民主化问题的兴趣增加，一些相关的研究成果也陆续发表。西方学者分别从政治体制、社会结构、经济、文化等不同视角观察中亚政治转型进程。其观点大体可以分为两种：一种观点认为中亚国家的威权主义已经在一段"伪民主转型"的经历后彻底恢复其统治，其未来发展只能是越发专制。持这类观点的学者人数较多，对中亚国家的民主化现状评价不高，对该地区民主化发展前景持悲观见解。另一种观点认为威权主义的严密性已经在这些国家内外压力下有所动摇，吉尔吉斯斯坦似乎是一个先河，今后的威权主义可能将继续松动，民主化的前景仍然在一定程度上存在。持这种观点的学者在欧美学界只是少数，但他们仍然坚守自己的学术主张，并对中亚民主化未来坚持抱有希望。

相比较而言，俄罗斯学者对中亚问题关注度更高，研究领域不仅包括政治、经济和社会转型问题，还包括俄罗斯人在中亚的地位、欧亚经济一体化、集体安全、上合组织等方方面面的问题。有关政治转型问题的研究可以分为两大方面。一方面是关于中亚民主化问题的一般性研究，另一方面是分析"颜色革命"对中亚政治稳定和民主化进程的影响。有关中亚经济转型的研究更多关注的是转轨方式、初始条件及转轨绩效等问题。

中国学者对中亚的研究大多集中在中亚经济、安全、地缘政治、民族问题以及中国与中亚的关系等领域。除少数论著涉猎中亚社会的转型问题之外，专门论述中亚政治经济转型及相互关系的成果并不多见。中国学者对中亚政治转型的研究可以分为三部分：一部分是从地缘政治、民族问题、俄罗斯化问题等角度来探讨大国地缘政治争夺对中亚的影响；一部分是从各国内部的民族问题、各国之间的民族跨界问题等角度探讨国家转型与稳定的关系；还有一部分是从"颜色革命"对中亚影响的角度探讨中亚转型问题。中国学者对中亚经济转型的研究成果相对较少，对政治经济转型的互动研究更是凤毛麟角。

对国内外已有的相关研究成果进行梳理和总结，不仅有助于我们全面了解中亚国家转型进程、模式、绩效，更利于我们找出中亚转型到目前为止仍存在的问题，探索其解决途径，以此为中亚及相关国家的转型实践提供有益的借鉴。根据本书的研究框架，笔者从中亚政治转型、经济转型和社会转型的角度对已有研究成果进行简要梳理。

0.3.1　中亚政治转型研究

有关中亚政治转型的研究，主要集中于以下几个视角：

（1）关于中亚总统制。萨利·卡明斯（Sally Cummings）、穆里尔·安特金（Muriel Atkin）、迈克尔·奥克斯（Michael Orcs）以及罗杰·堪格斯（Roger Kangas）对中亚国家的总统及其执政政策作了分别探讨。[①] 卡明斯认为哈萨克斯坦总统努尔苏丹·纳扎尔巴耶夫（Nursultan Nazarbayev）忽

[①] Cumming, Sally N. Kazakhstan: An Uneasy Relationship – Power and Authority in the Nazarbaev Regime [A] (Cummings, Sally N., ed. Power and Change in Central Asia [C]). London: Routledge, 2002. pp. 59 – 73. Atkin, Muriel. Tajikistan: A President and His Rivals [A]. Ibid. pp. 97 – 114. Kangas, Roger D. Uzbekistan: the Karimov Presidency – Amir Timur Revisited [A]. Ibid. pp. 130 – 149.

视了对当局权威的建立。通过分析哈萨克斯坦 1995 年公投和 1999 年的选举，得出结论：纳扎尔巴耶夫联合政治和经济精英的能力不断下降，其结果是哈萨克斯坦的政体将是一个混合的、处于转型过程中的部分威权主义（part-authoritarianism）。安特金将塔吉克斯坦总统埃莫马利·拉赫莫诺夫（Emomali Rakhmonov）[①] 的执政称为"低效的威权主义（ineffective author-itarianism）"，拉赫莫诺夫既缺乏权威，也缺少行使权力的信心，他不得不更加仰赖于俄罗斯以维持其执政地位。安特金指出，塔吉克斯坦的政治正滑向"所有人反对所有人的战争"之中。奥克斯认为土库曼斯坦的总统制是一种半苏丹体制（semi-sultanism），这种体制与传统苏丹制共同具有领袖人格主义色彩，与后者不同的是，其来源与维持方式有重要的区别。堪格斯则认为乌兹别克斯坦在伊斯拉姆·卡里莫夫（Islam Karimov）的执政下，呈现了一种"良性的威权主义（benign authoritarianism）"，他是依靠个人魅力以及传统的和法理化的形式获得权威，尽管权力高度集中，但其优势在于有助于卡里莫夫对国家的治理。

（2）关于部落与转型。凯瑟琳·柯林斯（Kathleen Collins）批评以往的中亚转型研究忽视对非正式行为体——特别是部落（clans）的关注[②]，她指出，"部落不是前现代（pre-modern）的现象，而是渗入很多社会与国家的身份网络（identity networks），即使在二十、二十一世纪亦是如此"。部落的存在对理解中亚政治具有重大意义，"部落能够减少民族和宗教冲突，促进社会稳定，然而其自身也能够制造冲突。"她认为，在类似中亚的传统国家中，部落成为正式的市场制度与国家机构的替代选择。[③]在后苏联时代，当国家制度无法提供其所承诺的公共物品（public goods）时，部落纽带为所在地区提供了社会安全。部落既能够以政治精英的形式表现其影响，也可以在公众、社会以及次国家层次（subnational level）上发挥作用。柯林斯强调，部落的目的是通过自身运作获得一定形式的资源，部落间根据共同利益会缔结契约（pacts）并使之联合起来，导致阿卡耶夫（Akayev）和卡里莫夫等人的崛起，而部落间的竞争也左右了政策的制定。这些契约本身与转型研究的核心假设相悖，部落的联合无益于民主

---

① 拉赫莫诺夫（Rakhmonov）本人于 2007 年 3 月宣布将姓氏改为"拉赫蒙（Rakhmon）"。

② Collins, Kathleen. Clans, Pacts, and Politics in Central Asia ［J］. Journal of Democracy, 2002, 13 (3): 137 – 152.

③ Collins, Kathleen. The Political Role of Clans in Central Asia ［J］. Comparative Politics, 2003, 35 (2): 171 – 190.

的实现。

法国圣玛利亚大学助理教授凯瑟琳·柯林斯强调部族（clans）势力在中亚政治经济生活中的巨大影响，她指出，乌兹别克斯坦和塔吉克斯坦的部族渗透进入了国家官僚机器，甚至在吉尔吉斯斯坦与乌兹别克斯坦独立时便对各个部族势力均衡的维持作了约定，偏远居民对部族身份的认同大于对国家整体的认同。总统依赖于自己出身的部族，是部族传统所决定的，而这种现象将导致总统在其他部族中认可度的下降，部族的不满将会导致中亚社会的不稳定，甚至造成政权更迭与内战。[1] 她同时又认为，部族的稳定也同样可能动摇政府的社会根基，因为"（部族的）非正式的身份认同已限制了政治家建构的用以动员整个社会的新的认同"[2]。

俄罗斯学者德米特里·叶尔莫拉耶夫（Дмитрий Ермолаев）在分析了 2006 年初吉尔吉斯斯坦发生的议会危机后指出，吉尔吉斯斯坦事态的发展证明了在中亚地区输出"橙色"思想的危险性。西方国家在支持"郁金香"革命的时候，完全忽略了一个事实，那就是不能在部族性的社会里，进行迅速的社会经济变革，通过强制性手段摧毁现行体制只能带来灾难性的后果。

（3）关于民族主义与政治转型。朱力·乔治（Julie George）考察了中亚以及高加索地区的民族和政治的发展轨迹，提出了解释高加索地区持续蔓延的民族分离主义和这一活动未在中亚地区出现的三个要素：一是苏联制度上的残留，即通过强制手段将少数民族迁至指定地区，这种建构民族差异的战略促进了少数民族的集中以及本族政治精英的出现；二是民族主义对民主改革的反应强化了暴力冲突的可能性，高加索地区的执政当局利用民族认同（ethnic identities）、以牺牲少数民族权益为代价动员其支持者，而中亚地区则通过中央集权与压制公民社会的发展进行有限的民主改革；三是外部力量对当局政策和分离势力具有影响，高加索地区的分离主义者得到了俄美两国支持，使其提高了暴力活动成功的可能性；而俄罗斯在中亚则更加关注经济贸易与遏制伊斯兰激进组织的威胁，其中亚政策是

① Collins, Kathleen. *Clans, Pacts, and Politics in Central Asia.* Journal of Democracy, 2002, Vol. 13, No. 3: 137 - 152.

② Collins, Kathleen. *The Political Role of Clans in Central Asia.* Comparative Politics, 2003, Vol. 35, No. 2: 171 - 190.

推动地区稳定化的政策。①

（4）关于"颜色革命"与中亚民主化进程。自 2003 年起，包括中亚在内的独联体地区陆续发生了亲西方的反对派利用大选之际夺取政权的"颜色革命"，关于中亚民主问题的研究也紧紧围绕着"颜色革命"展开，就"颜色革命"谈民主是中亚民主研究的一个突出特点。

哈萨克斯塔学者塞尔左特·库德拉霍扎耶夫（Шерзод Кудратходжаев）认为，"颜色革命"是虚假的民主。世界上不存在可以即刻生成民主的"神奇药丸"。不管谁多么想加快民主进程，发展民主都需要时间，因为有保障的制度需要建立在法律的基础上，而且制度的成熟也需要时间。所以，显然传播民主的万能的方法没有也不可能有。②

俄罗斯学者根那基·谢拉菲莫维奇（Геннадий Серафимович）认为，吉尔吉斯斯坦发生的"颜色革命"，究其实质，是美国实施的向全世界扩散其影响的战略步骤之一。吉尔吉斯斯坦位于中亚的中心位置，其地缘政治条件在一定情况下可能影响到俄罗斯、乌兹别克斯坦、塔吉克斯坦、哈萨克斯坦甚至中国的局势。在这里建立一个"听话的体制"——这是美国国家事务的主要方向。在美国人看来，吉尔吉斯斯坦是解决中亚"所有问题"的钥匙。而如果这是"钥匙"，就"应当把它揣在兜里"。事实清楚地表明美国的诉求不仅是同这一国家发展全面关系，更是为了能够对吉尔吉斯斯坦的对外政策施加影响，使其符合白宫在中亚地区的目标路线。对于中亚地区国家来说，衡量其安全性的标准之一就是这些国家及其政治体系在由美国煽动的"颜色革命"面前能否保持稳定。美国部署在吉尔吉斯斯坦的"马纳斯"军事基地也起到了非同寻常的作用，五角大楼不断地向比什凯克提供军事帮助。西方还经常以演习和培训的形式向吉尔吉斯斯坦提供军事援助。美国的一系列计划就是使得吉尔吉斯斯坦完全依附于美国政府。③

俄罗斯杜马副主席日里诺夫斯基在分析独联体地区的"颜色革命"时

---

① George, Julie A. Expecting Ethnic Conflict: the Soviet Legacy and Ethnic Politics in the Caucasus and Central Asia [A]（Wooden, Amanda E. & Stefes, Christoph H. , eds. The Politics of Transition in Central Asia and the Caucasus: Enduring Legacies and Emerging Challenges [C]）. Oxon: Routledge, 2009. pp. 75 – 102.

② Шерзод Кудратходжаев: Фальшивый демократизм цветных революций. Народное слово № 146 от 2 Августа 2005г.

③ Геннадий Серафимович: Цветные революции и национальные интересы США. *Суворовский натиск*, № 126 от 1 ноября 2008. С. 3 http：//dlib. eastview. com/browse/doc/19349898.

更是直截了当地指出，美国通过对格鲁吉亚、乌克兰及中亚施加影响而得利，通过格鲁吉亚他们希望获得石油，通过乌克兰他们希望将俄罗斯与欧洲隔开，通过中亚他们希望达到在那里长期驻军的目的。而所有这一切都是打着民主的旗号，就像在伊拉克一样。① 娜杰日达·萨别吉娜（Надежда Сапегина）指出，格鲁吉亚、乌克兰、摩尔多瓦及吉尔吉斯斯坦的各种"颜色革命"表明，西方将俄罗斯挤出独联体地区的企图没有停止，挤出的方法就是输出"民主"。②

国内学者赵常庆主编的《"颜色革命"在中亚：兼论与执政能力的关系》，在总结苏共丧权的惨痛历史教训的基础上，分析了中亚国家独立后政治、经济、社会形势变化与"颜色革命"的关系，探讨了"颜色革命"发生的国际背景和深层次原因以及加强执政能力建设对抵御"颜色革命"的重要性。焦一强撰写的《从"民主岛"到"郁金香革命"：吉尔吉斯斯坦政治转型研究》，多维度分析了吉尔吉斯斯坦政治转型的动因、特征、绩效及启示。傅宝安等主编的《"颜色革命"：挑战与启示》对"颜色革命"的内涵、起源、模式、发展方向以及"颜色革命"与非政府组织、"颜色革命"与地缘政治的关系等问题进行了深入剖析，总结了应对"颜色革命"的措施以及从中应得到的启示。

总体来看，认为中亚等独联体地区发生的"颜色革命"是美国施加政治影响的结果和表现的观点是普遍的。持这种观点的还有亚历山大·齐普科（Александр Ципко）、弗·库杰明（В. Кузьмин）③ 等。库兹明认为，后苏联空间的"颜色革命"是美国和北约扩大在这一地区影响的具体表现，他们希望以此影响这些国家的发展进程。

（5）关于中亚民主化发展进程与前景。美国"自由之家（Freedom House）"研究中心主任亚齐·帕丁顿（Arch Puddington）悲观地表示，吉尔吉斯斯坦曾被视为"中亚的瑞士"，而现在和将来都将与塔吉克斯坦、乌兹别克斯坦及其他中亚国家一同成为世界上最不自由之地，"所有这些中亚国

---

① Максим Гликин: Против демократии. *Ведомости* №151 от 2005 г. http://dlib. eastview. com/sources/articie. jsp? id = 8107962.

② Надежда Сапегина, Аититерро. Цветную революцию заказывали? Уральские новые вести. 02ю09ю2005 г. № 071.

③ В. Кузьмин: Роль США в осуществлении цветных революции в заребежных странах. Зарубежное военное обозрение, № 9 от сентября 2008 г., с. 9 – 18. http://dlib. eastview. com/browse/doc/19145090.

家都在向专制方向移动，而在橙色革命后，一切都得到了加速与加强"①。

卡内基国际和平基金会学者玛莎·奥尔科特（Martha Alcott）的观点则略显乐观，她认为哈萨克斯坦的民主化仍然具有可能性，这是因为纳扎尔巴耶夫家族已经出现了年轻的改革者，后者试图说服政府进行一定程度的政治经济透明化，尽管这种举措目的可能仅在于向外国投资者作出政治保证，但仍意味着该国的专制会逐渐减弱；吉尔吉斯斯坦和土库曼斯坦也具备民主的潜在性，前者能够通过总统选举推动公民社会形成，而后者则是因其政权的脆弱性。她进而提出，中亚民主前景的实现，还应当将民族主义与伊斯兰世俗主义结合起来，否则激进而极权的伊斯兰激进组织将主宰这些国家。②

土耳其国际战略研究机构（USAK）学者认为，纳扎尔巴耶夫在他有生之年不大可能引入民主国家的法律制度，但他将在十几年后超过80岁，况且哈萨克斯坦的经济日趋活跃，可以预见，未来十年将可能是哈萨克斯坦民主进程中的关键时期。③ 而他同时批评塔吉克斯坦最近一次选举（2010年2月）的民主性和透明度过低，其选举结果无法具备广泛代表性，致使该国再次失去了"走向民主之路的机会"，"塔吉克斯坦近期的选举似乎将这个国家的全部希望留在了五年后的另一个冬天里"④。

美国卡内基国际和平基金会俄国与欧亚大陆研究项目经理玛莎·奥卡特虽然对中亚五国的民主化持否定态度，对中亚的去殖民化（decolonization)⑤ 的现状持悲观态度。但她对中亚各国的民主发展前景仍抱有希望，认为中亚的民主化需要将民族主义与世俗化伊斯兰教相结合，否则苏维埃式的权威主义或最为激进的伊斯兰激进组织将是中亚的最终结果。⑥

---

① Kucera, Joshua. *Central Asia and Caucasus: Bleak Outlook for Democratization.* EURASIANET, http://www.eurasianet.org/departments/civilsociety/articles/eav011210.shtml, Jan. 11, 2010.

② Umerov, Marat. *Central Asia: Democracy in the Balance.* Carnegie Endowment for International Peace, http://carnegieendowment.org/2002/04/22/central-asia-democracy-in-balance/j54, Apr. 22, 2002.

③ Ozkan, Guner. *Will Nazarbayev Deliver Democracy in Kazakhstan?* . The Journal of Turkish Weekly, http://www.turkishweekly.net/columnist/3475/will-nazarbayev-deliver-democracy-in-kazakhstan.html, July 12, 2011.

④ Ozkan, Guner. *Election in Tajikistan Promise Too Little.* The Journal of Turkish Weekly, http://www.turkishweekly.net/columnist/3305/elections-in-tajikistan-promise-too-little-.html, Mar. 12, 2010.

⑤ 欧美学者将消除共产主义在原苏联地区的影响称为去殖民地化。

⑥ Central Asia – Democracy in the Balance.

0.3.2　中亚经济转型研究

在苏联的废墟上独立起来的中亚五国向市场经济的转型之路表现各异。无论是其建立的市场制度框架及运行机制，还是其市场经济体制下的经济绩效都参差不齐，总体上表现出经济转型的多样性及复杂特征。因此，对中亚经济转型的研究视角也比较广泛。

（1）有关经济转型的比较研究。美国学者安德斯·阿斯兰德（Anders Aslund）分析了原苏东国家的政治经济转型，并将东欧国家与独联体国家进行了比较。他认为，独联体国家大都实行的是渐进式的经济转轨，土库曼斯坦、乌兹别克斯坦、白俄罗斯三国完全没有改革，还是政府主导的、苏联式体制的社会，除此之外的其他国家都成功地转型了，除了建立了市场经济运行机制之外，其通胀指数也大都降至一位数，其国民生产总值的三分之二来自私有经济部门。[①] 俄罗斯学者安·吉京（А. Гитин）比较分析了欧洲跨国公司在中东欧和独联体内的不同发展情况，研究结果显示，中东欧国家内的欧洲跨国公司大多属于制造业部门，而独联体境内如俄罗斯、哈萨克斯坦则以能源原材料公司为主。阿·尤·梅里维利（А. Ю. Мельвиль）对捷克和土库曼斯坦、斯洛文尼亚和塔吉克斯坦以及其他中东欧与独联体国家进行了对比。其结果表明，无论是效率指标还是福利指标，中东欧国家都要远远好于独联体国家，特别是好于中亚国家。这与其转轨之前进行的改革、与苏联主导下的经济体系的联系以及与欧洲国家的关系等等因素密切相关。同时，他认为，中亚国家的经济转型受到了俄罗斯经济转型及其发展方式的很大影响。[②]

丹麦学者奥勒·诺格德（Ole Norgaard）对原苏东国家的转型进行了比较分析，他认为，中欧国家与原苏联国家的转型有相当大的差别，比如改革的阶段顺序不同，中东欧国家大都是稳定化、自由化优先，而中亚等独联体国家则是私有化优先；在转型绩效方面它们之间也有本质差别，中亚等独联体国家经历了更长时间的经济衰退和通货膨胀；此外，总体上中

---

①　A. Aslund. *How Capitalism Was Built. The Transformation of Central and Eastern Europe*, *Russia*, *and Central Asia.* -Cambridge *University Press*, 2007. - Ch. 4. Liberalization: the creation of a market economy, pp. 82 – 103.

②　А. Ю. Мельвиль, О траекториях посткоммунистических трансформаций. Политические исследования, 2004 (002).

东欧国家转型后贫困人口的上升程度要明显地低于中亚等独联体国家，其中中亚国家的贫困问题、两极分化问题都较为严重，相应地，这些国家对市场改革的平均支持率也相对要低于中东欧国家。他还具体分析了中亚国家转型的初始条件①及其对经济转轨绩效的影响。根据这些初始条件，中亚国家是属于发展水平低且畸形程度明显的地区，换言之，这是转型初始条件最不利的地区，这对其经济转型绩效产生了最直接的影响。同时，诺格德认为，先行或者说早熟的政治民主对政府的经济决策产生了重要约束，出于政治原因，消费被人为地维持在高水平上，而这导致了大规模的经济失衡和通货膨胀。但诺格德认为，尽管中东欧独联体各国的转型速度有所不同，但是，它们仍然朝着同一方向不断地发展。②

（2）有关经济转型绩效问题。欧洲学者 M. 斯达克（Stark）认为，苏联解体 20 年后，几乎所有的前共产主义国家都程度不同地完成了从计划经济向市场经济的转型。然而，中亚五国在市场化进程中落在了后面。波兰经济学家格泽戈尔兹·科勒德克（Grzegorz W. Kolodko）分析了中亚国家以及其他原苏东国家的转型指标，总体看，中亚国家是经济转轨启动后国内生产总值下降年数较长的地区③，相应地，其经济总量恢复的速度也较慢④。此外，财政预算盈余的指标方面中亚国家也明显比中东欧国家及俄罗斯差。

国内学者保建云对中亚国家经济转型以来的经济发展情况进行研究后指出，中亚五国与中国相比，经济转型和经济增长绩效并不明显，但在整个亚洲经济中的地位和影响相对稳定。中亚各国的经济增长程度及经济规模存在着较大差异⑤。随着经济市场化转型以及对外开放，中亚各国的差

---

① 初始条件主要包括现代化水平（包括四个变量：基础设施的发展水平、大众受教育的程度、民众与领导层的沟通媒介和职业特征）和"畸形"程度（包括五个变量：垄断程度、经互会地区内部间贸易份额、中央计划经济下的年数、受抑制的通胀）。

② ［丹］奥勒·诺格德：《经济制度与民主改革：原苏东国家的转型比较研究》，上海世纪出版集团 2007 年版，第 76 ~ 77 页。

③ 塔吉克斯坦、土库曼斯坦为 7 年，仅次于乌克兰，吉尔吉斯斯坦和乌兹别克斯坦为 5 年，哈萨克斯坦为 6 年，超过除马其顿之外的所有中东欧国家。

④ 截至 1997 年，当绝大多数中东欧国家的 GDP 已经恢复到或者接近转轨初期的水平时，中亚国家仅有乌兹别克斯坦达到了 87%，接近中东欧国家的水平，而塔吉克斯坦、土库曼斯坦的GDP 还不到转轨初始时的一半，吉尔吉斯斯坦和哈萨克斯坦刚刚超过 60%。

⑤ 哈萨克斯坦和乌兹别克斯坦的经济规模相对较大，而吉尔吉斯斯坦和塔吉克斯坦的经济规模相对较小，土库曼斯坦介于前两者之间。哈萨克斯坦是中亚五国中经济规模最大、经济增长速度最为显著的国家，而且哈萨克斯坦也是中亚最为富裕的国家，2006 年人均 GDP 超过 5000 美元，超过中国和亚洲的平均水平。

距在逐渐拉大。① 但值得注意的是，哈萨克斯坦相对良好的经济情况并不是来自于其制度转型，而主要是源于其丰富的油气资源，但对外开放的改革政策显然对此起到了积极的促进作用。与此同时，随着中亚国家经济转型的深入发展，其对出口贸易和国际市场的依赖程度日益加重。个别中亚国家的经济转型并不能用成功来形容，例如塔吉克斯坦。塔吉克斯坦转型后即陷入内战，这对其经济转轨及发展带来了严重的阻碍，截至 2009 年，其国内生产总值也只恢复至 1990 年的一半。

（3）有关经济转型模式研究。对于中亚国家而言，其经济转型模式既不同于俄罗斯和东欧，更不同于西方发达市场经济国家，实现转型没有明确的参照模式。斯达克在探讨东亚地区的"发展型政权"能否为中亚的发展提供一个参考模式。② 安德斯·阿斯兰德（Anders Åslund）考察了包括中亚国家在内的原苏东国家的经济改革实践，他将评估结果概括为涵盖经济、政治与社会的五种模式③，他认为，中亚五国分属于两种不同的模式。马丁·施佩歇尔（Martin Spechler）侧重对乌兹别克斯坦独立后实施经济改革的研究，认为乌兹别克斯坦正在走上一条与众不同的"乌兹别克道路"④。施佩歇尔将乌经济改革划分为"进三退二（three steps forward，two steps back）"的五个阶段，对乌兹别克斯坦的改革进程给予了一定的积极评价。他认为，尽管贫困、失业和欺诈仍将持续困扰乌兹别克斯坦，但该国市场经济发展总体上还是呈曲折上升的态势。⑤

---

① 塔吉克斯坦是中亚地区收入水平最低的国家，2006 年人均 GDP 为 424 美元，仅为收入最高的哈萨克斯坦的 8.4%。

② M. 斯达克：《作为中亚国家转型参考模式的发展型政权》，载《俄罗斯研究》2009 年第 1 期。

③ 安德尔斯·阿斯兰德提出的原苏东国家的五种转型模式是：（1）波罗的海模式：包含私有制市场经济与民主制度、低腐败程度，以及对小政府的高支持度。（2）中欧模式：民主市场经济，但存在社会福利陷阱，即高公共支出、高税率、高社会转移成本、高失业率以及预算赤字。（3）东南欧模式：介于中欧与波罗的海模式之间，高通胀与较低就业率，有坠入社会福利陷阱的风险，但存在转化为波罗的海自由化方向的可能性。（4）独联体九国模式：腐败、部分自由的市场经济、低税率，部分国家向威权政治方向发展，另一些则尝试发展民主。哈萨克斯坦、吉尔吉斯斯坦和塔吉克斯坦被列入这种模式中。（5）独联体三国模式：苏联式的专制制度。土库曼斯坦和乌兹别克斯坦被列入独联体三国模式中。参见：Åslund, Anders. How Capitalism Was Built: the Transformation of Central and Eastern Europe, Russia, and Central Asia [M]. Cambridge: Cambridge University Press, 2007.

④ 马丁·施佩歇尔对乌兹别克斯坦道路的界定是：（1）旨在维护国家统一与稳定的渐进改革；（2）强化国家在融资活动中的核心作用；（3）实现食品和能源自给以使经济远离国际价格波动；（4）建立私有化部门和社会整体发展的法律基础；（5）对弱势群体提供社会保障。

⑤ Spechler, Martin C. The Political Economy of Reform in Central Asia: Uzbekistan under Authoritarianism [M]. Oxon: Routledge, 2008.

俄罗斯学者安德烈·杜比娜（Андрей Бубина）分析了俄罗斯对中亚政治经济影响的历史演变，指出当今俄罗斯与中亚的关系因这些国家内部发生的巨大变革已经发生了实质性的改变，俄罗斯在这一地区的地缘政治影响很大程度上取决于俄罗斯与这些后苏联国家间的关系——政治的和经济的。①

国内学者刘清鉴分析了中亚国家经济转型的初始条件，他认为，苏联的骤然解体与各加盟共和国的突然独立，使得中亚国家对随后到来的改变并没有足够的准备，特别是在经济上没有任何准备。这些国家在苏联的"劳动分工"下桎梏多年，经济结构单一、畸形和经济基础薄弱，使其作为一个独立主权国家的经济条件还不具备。② 程晖在分析了国际金融危机爆发后中亚经济的情况指出，中亚在 2011 年普遍以较快的速度恢复增长，除吉尔吉斯斯坦之外，中亚各国的经济增长率都高于 6.9%，而这主要得益于这些国家增加了大型或重点项目的投资。但同时，这些国家的通胀的压力也不断加大。③ 陈江生全面分析了哈萨克斯坦的经济体制转轨，他认为，评价一国的经济转轨的绩效不能仅看数字，哈萨克斯坦转轨后 15 年的经济增长很快，但却低于世界平均水平，其经济转轨 15 年后按购买力评价指数计算的经济总量仍未恢复到转轨初期 1992 ~ 1993 年的水平。而且，哈萨克斯坦的经济增长也过度依赖能源出口，这对其长期经济增长构成挑战。④ 吴宏伟、于树一分析了中亚经济转轨以来形成的经济特点及其与世界经济的差异，他们指出，中亚在独立初期，为应对严重的经济危机，努力克服计划经济的弊端，选择了走市场经济的道路；然而，需要明确的是，它们经过短短十余年的发展所建立的市场经济体系与西方成熟的市场经济体系还有相当大的差距。⑤

0.3.3　中亚政治与经济转型关系研究

国内外学者对中亚政治与经济转型关系高度关注，一些研究成果相继

---

① Андрей Бубина，Россия и Средняя Азия. Международная жизнь，2011（4）. стр. 156 – 160.

② 刘清鉴：《独立十年来的中亚经济》，载《东欧中亚市场研究》2001 年第 7 期。

③ 程晖：《俄罗斯和中亚经济——继续恢复性增长》，载《中国经济导报》2012 年 2 月 16 日，A04 版。

④ 陈江生：《中亚的转轨——哈萨克斯坦的经济变革与发展》，载《中共石家庄市委党校学报》2007 年第 1 期。

⑤ 吴宏伟、于树一：《中亚地区经济特点及与世界经济的比较研究》，载《新疆师范大学学报》（哲学社会科学版）2009 年第 3 期。

问世。美国的中亚问题专家玛莎·布瑞尔·奥卡特（Martha Brill Alcott）详细分析了中亚各国的民主化与市场化转型进程，她认为，苏联解体之后，中亚各国采取内向式（inward-looking）的经济战略，没有一位中亚领导人曾经真正认真地尝试过经济公开，有些人甚至拒绝进行哪怕是非常有限的市场改革。这是因为中亚地区在"9·11事件"之后变得愈加重要的地理位置增加了这些国家领导人的个人安全感，从而对其停滞的经济改革采取容忍。同时，她也对中亚各国市场化改革的各个方面进行了少有的分析。① 俄罗斯学者亚历山大·利普曼（Александр Михайлович Либман）与阿娜斯塔西娅·阿贝金科娃（Анастасия Викторовна Обыденкова）建立了外贸因素对政治民主化转型影响的量化分析模式，并具体分析了俄罗斯如何通过与独联体国家的贸易关系对之民主化进程产生影响。其研究认为，与一个民主化程度较低的国家间的贸易往来越密切，就越会受到其民主进程的负面影响，当然从经济意义上看，贸易的往来和扩大具有积极的经济效应，有利于刺激地区经济增长。②

格利高里·格里森（Gregory Gleason）认为，中亚国家的经济改革对其政治自由化具有重要影响，两者应当结合政策周期（policy cycles）而被视为相互关联的过程。③ 格里森将中亚所面临的改革称为"结构性改革（structural reforms）"，改革者施政之前必须理解结构性改革的内容，而研究者也可通过对结构性改革的评估考察实践成效。通过对结构性改革三种对象④的评估，格里森指出，在缺少结构性改革和经济转变的情况下，中亚国家的政治改革计划就会鲜有成效；作为结构性改革主要要素的自由化经济政策的实施，将有助于改进政府治理，虽不能一定导致政治自由化，但能够形成推动政治自由的国内条件。他强调，经济与政治改革相关联的

---

① ［美］玛莎·布瑞尔·奥卡特：《中亚的第二次机会》，时事出版社 2007 年版，第 92～204 页。

② Александр Михайлович Либман，Анастасия Викторовна Обыденкова，Международное измерение недемократических режимов：количественый анализ. Москва，Институт экономики 2010 г.

③ Gleason，Gregory. Markets and Politics in Central Asia：Structural Reform and Political Change [M]. London：Routledge，2003.

④ 对结构性改革的评估要围绕三种对象展开：（1）核心的财政和货币改革计划，包括财政与货币政策、私有化与价格自由化、贸易与投资以及金融市场等要素；（2）旨在提升政策调整能力与行政治理能力的计划，包括宪法、法律与规范性政策、立法、执法与司法政策、政策公开性与公平性，以及地方管理政策等要素；（3）政府改革计划，包括公众参与度与开放度、选举政策、公民权与人权、政策稳定性与支持性等要素。

关键在于政策周期：中亚国家的发展战略往往注重在政府严格调控下扶持一个具有主导地位的经济部门，这类政策将带来被称为"荷兰疾病（Dutch disease）"的风险，即经济主导部门具有的对外优势将使其他非主导部门处于劣势；这种政府调控所导致的政治结果是，从中受益的集团将获得权力，从而阻碍政治的自由化以求维持现状。在政治改革缺失的环境中，经济改革的收益往往被无意于政治自由化的集团所占有。

　　中国学者陈江生和毛惠青在分析了土库曼斯坦的经济转轨后认为，土库曼斯坦独立后的经济改革与发展道路，一方面与其特殊的政治经济条件相匹配，另一方面，这种集权式的改革如果缺乏特殊的政治经济背景和国际条件要想取得成就也是很难的。土库曼斯坦的经济改革是一种由强权保证的改革，这种改革的成就如果没有政治架构成功改革相匹配，会带来可持续问题。土库曼斯坦的改革受外部环境的影响较明显，改革需要良好的外部环境。在土库曼斯坦相对封闭的、又独立不久的国家里，民众精神意识的统一对改革是有积极作用的。①

0.3.4　中亚社会转型和身份建构研究

　　菲利普·罗德尔（Philip Roeder）总结了学界对中东欧、拉美以及原苏联国家的转型研究，他指出，社会转型研究——特别是对原苏联国家的研究——应当从民主化、市场化和国家性（stateness）② 三个方面进行考察，称之为"三重转型（triple transitions）"③。塔拉斯·库吉奥（Taras Kuzio）在此基础之上界定了国家转型的第四种特质——民族性（nationhood），即国民对自身作为民族国家一部分的身份的认识——从而提出"四重转型（quadruple transitions）"的论点。拉美和南欧国家基本由具有相同的民族认同的社会建构，因而民族身份问题可以在该领域的研究中被

---

　　① 陈江生、毛惠青：《中亚的转轨——土库曼斯坦的经济改革》，载《中共石家庄市委党校学报》2007 年第 2 期。

　　② 有关"国家性"，胡安·林茨（Juan Linz）和阿尔弗莱德·斯泰潘（Alfred Stepan）作出论述："关于政治共同体的地理边界的分歧的出现，以及关于谁在这个国家拥有公民权利的分歧的出现，我们称之为'国家性'问题。对一些政治体而言，不存在国家性的问题；而对另外一些政治体而言，国家性问题不解决，就不可能有民主。"参见：胡安·林茨、阿尔弗莱德·斯泰潘：《民主转型与巩固的问题：南欧、南美和后共产主义欧洲》，孙龙译，浙江人民出版社 2008 年版，第 16 页。

　　③ Roeder, Philip G. The Revolution of 1989: Postcommunism and the Social Sciences [J]. Slavic Review, 1999, 58（4）: 744.

忽略；而在原苏联地区中，仅有少数国家由单一民族构成，其余国家中各个民族缺少对国家整体身份的共有认同，造成国民意识淡薄，致使这些国家要么走向分裂，要么产生新的威权政体。因而，民族身份是转型研究必须予以考虑的重要元素。① 罗伯特·劳（Robert Lowe）分析了吉尔吉斯斯坦历史上的身份建构，并对其转型时期的身份建构进行了研究②。他指出，吉尔吉斯斯坦作为一个独立国家的成立，是其自我确立合法性的最关键一步。包括吉尔吉斯斯坦在内的中亚五国，除面临同其他原苏联国家一样严重的经济和社会问题之外，还面临着社会主义制度丧失权威而留下的意识形态真空（ideological vacuum），这使得中亚国家普遍缺少民族凝聚力。与此同时，罗伯特·劳认为，重新确立符号（semiotics）和民族象征（ethnosymbols）是民族构建（nation-building）过程中的最显著的一环。吉尔吉斯斯坦民众对家族、部族和地域的次民族忠诚（sub-national allegiances）远胜于对"吉尔吉斯"一词的认同，民众所具有的次民族的自我意识之间的差异甚至大于柯尔克孜族与俄罗斯族之间的民族差异。这些差异主要体现在吉尔吉斯斯坦的两种次民族分离（sub-national divisions）之中，一种是南北各自以奥什（Osh）和比什凯克为中心形成伊斯兰化和俄罗斯化的两种身份认同；另一种是俄罗斯化的城镇与农村之间的认同差异。③

汤姆·埃弗雷特-西斯（Tom Everett-Heath）关注哈萨克斯坦身份建构的困难与乌兹别克斯坦面临的伊斯兰激进主义威胁。他指出，这两方面的社会问题将使哈乌两国呈现出内生的张力与不稳定性。在哈萨克斯坦，哈萨克族和俄罗斯族的人口比重接近，国家独立后，民族之间的竞争与冲突不断加剧。埃弗雷特-西斯认为，哈萨克斯坦寻求通过民族划分和对历史的重新解释打造新的民族身份，将为哈萨克族激进主义提供温床。国家领导者建立起来的、承诺给予各族公民平等权利的民主制度模式，被视为敌视政治力量较强而经济上处于弱势的族群，"其结果是，一个族群社会地位的提升会使其他族群产生权利被损害的认知，从而受到来自其他族群

---

① Kuzio, Taras. Transition in Post-Communist States: Triple or Quadruple? [J]. Politics, 2001, 21 (3): 168-177.

② 吉尔吉斯斯坦是原苏联国家中最缺乏民族意识的国家之一，提升吉尔吉斯民众的价值认同就成为国家的要务，而柯尔克孜族文化的复兴及其主导地位的确立，则使吉尔吉斯斯坦非柯尔克孜族裔的权益受到威胁。因此，吉尔吉斯斯坦民族政策不仅要促进柯尔克孜族文化和身份认同，还应保护所有民族群体的具体利益。

③ Lowe, Robert. National Building and Identity in the Kyrgyz Republic [A] (Everett-Heath, Tom, ed. Central Asia: Aspects of Transition [C]). London: Routledge Curzon, 2003. pp. 106-131.

的阻挠。"同哈萨克斯坦的民族国家构建所面临的问题不同，乌兹别克斯坦的稳定受到来自伊斯兰主义、部族主义以及经济疲软的共同削弱。伊斯兰教在乌兹别克斯坦的国家结构和社会结构中的角色对新的民族身份的建构具有更大的阻碍作用，乌兹别克斯坦国内民族关系不断受到极端主义势力的挑拨。伊斯兰教在乌兹别克斯坦被奉为民族文化的来源，也被政治领袖视为募集民众支持的工具，因而被大力推崇，这使得乌兹别克民族身份建构同穆斯林信仰相结合。乌总统卡里莫夫一方面从伊斯兰教情感中获取民众信任，另一方面又警惕对宗教事务的掌握落入激进的反对派和穆斯林改良主义者手中，"卡里莫夫的行为将导致原本不存在的伊斯兰政治力量出现。"①

佩特拉·斯坦伯格（Petra Steinberger）也将目光投向伊斯兰教同中亚国家的民族身份建构的关系上。斯坦伯格认为，中亚的穆斯林将伊斯兰教作为"种族政治身份（ethno-political identity）的公开宣言"，宗教及其文化表现发展成为同作为文化主导者的非穆斯林民众相区分的民族标志（ethnic marker）。造成中亚伊斯兰教中的民族成分具有重要性的原因，一个是中亚地区原住民区分自身同沙俄和苏联时期迁入该地区的俄罗斯人、乌克兰人等移居者的心理需要，另一个是巩固民族构建过程的政治需要，伊斯兰教因此成为中亚民族主义的基础。斯坦伯格分析，从 20 世纪 80 年代的苏联改革起，中亚的加盟共和国便开始再造其自身的民族传统与文化，不断上升的民族主义不可避免地导致了当地一度作为历史的伊斯兰符号和象征的恢复，使之广泛运用到文学和艺术中，《古兰经》也在这个时期被译成各民族的语言。然而，这个时期对伊斯兰和其他民族象征的需求的迫切性，随着中亚社会对规划新的民族意识形态的机会的否定而降了下来，斯坦伯格将此归因于在转型艰难时期民众自我牺牲热情的缺乏。而在苏联解体后不久，泛伊斯兰身份（pan-Islamic identity）在中亚被建构起来，与以往不同的是，这一身份试图整合整个中亚的力量，其原因不在于伊斯兰教本身，而是独立后的中亚国家将宗教意义融入到其民族观念之中。②

---

① Everett-Heath, Tom. Instability and Identity in a Post-Soviet World: Kazakhstan and Uzbekistan [A]（Everett-Heath, Tom, ed. Central Asia: Aspects of Transition [C]）. London: RoutledgeCurzon, 2003. pp. 181 - 204.

② Steinberger, Petra. "Fundamentalism" in Central Asia: Reasons, Reality and Prospects [A]（Everett-Heath, Tom, ed. Central Asia: Aspects of Transition [C]）. London: RoutledgeCurzon, 2003. pp. 219 - 243.

除了上述分门别类的转型研究外，国内学者李静杰、赵常庆、郑羽等出版了研究中亚问题的专著，系统、全面地评估中亚十年的转型历程，从而为本研究提供了重要的参考。①

0.4　本书的研究特色

从上述研究现状来看，尽管学术界对中亚政治、经济和社会转型的研究成果较为丰富，但仍存在一些不足。一是缺乏对中亚转型深层次原因的剖析，即缺乏从中亚历史发展的纵向角度来理解当下中亚转型进程以及影响转型的历史与现实因素。二是缺乏对中亚转型的横向比较研究。中亚与中东欧国家几乎同时开启转型进程，但转型速度、水平、绩效等各方面相差悬殊。此前的研究成果中，更注重对中亚自身的转型研究，缺乏与同一时期转型国家的横向比较。三是缺乏从纵向和横向两条线索对中亚政治与经济转型互动关系的深入研究与比较分析。在已有的研究成果中，从单一视角对政治或经济转型的面上研究比较到位，但互动研究明显不足。四是缺乏在转型研究基础上对转型模式的研究与探讨。中亚、中东欧、南美以及俄罗斯的转型模式各不相同。对转型模式的深入研究有助于对转型本身的理解和转型学的发展。中亚转型 20 余年，为何民主化进程如此缓慢？中亚的经济转型能否成为政治转型的基础？中亚与中东欧国家的转型始于同一时期，转型绩效却有天壤之别，同途殊归的原因何在？中亚转型模式与发展历程对我们研究民主模式、经济转轨方式到底有哪些启示？对上述问题的深入思考成就了本书的研究特色。

第一，从纵向和横向两条主线对影响中亚转型历程的历史与现实因素、国内与国外因素进行全面、系统的分析。点线融合、史论结合，力图深刻剖析中亚转型的历史逻辑。第二，以中亚五国 20 余年的转型为研究整体，对转型进程、阶段性演进、转型绩效给予客观分析与评价，深入挖掘制约中亚转型进程的各种因素。第三，以转型理论为指导，分析中亚政治转型与经济转轨之间的关系。对以中亚为载体的政治民主化与经济市场化的互动关系进行全面研究。第四，运用比较研究方法，对影响中亚与中

---

① 李静杰总主编、赵常庆主编：《十年剧变——中亚和外高加索卷》，中共党史出版社 2004 年版。郑羽编著：《独联体十年——现状、问题、前景》，世界知识出版社 2002 年版。

东欧转型的政治、历史、文化因素和转型的内生动力进行比较分析，从而更加清晰地认识中亚转型进程，预测转型前景。第五，以中亚为案例，分析转型前提对转型结果的影响。已有的理论和研究成果认为，转型是对独立主权国家现有制度的变革。而中亚转型造就了一个特殊案例，即转型并非是在一个具有独立建国历史经验的国度内对其已有制度的改革，而是转型与建国同构，边建边转。

全书的结构安排如下：

导论。本书的导论既沿袭了学术专著的写作习惯，又结合研究主题有所突破。在导论中，以研究中亚转型的特殊意义为切入点，对中亚政治经济转型的特质进行深入分析，对国内外已有研究成果进行全面系统梳理，对本书的研究特色进行归纳总结。

第1章。中亚转型的历史逻辑。从身份变迁（封建宗法制汗国→沙皇俄国殖民地→苏联加盟共和国）和经济发展方式转变（封建经济→殖民地经济→高度集权的计划经济）两个视角深入剖析中亚各国被动转型的历史与现实因素，理解中亚转型的被动性、特殊性和复杂性。

第2章。民主政治与市场经济框架的建立。重点分析裂变中产生的独立主权国家与苏联时期的加盟共和国之间的内在联系，从宪法角度阐释中亚各国从极权到民主的嬗变以及确立民主政体的宪政合法性。以转型初期经济领域出现的破坏性震荡为背景，以所有制改革、价格自由化和市场经济基础的建立为视角，分析经济发展模式选择与中亚市场经济体制框架的建构过程与影响。

第3章。转型的阶段性演进与绩效评价。本章对中亚五国政治经济转型演变过程进行了全面的梳理。从第三次民主化浪潮的辐射、俄美两国对"颜色革命"的影响以及中亚威权化民主模式的确立等多个视角，分析导致中亚民主化"一波三折"的原因。通过对中亚经济转型初始时期、市场经济改革深化时期和经济稳定发展新时期的梳理，对外开放与区域经济一体化的剖析，呈现出中亚经济转型的目标和多元化经济发展模式。对政治、经济转型现状和绩效进行客观分析与评价。

第4章。中亚转型何以至此：外部影响与内在约束。从大国地缘政治争夺对中亚转型目标的影响、俄罗斯"主权民主"对中亚民主模式的影响、美国民主输出对中亚民主化进程的影响等多个视角，透视外部因素与中亚民主化之间的密切联系。以中亚固有的政治文化传统、民族分裂的现实威胁以及西方化内生动力的缺失为切入点，剖析制约中亚转型的内部因素。本章特别注重对中亚与中东欧转型的比较分析和政治转型与经济转轨的互动研究。透视在权威与民主的双重作用下中亚的经济转型进程，在经济基础缺失的情况下政治民主化的迟滞发展以及社会阶级结构的变化与民主化和市场化之间内在的深刻联系。

第5章。结束语。在总结中亚五国转型实践的基础上，进行转型基本理论的探讨，对中亚未来的转型进程做出预判。

历史渊源与发展逻辑

中亚是人类最古老的居住地区之一。特殊的地理环境在原始社会时期就构成了中亚地区游牧和农耕文明并存的特点。游牧民族逐水草而居的生活习性决定了他们的不断迁徙，而农业生产的稳定发展和商业经济的繁荣又引来周围势力在此无休止的剧烈争斗。从古代汗国林立、交替到近代三个势力最为强大的汗国的建立，从被沙皇俄国吞并变为殖民地到加入苏联成为加盟共和国，独立建立现代民族国家之前的中亚历史是中亚被动转型的深远原因。

1.1　从汗国到加盟共和国的演进

历史上，中亚地区的发展史就是一部战争史。地区内部族的厮杀和东西方大国间的逐鹿展现了近代以前中亚发展的历史画卷，也昭示了中亚的发展命运。从近代汗国争雄到被沙皇俄国的殖民统治，再到加盟苏联，中亚地区的历史演进清晰可见。

1.1.1　汗国更迭的中亚

18世纪中叶之前，中亚地区的发展始终处于汗国更迭的状态。外部势力入主中亚及汗国内部的纷争，导致中亚地区的汗国交替。与此同时，游牧部落的迁徙和发展，也促进了中亚地区部落间的融合与分化进程。

中亚是雅利安人的发源地，在远古时期其居民属印欧人种，由南部的农业居民和北部的游牧民族两部分组成。游牧民族的生活习性不仅决定了他们居无定所的流动生活状态，也使其部落纷争不断。他们没有现代国家的概念，也没有固定的疆界。他们逐水草而居，其所控制的牧场的边界就是其氏族部落的管辖地。

自然环境的变化和氏族部落内部的争斗导致"游牧民族的统治往往是不稳定的，或者常常是暴兴暴衰。比较能够稳定地统治中亚地区的力量总是周邻地区的强大帝国"[1]。

据希罗多德记载，从公元前6世纪中叶居鲁士攻占巴克特里亚，到大流士即位后实行对中亚的有效统治，波斯帝国是第一支进入并统治中亚的强大外来力量。在此之后，希腊—马其顿帝国、突厥汗国、阿拉伯王朝[2]、蒙古帝国、沙皇俄国等先后踏足中亚。尽管除沙俄之外，所有入主中亚的外来力量最终都被新的征服者所取代，但这些外来势力对中亚近代民族的产生、经济文化的发展及政治制度的形成与变革却发挥着决定性的作用。

中亚地区历史上存在过数十个汗国，对中亚发展影响较为显著的有突厥汗国、金帐汗国、白帐汗国、察合台汗国、哈萨克汗国、黠戛斯汗国、阿勒泰汗国、帖木儿汗国、布哈拉汗国、希瓦汗国和浩罕汗国等。其中，在公元6世纪建立的突厥汗国统治整个中亚地区长达三个多世纪。突厥汗国时期，统治者在中亚掀起了突厥化运动，这一政策使中亚地区除塔吉克斯坦之外，都演变成为突厥语系国家。公元7世纪，阿拉伯人侵入中亚，建立了倭马亚王朝。在蒙古军队进入中亚之前，波斯、希腊、突厥、阿拉伯各种力量的角逐一直在中亚延续。

公元13世纪蒙古人将其触角插入中亚各个地区。蒙古人在今哈萨克斯坦地区建立金帐汗国、白帐汗国、察合台汗国期间，对哈萨克民族的形成客观上发挥了重要的作用。"生活在哈萨克草原的钦察（克普恰克）、康居、克烈、乃蛮、弘吉剌、札剌亦儿等部落交流增多，各个部落都开始使用钦察语（即克普恰克语，现代哈萨克语的前身），同时逐步融合，哈萨克斯坦民族开始形成。"[3]蒙古人后裔建立的帖木儿汗国其势力较金帐汗国更为强大，统治范围更广，囊括了整个中亚。帖木儿帝国的统治中心

---

①　王治来、丁笃本：《中亚国际关系史》，湖南出版社1997年版，引言第2页。

②　阿拉伯人建立的倭马亚王朝（公元660~749年）、哈拉汗王朝和哥疾宁王朝先后统治中亚。需要指出的是倭马亚王朝由叙利亚总督穆阿维亚所建，即为汉文史料中的"白衣大食"。

③　胡振华主编：《中亚五国志》，中央民族大学出版社2006年版，第18页。

建在撒马尔罕，为日后月即别人①建立中亚三汗国奠定了基础。

中亚三汗国是指希瓦汗国、布哈拉汗国和浩罕汗国，由乌兹别克人建立。希瓦汗国和布哈拉汗国建立于16世纪初期，而浩罕汗国成立于1710年。希瓦汗国统治区域在阿姆河下游和花剌子模三角洲，大部分土库曼人在希瓦汗国统治之下。而布哈拉汗国则占据了帖木儿汗国的统治地，以河中为中心，统治着费尔干纳地区和塔吉克人生活的地区。希瓦汗国和布哈拉汗国建立之时，其四周强国林立：南部有印度莫卧儿帝国、西部有正在崛起的俄国、在伊朗有波斯萨非王朝、在近东有奥斯曼土耳其，北部有哈萨克人的汗国。在强邻之中，希瓦汗国与布哈拉汗国因与奥斯曼土耳其和莫卧儿帝国宗教信仰相同，故关系友好。而波斯萨非王朝的势弱，使其成为希瓦汗国和布哈拉汗国对外战争的主要目标。

希瓦汗国和布哈拉汗国尽管同是中亚地区的游牧部落，同样信奉逊尼派的伊斯兰教，同为蒙古人后裔所建的汗国，同时对抗外部邻国波斯，但并未能阻止两个汗国之间的争夺战。17世纪初期，完成了汗位继承的希瓦汗国开始进入强盛时期，更加剧了对布哈拉汗国的侵略。进入18世纪后，希瓦汗国和布哈拉汗国内部争权夺利的斗争愈演愈烈，导致国势衰退、内部分裂。此时，乌兹别克族明格部落首领沙赫鲁比来到浩罕，建立名义上属于布哈拉汗国、实则独立的统治。因建都于浩罕城而得名浩罕汗国。浩罕汗国是乌兹别克人建立的民族政权实体，控制着费尔干纳盆地以及盆地东部、奥什、古勒什等吉尔吉斯人聚居的地区，其居民多数操突厥语，也有一部分塔吉克人。从18世纪下半期开始，浩罕汗国的势力得到发展壮大，与希瓦汗国和布哈拉汗国一道成为中亚的第三大汗国。至此，希瓦、布哈拉、浩罕这三个汗国与16~17世纪在哈萨克汗国②内形成的大

---

① 月即别人得名于金帐汗国的月即别军。格列科夫和雅库博夫斯基在《金帐汗国兴衰史》中指出，因月即别人与乌兹别克人的俄文对音相同，故有些史书称其为乌兹别克人。实际上，14~16世纪居住在术兀鲁思东北部的月即别游牧民同今天乌兹别克斯坦的乌兹别克人不是一回事。在此时期，月即别人并非单一的民族或部落，而是一个带有纯粹集合名词性质的名称。有三个民族属于月即别人。头一个是"隶属于昔班的部落"即昔班人，第二个是哈萨克人，第三个是忙兀人。这三个民族作为阿黑·斡耳朵（即白帐汗国，在俄罗斯史料中称做青帐汗国）的居民构成了月即别的总的民族。参见格列科夫、雅库博夫斯基著：《金帐汗国兴衰史》，第253~255页。

② 哈萨克汗国始建于1480年，因其第一位汗王为巴兰都黑，因此哈萨克汗国初期又称为巴兰都黑汗国。由于在哈萨克汗国的形成过程中，一开始就缺乏统一的中央集权，也就预示着以后的分裂是不可避免的。16世纪下半叶至17世纪上半叶，在哈萨克汗国内逐步形成三个独立的政治统一体，即大玉兹、中玉兹和小玉兹。

玉兹①、中玉兹、小玉兹以及吉尔吉斯族（时称"布鲁特"）的一些部落并存，成为中亚地区的主要力量。

综上可见，外部势力的角逐和内部力量的较量构成了从远古到近代中亚历史的主旋律，外强内弱是主要特点。外来强国建立的王朝、汗国交替出现，但由当地民族建立的王朝或国家却很少。从远古到 15 世纪初的中亚，由当地民族建立的王朝只有三个：塔希尔王朝（821～873 年）、萨法尔王朝（873～903 年）和萨曼王朝（874～999 年）。15 世纪至沙俄入侵前，中亚地区较大的汗国也只有哈萨克汗国、希瓦汗国、布哈拉汗国和浩罕汗国。正是在这些王朝和汗国的统治基础上中亚的近代民族得以产生。塔吉克民族是在萨曼王朝时期逐渐形成的，公元 9～10 世纪，在萨曼王朝统治之下，塔吉克人在各个领域都得到了快速发展，塔吉克民族就此形成；15 世纪哈萨克汗国建立后形成的统一政体，"促使了哈萨克民族形成过程的完成"②。16 世纪初期乌兹别克人建立的希瓦和布哈拉汗国，则有助于乌兹别克民族的形成③。而吉尔吉斯民族和土库曼民族是在外族的压迫下形成的民族。

中亚各民族在冲突和融合中形成了自己的生活区域。"到 18 世纪初，中亚草原作了如下划分：在北部游牧的是西伯利亚鞑靼人的各个分支和 1594 年来此游牧的吉尔吉斯人；在东部是卫拉特人即准噶尔人；在南部是吉尔吉斯—哈萨克人，他们占据着土耳其斯坦和塔什干；在西部，在乌拉尔河和恩巴河两河上游之间游牧的是巴什基尔人，在这两条河的河口之间是卡尔梅克人；至于准噶尔人，他们早在 17 世纪初，由于受到蒙古的阿尔登汗无休止的侵袭的压力，转移到西伯利亚。"④

在被沙俄殖民化之前，中亚王朝和汗国的共同特点是：社会发展形态复杂；汗国之间没有固定的疆界。

从社会发展形态的角度来分析，中亚地区相对比较复杂。即使到了 18

---

① 玉兹为突厥语，意为"部分"或"方面"。清代文献称之为乌鲁玉兹、奥尔塔玉兹和基希玉兹，也有译为乌鲁克玉兹、鄂图尔玉兹和奇齐玉兹的，或称为大帐、中帐和小账。

② 马大正、冯锡时主编：《中亚五国史纲》，新疆人民出版社 2000 年版，第 76 页。

③ 关于乌兹别克族的形成时期，学术界一直存在争论。苏联学者 A. 埃斯卡洛夫认为，乌兹别克族于公元 1 世纪至喀喇汗王朝时期形成；热夏提·努拉赫迈德认为，现代乌兹别克族形成于 14～15 世纪帖木儿王朝时期。但苏联史学界一般认为乌兹别克民族形成于 11～12 世纪；中国史学界一些学者认为乌兹别克民族最终形成于 16 世纪。中国大百科全书中的观点是在 16 世纪昔班尼王朝时期，乌兹别克游牧民在占领了布哈拉、撒马尔罕、希瓦、塔什干等地后，与当地使用突厥语的农业居民融合形成乌兹别克人。

④ ［俄］M. A. 捷连季耶夫：《征服中亚史》第一卷，商务印书馆 1980 年版，第 26 页。

世纪，中亚地区依然是氏族制、奴隶制和封建制并存。以土库曼人为例，在希瓦汗国成立后，隶属于希瓦汗国的土库曼人，尤其是主要从事游牧业的土库曼人，依然保持着氏族制度。而同一时期中亚其他一些地方已经进化为封建制。

汗制是沙俄吞并中亚之前在中亚地区发挥主导作用的社会制度基础。汗制是一种氏族部落制，这种体制的核心是部落首领可汗具有绝对的权威，一般而言王位是世袭制。汗制在中亚历史上发挥着不可替代的作用，对日后中亚政治制度产生了深远的影响。汗国更替及部落的迁徙，导致汗国之间疆界的不断变化，为沙俄的人侵提供了更加有利的条件。

1.1.2 沙皇俄国的殖民统治

沙皇俄国是军事封建帝国主义国家，对内残酷镇压人民，对外掠夺成性。列宁指出：沙皇"专制制度的全部历史是一部掠夺各地方、各省区、各民族的土地的历史"。[①] 世界上有许多民族先后沦为沙俄的殖民地和附属国，作为其南部近邻的中亚也难逃此厄运。

沙俄时期的"中亚"与我们现在所讲的中亚是两个不完全等同的概念。那时的中亚"一般是指希瓦、布哈拉和浩罕三个汗国而言。但在不同的时代，这三个汗国的疆域大小不同，所以'中亚细亚'[②] 作为地理术语是个有伸缩性的概念。吉尔吉斯[③]、土库曼和卡尔梅克[④]等游牧民族，……他们时而归附希瓦，时而归附布哈拉，时而归附浩罕，时而归附中国。因

---

① 《列宁全集》第 13 卷，人民出版社 1959 年版，第 311 页。

② "中亚细亚"简称"中亚"。

③ 这里的吉尔吉斯游牧民族指的是现今的哈萨克族。在苏联对中亚地区进行民族识别之前，俄文文献中经常把哈萨克人称作"吉尔吉斯人"、"吉尔吉斯哈萨克人"和"吉尔吉斯凯萨克人"。而把真正的吉尔吉斯人称为"喀拉吉尔吉斯人"或者"吉科卡门吉尔吉斯人"，亦即"野石吉尔吉斯人"。[俄] M. A. 捷连季耶夫在《征服中亚史》中记载，"叶尼塞河吉尔吉斯人对西伯利亚城镇的骚扰，使得他们的名字变得极为可怕和令人憎恶，以致俄国人不加区别地把其他野蛮的游牧民族也用同一名字来称呼，其实他们在吉尔吉斯人之后，对毗邻西伯利亚的地区造成的危害更大，尽管这些游牧民族是哈萨克族。""'吉尔吉斯凯萨克人'这个名称，很可能是由于俄国人想把金帐汗国的哈萨克人同俄罗斯的哥萨克人加以某种区别而产生的。"（M. A. 捷连季耶夫：《征服中亚史》第一卷，商务印书馆 1980 年版，第 19 页）本文在一般的行文中使用"哈萨克人"，以示区别于现今的"吉尔吉斯人"。但在引文中为忠于历史和原文，仍采用"吉尔吉斯人"、"吉尔吉斯凯萨克人"或"吉尔吉斯哈萨克人"的译法。

④ 卡尔梅克是欧洲人对厄鲁蒙古人即卫拉特亦即元代的斡亦剌、明代的瓦剌的称呼。现在是俄罗斯联邦的一个共和国。

此,'中亚'的概念就扩大了:西至乌拉尔,北抵西伯利亚边界,东临中国,南达波斯和阿富汗的边界"。①

在沙俄侵入之前,中亚的地缘政治现实是多种势力争夺、混战:地区内部各汗国之间、部落之间、游牧民族与定居民族之间、外来民族与土著民族之间相互倾轧,战争持续不断;外部势力对中亚虎视眈眈,都想在中亚确立自己的统治。波斯、大清帝国、俄国等近邻"当仁不让",英国早已按捺不住,并以印度和阿富汗为通道向中亚地区渗透。但没有一支力量能够完全控制中亚,这就给沙俄的入侵打开了方便之门。

中亚地处欧亚大陆的结合部,不仅有广袤的草原和肥沃的绿洲,而且扼东西方交通之咽喉,重要的地缘战略地位自古就受到世人的青睐。中亚是沙俄的近邻,是沙俄实行殖民扩张政策的重要地区,也是沙俄南下印度和东侵中国的重要通道。俄国与中亚的往来开始于 16 世纪,到 17 世纪末18 世纪初,俄国彼得大帝在位时,对中亚进行殖民侵略的战略已经十分清晰。因此,公元 1700 年,当希瓦汗王希望通过名义上臣属于相隔遥远的沙俄以挫败布哈拉汗王的野心时,"彼得却决定乘机征服中亚各汗国,名副其实地征服"。彼得"完全正确估计了遥远的希瓦和布哈拉国对于俄国的意义;彼得一世很了解,使希瓦和布哈拉汗国臣服于俄国政权是占有中亚草原的必需条件"②。为此,他曾派出两支远征军去征服中亚。而派赴中亚去建立据点并侦察道路的第一批远征队,就是从里海和额尔齐斯河这两条路线行进的。俄国目的十分明确,就是将计就计,使希瓦汗国臣服于俄国,承认俄国的宗主国地位。但事与愿违,从阿斯特拉罕出发前往希瓦汗国的远征军最终被希瓦可汗全部诱杀。沙俄吞并希瓦汗国的计划被迫拖延。

在关注希瓦和布哈拉汗国的同时,彼得大帝也没有忘记哈萨克草原。在他看来,"该吉尔吉斯哈萨克汗国虽为轻举妄动之草原民族,但唯此汗国为通向所有亚洲国家和领地之咽喉及大门。"因此,彼得大帝命令曾任其高级机要翻译官的穆尔扎·捷弗克列夫去实现使"'自古闻名,但当时几乎是默默无闻的'吉尔吉斯哈萨克人归顺俄罗斯"的心愿。"'如该汗国不愿做名副其实的臣民',那么,穆尔扎也应竭尽全力,'慷慨解囊,只要能换取一纸,置该汗国于俄罗斯帝国庇护之下',即使耗资百万也在所

---

① 〔俄〕M. A. 捷连季耶夫:《征服中亚史》第一卷,商务印书馆 1980 年版,《序》第 1 页。
② 同上,第 29 页。

不惜"①。

为吞并哈萨克草原,沙俄采取威逼利诱的方式迫使哈萨克汗国诸部落臣服。到18世纪30~40年代,小玉兹和中玉兹虽然先后臣服俄国,但这种臣属关系并不稳定。这不仅表现为哈萨克人经常袭击俄国商队、抢劫村庄、掠夺牲畜、俘虏俄罗斯人并将其卖到希瓦、布哈拉等地为奴,而且令俄国不能容忍的是,在对俄国表示臣服后哈萨克人也与清朝保持臣属关系。到18世纪中叶,清朝政府出兵平定准噶尔部,清朝军队到达中玉兹和大玉兹境内,中玉兹阿布赍汗和大玉兹阿布勒比斯汗正式归顺清朝,随后,小玉兹的努拉里汗也臣服于清朝。沙俄对三个玉兹的做法感到极度惶恐,也想以册封的方式降服中玉兹,遭到拒绝之后,开始采取蚕食政策。勇敢的哈萨克游牧民以袭击俄国的商队和军队为手段,对俄罗斯人进行反击。18世纪后期,"希瓦、布哈拉和浩罕三国的统治者经常鼓励哈萨克人对俄国采取敌对行动",哈萨克问题遂成为俄国与中亚关系中占主导地位的问题。为从根本上使哈萨克草原成为沙俄的附庸,沙俄政府采取派远征军、筑堡垒、建要塞、册封汗王、设立边境法庭和农民特别法庭等方式以巩固俄国在哈萨克草原的殖民统治,但收效甚微,一个多世纪的侵略并没有使中亚各民族屈服。

19世纪初期,沙俄为发动对伊朗的战争和应对法国拿破仑的进攻,使得吞并哈萨克草原的计划未能实现。从19世纪20年代开始,沙俄采取军事移民、改变其统治制度、兴办教育等措施加快了对哈萨克人的殖民步伐。1822年和1824年俄国政府相继颁布了《西伯利亚吉尔吉斯人条例》和《奥伦堡哈萨克人条例》,废除了中玉兹和小玉兹赖以维持统治的社会基础——汗制,代之以军政合一的政治制度。为确保军政合一制度的实施,沙俄政府以法律的形式确定了哥萨克军事移民的合法性。至此,哈萨克人对俄国的威胁减弱,沙俄开始利用中亚三个汗国之间相互倾轧的有利时机开始了对中亚的直接入侵。

俄国克里米亚战争的失败、1861年的农奴制改革和美国内战的爆发,使得中亚之于俄罗斯的地位愈发重要,沙俄吞并中亚的积极性愈发高涨。从1864年开始,俄国军队开始大举进攻中亚腹地。1868年,布哈拉汗国沦为俄国的保护国,1873年希瓦汗国成为俄国的附庸,1876年,俄国将浩罕汗国合并,至此,中亚三个汗国及哈萨克草原已全部被征服。

---

① 〔俄〕M. A. 捷连季耶夫:《征服中亚史》第一卷,商务印书馆1980年版,第56页。

沙俄的殖民统治不仅改变了中亚的发展轨迹，使中亚失去了建立现代民族国家的机遇，而且为中亚打下了深深的殖民烙印。沙俄对中亚的殖民统治一直持续到十月革命胜利。1917 年的十月革命开辟了人类历史新纪元，也使中亚人民有机会重新选择自己的发展道路。

1.1.3 加盟共和国的身份与地位

众所周知，沙俄帝国是以对欧亚 100 多个民族的殖民和兼并为基础而不断扩大的，因此，绝大多数被压迫民族独立愿望都非常强烈。早在俄国二月革命时期，民族解放运动的烈火已经点燃，被压迫民族争取独立的运动风起云涌，资产阶级民族主义者利用各民族要求独立的愿望，建立了"民族委员会"、"民族自治政府"等资产阶级政权，使俄国处于四分五裂状态。十月革命后，无产阶级的革命浪潮首先遇到了这些打着民族旗号的资产阶级政权的抵制和反抗；芬兰、波兰等民族则力求从俄国分离出去；各边疆地区纷纷建立起本地区的苏维埃民族共和国。"从 1917 年底至 1921 年，在乌克兰、白俄罗斯、立陶宛、拉脱维亚、爱沙尼亚、阿塞拜疆、格鲁吉亚、亚美尼亚等地区陆续建立了苏维埃政权，宣布成立独立的民族国家。"①

无独有偶，帝国主义对中亚的争夺并未因沙俄政权的被推翻而停止。在 19 世纪争夺战中败下阵来的英国，十月革命之后，联合法、美等帝国主义国家，对新生的苏维埃政权进行破坏和扼杀。一方面，通过秘密协约的形式瓜分隶属于俄国的中亚细亚、高加索、比萨拉比亚、乌克兰、克里木和顿巴斯等地；另一方面，支持俄国国内反动势力建立反革命政权。在中亚地区，英国支持外里海地区的反革命分子在阿什哈巴德建立傀儡政府——"外里海临时政府"；在浩罕地区，成立了"浩罕自治政府"；在希瓦和布哈拉汗国，封建权贵、伊斯兰宣教士与巴斯马齐匪帮及当地的资产阶级分子相勾结，不仅成立了所谓的"科坎德自治区"，而且将布哈拉变成全中亚的反革命策源地。中亚再次陷入两种势力的争夺之中。中亚未来何去何从，不仅关系到中亚的命运，而且也关系到俄罗斯联邦以及其他加盟共和国的前途。

1917 年十月革命的号角激励了中亚地区各民族反对沙俄殖民统治的斗

---

① 赵常庆等：《苏联民族问题研究》，社会科学文献出版社 1996 年版，第 58 页。

争。各地纷纷举行武装起义，成立工人、农民、士兵代表苏维埃。1917 年 11 月锡尔河省建立了苏维埃政权。而后，各地苏维埃政权相继建立。哈萨克的阿克莫林斯克省、塞米巴拉金斯克省、图尔盖省和斜米列奇省，突厥斯坦边区全境以及长期处于艾米尔和汗王统治下的布哈拉和希瓦地区都建立了苏维埃政权。在这次席卷全俄的政治风暴中，塔什干成为中亚地区斗争的中心。

在十月革命后建立的苏维埃政权的基础上，中亚地区建立起五个加盟共和国和一个自治共和国。具体情况如下：

1917 年 11 月，土耳其斯坦（即土尔克斯坦或突厥斯坦）边区苏维埃第三次代表大会在塔什干举行，会议通过了成立土耳其斯坦边区人民委员会的决议。1918 年 4 月 30 日，土耳其斯坦苏维埃社会主义自治共和国成立，为俄罗斯苏维埃联邦社会主义共和国组成之一部分。

1920 年 8 月，由列宁和加里宁签署、俄共（布）中央执行委员会和俄罗斯苏维埃社会主义共和国人民委员会发布的法令宣告成立吉尔吉斯苏维埃社会主义自治共和国（哈萨克共和国的最初名称），作为俄罗斯苏维埃联邦社会主义共和国的成员国之一。1925 年，在哈萨克第五次苏维埃代表大会上，决定恢复哈萨克人历史上的正确称呼，将共和国改称为哈萨克苏维埃社会主义自治共和国。

1920 年 4 月和 10 月，原希瓦汗国和布哈拉艾米尔统治的地区获得解放后，先后成立了花剌子模苏维埃人民共和国和布哈拉苏维埃人民共和国，并作为独立和自主的国家与俄罗斯苏维埃社会主义共和国签订了双边条约。因为花剌子模和布哈拉国内尚不具备发展社会主义的各种条件，因此没有宣告为社会主义共和国。直至 1924 年 9 月，在花剌子模和布哈拉苏维埃人民共和国分别召开的第五次库鲁耳泰（代表大会）上才通过将花剌子模和布哈拉苏维埃人民共和国改组为社会主义共和国的决议。

1924 年 10 月，苏共中央执行委员会做出中亚民族划界的决定。中亚民族划界之后，在这块土地上首次出现了以乌兹别克、塔吉克、土库曼和吉尔吉斯等民族名称命名的主权国家：原来由乌兹别克斯坦、塔吉克斯坦和土库曼斯坦（土尔克明尼亚）各零散部分组成的统一的土耳其斯坦国家，经过划界之后成立了乌兹别克和土库曼苏维埃社会主义共和国以及塔吉克苏维埃自治共和国，塔吉克苏维埃自治共和国为乌兹别克共和国所属之一部分。建立喀喇吉尔吉斯自治省（吉尔吉斯自治省的最初命名）并作为俄罗斯苏维埃联邦社会主义共和国的一个组成部分。1925 年 5 月，苏联中央委员会决定将喀喇吉尔吉斯自治省改称为吉尔吉斯自治省，1926 年 2 月，又将自治省改组为自治共和国。1925 年 5 月，苏维埃社会主义共和国联盟第三次苏维埃代表大会通过了乌兹别克苏维埃社会主义共和国和土库曼苏维埃社会主义共和国按照当地人民自由意志加入苏联的特别决议。1929 年 10 月，塔吉克自治共和国苏维埃第三次全国代表大会做出将塔吉克苏维埃社会主义自治共和国改组为加盟苏维埃社会主义共和国的决定。根据 1936 年宪法，哈萨克苏维埃社会主义自治共和国改组为哈萨克社会主义加盟共和国，吉尔吉斯苏维埃社会主义自治共和国改组为加盟共和国，1924 年中亚民族划界时划归哈萨克斯坦的卡拉卡尔帕克苏维埃社会主义自治共和国归属于乌兹别克共和国。

综上可见，十月革命后，中亚各民族摆脱了沙俄的殖民统治，建立了自治共和国。1922 年苏联成立后，中亚地区的各个自治共和国又先后加入苏联，成为苏联的加盟共和国。苏联的全称是苏维埃社会主义共和国联盟，是由各平等的苏维埃共和国自愿组成的社会主义联邦制国家，国家体制是联邦制，而且是民族联邦制国家。各苏维埃共和国是在自愿原则下与其他享有平等权利的苏维埃社会主义共和国联合为苏维埃社会主义共和国联盟的主权加盟共和国。除苏联宪法第 14 条所规定的以外，各加盟共和国能独立行使国家政权，完全保存自主权利，包括自由退出苏维埃社会主义共和国联盟、与外国直接建立关系、对外缔结条约和互换外交代表等权利。

1.2　计划经济体制的起源与发展

"与中亚地区长期处于被统治、被奴役和附属地位相联系，中亚的经济也被打上一个历史烙印，即严重的脆弱性，生产力分布的不合理以及缺乏独立自主的现代国民经济格局这一深刻烙印。"[1] 作为古代丝绸之路的中亚，封建时期自给自足的自然经济、沙俄时期的殖民地单一经济，尤其是苏联高度集中的计划经济，是中亚各加盟共和国实行计划经济体制的根源，也成为中亚各国独立后经济转型的历史原因。

---

[1]　马曼丽主编：《中亚研究——中亚与中国同源跨国民族卷》，民族出版社 1995 年版，第 17 页。

1.2.1　封建时期的经济繁荣

中亚位于亚洲大陆板块的中间地带，草原、沙漠、河谷绿洲并存，属于大陆性气候，干燥少雨，常年降雨量都很低。在中亚，与不同的生产条件相适应，沙漠草原地带和绿洲草原地带在公元前一千纪形成两种类型的经济，即草原上的游牧畜牧业和绿洲与河谷中的定居农业。环境经济的性质决定着农业经济的发展水平，游牧经济的实际需要则左右着经济发展的规模。而经济发展状态又是判断社会发展形态的重要标准。尽管从公元前6世纪开始，大国对中亚的争夺就一直没有中断，但中亚社会经济发展程度远没有大国角逐那样激烈。总体而言，其社会进化速度和程度较之欧洲强国都有较大的差距。直至公元9世纪封建制度完全成熟之后，封建经济才得到加速发展，走向繁荣。

据希罗多德记载，中亚的奴隶制关系始于波斯人建立的阿契美尼德王朝，到希腊—马其顿国王亚历山大入侵时，中亚奴隶制已得到较大的发展，游牧部落贵族，以及农业地区的本地贵族，在这里拥有很大势力。贵霜帝国时代，开始出现贸易和商品交换，奴隶制关系已在经济结构中成为主导成分，但由于在生产力中农村公社的数量仍占优势，所以，这一时期，整体来讲，奴隶制关系在中亚没有达到古代希腊和古罗马那样的世界水平。

从公元4世纪起，封建关系开始在中亚某些地区产生①。公元6~9世纪，中亚的奴隶占有制关系向封建关系过渡，封建制度逐步确立。到公元9世纪萨曼王朝统治时期，封建关系的统治完全成熟，并且充分定型。在封建关系统治之下，与农民还没有农奴化的前封建主义时期不同，开始了真正使农民成为农奴的转化过程。公元10世纪，中亚已处于发达的封建社会时期。萨曼王朝是维护大地主和大商人利益的封建主义国家。

奴隶制关系向封建关系过渡时期的最显著特征，就是闭塞的自然经济日益增强，而且这种自然经济是围绕着大地主的城堡发展起来的。中亚灌溉农业、采矿业、手工业和商业贸易的发展为封建自给自足的自然经济提供了坚实的基础。

---

① 我国著名的历史学家周一良先生认为，大约从公元4世纪起，封建关系在萨桑王国中产生。参见周一良等：《世界通史·上古部分》，人民出版社1973年版，第376页。

中亚环境经济的性质决定了土地和水的重要性。对水源的控制和灌溉技术的发展决定着自给自足的程度。为了建立封建土地所有制和统治农村公社农民，为了控制水源，封建贵族把自己森严坚实的城堡建在水渠的渠首，使沿着水渠分布的整个村社完全在其控制之下。

水资源无论对农业和游牧业都十分重要。在远古时期，作为最古老的农业文化中心，中亚的农业"并不位于大河沿岸，而是分布在山前地带和山脉间的盆地，在山涧与溪流两旁，发展了不灌溉的农业。在阿姆河的支流和三角洲上，农业则在河滩低洼的沼泽地上发展起来"①。进入封建时期之后，由于灌溉农业十分发达，坎儿井灌溉技术的普遍推广，以及利用大江大河灌溉方法的使用，沿河领域的狭长地带和绿洲农业得到进一步的发展。据史料记载，在河中地区主要种植小麦、稻米和大麦三大谷类作物。经济作物中以棉花种植最为突出。布哈拉周围种植的棉花，不仅能够满足自给自足的需要，而且还大量出口，并成为沙俄殖民统治后的棉花供应基地。

采矿业在9～10世纪中亚的生产体系中，已经占有领先的地位。到希瓦、布哈拉、浩罕汗国时期有了更进一步的发展。一些山区和城市，因采矿业的发展而成为工业中心。在费尔干纳，铁、锡、银、水银、铜、铅以及焦油、绿松石和氯化铵的开采，使其工业中心的地位得以确立。在马尔斯曼达，因铁矿的开采与开发，每年举行集市，向周围地区推销用那里开采的铁制成的产品。在泽拉夫善河上游地区，开采铁、金、银和矾矿，使其成为山区工业中心。此外，据史料记载，在忽毡②附近山中，开采铜和银；在巴达克山开采天青石和红宝石；在许多地方都开采铁和石油；在伊腊克城和卡什卡流域开采盐。各类矿藏的开采促进了中亚封建经济的发展与繁荣。

采矿业的发展也促进了手工艺水平的提高，带动了手工业的发展。锻铁和陶器的生产、铜器制造以及其他手工业，在整个中亚都有广泛的发展。在封建经济发展的早期，忽毡已存在金匠和珠宝匠的专门街坊区。撒马尔罕的纸不仅在河中地区有名，在所有中近东国家也非常著名，并且排挤了纸莎草做的纸和羊皮纸。费尔干纳各城生产兵器、农具和铜器。乌尔坚奇和柘折出产的粗制皮革、棉布和游牧民通用的其他商品也十分有名。

---

① 周一良等：《世界通史·上古部分》，人民出版社1973年版，第31～32页。

② 今列宁纳巴德。

到公元 10 世纪时，在中亚，石油已经在军事上广泛利用，作为围攻城市时使用的燃烧弹。

商品贸易中贸易品种的变化，证明了中亚手工业的发达程度。早在阿拔斯王朝时期，商队贸易的商品主要是青铜器和银器、玻璃器皿、装饰品、宝石等奢侈品，到萨曼王朝时代，商品品种中更多的是居民个人使用和家庭手工业需要的物品。而这些商品皆为中亚手工业者所生产。

尽管历史文献对 16～19 世纪中叶的中亚手工业作出了完全不同的评价①，但从众多大手工业中心的出现②、城镇手工业规模的扩大、手工业专业化程度的提高③以及依职业而成立手工业行会的状况，都足以说明中亚封建手工业经济已经达到很高的水平。

这一时期，贸易水平更能说明中亚封建经济的发展程度。贸易发展水平体现在三个方面：一是过境贸易的发展。中亚作为古代丝绸之路的必经之地，其重要地位不断提升。到公元 10 世纪初，联系中亚和东南欧的商路，不再通过高加索和可萨王国，而是开始通过中亚的河中地区。"商路从布哈拉通往阿姆河，然后沿阿姆河到达南花剌子模的中心柯提，随后到乌尔坚奇，再从那里经过扎姆姜、埃姆巴、利克，到达布加尔王国。这样，商路就绕过可萨王国的领土，而沿着伏尔加河左岸前进。沿途建有旅店，商人们在那里停下来休息。在俄罗斯各地，直到波罗的海，发现大量萨曼王朝的货币④，这些发现证明古代中亚同俄罗斯商业联系的扩大"⑤。二是贸易网的不断扩大。在 15、16 世纪之交的地理大发现和新航路开辟之前，中亚作为联系东西方的重要陆路通道——丝绸之路的枢纽，商贾云

---

① 第一种认为中亚手工业在 16 世纪经历了一次衰落；第二种认为手工业、贸易和农业都经历了显著的发展。参见：[伊朗] 恰赫里亚尔·阿德尔、[印度] 伊尔凡·哈比卜主编：《中亚文明史》第五卷，中国对外翻译出版公司 2006 年版，第 304 页。

② 保持领先地位的手工业中心有：赫拉特、莫夫、布哈拉、撒马尔罕、希瓦、塔什干、讹答剌、喀什噶尔等。

③ 文献资料中记载的中亚手工业行业有：铁匠、车工、锁匠、铜匠、刀剪匠、珠宝匠、武器制造工、造纸工、纺织工、染色工、鞋匠、制毯工、裁缝、陶工、建筑工、制砖工、皮匠、面包师和杂货商。

④ 中亚游牧民族在经济发展中发挥了重要作用。游牧民们把肉、毛和皮革运往城市，同时换得他们必需的农产品和手工业品。马克思对游牧民族在交换发展中所起的作用给予了充分肯定，他指出："游牧民族最先发展了货币形式，因为他们的一切财产都具有可以移动的因而可以直接让渡的形式，又因为他们的生活方式使他们经常和别的共同体接触，因而引起产品交换"。参见：《马克思恩格斯全集》第 23 卷，人民出版社 1972 年版，第 107 页。

⑤ [苏] Б. Г. 加富罗夫：《中亚塔吉克史·上古——十九世纪上半叶》，中国社会科学出版社 1985 年版，第 169 页。

集，一派繁荣。"从里海到新疆，从西伯利亚到北印度，有一个很大的贸易网"①。从中亚本地的游牧民、定居居民到各地的皇室成员、商人，都成为商品交易者。三是商品品种的多样化。从原料到成品，从奢侈品到生活用品，从物品到奴隶，可谓应有尽有。

土地的集中和赋税制的完善从另一个侧面反映了中亚封建经济发展的状况。在希瓦、布哈拉和浩罕汗国统治时期，土地集中状况已相当严重。在希瓦汗国，乌兹别克氏族统治阶层将农牧民集中束缚在由其掌控的大地产之上，为其耕种土地，并以牲畜的形式纳税。在浩罕汗国，"绝大部分土地归汗所有，土地收入的大部分以土地税，即谷物税和田亩税的形式交给汗和伯克们"②。到了 19 世纪，土地集中的情况进一步加剧。

综上可以看出，中亚特殊的自然环境和经济结构是中亚封建经济发展的基础。中亚是氏族部落制，游牧部落和农业定居部落是氏族部落制的基本结构和生产力基础。游牧是欧亚大陆干旱地区自然资源的一种特殊开发形式，游牧生活的特点决定了自给自足的封建经济形态在人员和畜群数目都很小的经济单位内比较容易实现。而由水源和灌溉技术决定收成的农业定居村落，因封建贵族控制着水渠之首，使自给自足经济发展模式在村社内得以实现。公元 9 ~ 19 世纪中叶，中亚的灌溉农业、采矿业、手工业和商品贸易的发展水平显示，中亚的封建经济已经十分繁荣，游牧部落首领和庄园贵族对经济的控制决定了中亚经济的集中发展模式。而这种经济模式被沙皇俄国进一步发展为单一结构的殖民地经济。

1.2.2 殖民经济结构的出现

殖民地经济最重要的特点就是经济命脉被宗主国所控制，完全变为宗主国的原料产地和商品销售市场。19 世纪中叶，沙俄吞并中亚后，中亚被迫走上了殖民地道路。

沙皇俄国从莫斯科公国发展成为一个"所有俄国人"的幅员广阔的强大国家，从金帐汗国的统治地变为中亚的殖民统治者，这个转换过程不过三四百年。在这个过程中，对土地的强烈追求和对原料及销售市场的渴望成为沙俄对中亚进行殖民扩张的强劲动力。

---

① ［伊朗］恰赫里亚尔·阿德尔、［印度］伊尔凡·哈比卜主编：《中亚文明史》第五卷，中国对外翻译出版公司 2006 年版，第 328 页。

② 同上，第 46 页。

　　沙俄对中亚的殖民统治和经济剥削，主要体现在掠夺土地、抢占原料产地和控制贸易等几个方面。

　　1861 年废除农奴制以前，农奴制在欧洲的俄国中部和西部十分盛行。因此，"俄国殖民扩张的背后有着强烈的土地因素：它是大批'自由'农民离开充斥着农奴的俄国的一个过程"①，也是中亚游牧民族失去土地、沦为殖民地的辛酸历程。以哈萨克草原为例，沙俄对哈萨克草原的殖民过程，就是哈萨克土地被占领的过程。

　　沙俄剥夺哈萨克草原土地的主要方式就是移民。在军事移民陆续进驻中亚后，接踵而来的是大批的农业移民。沙俄当局以条例的形式确定了移民的合法地位，并将从当地民族手中剥夺来的所谓的"国有"土地分配给移民。在 1891 年的《草原诸省管理条例》中，俄国政府坚持游牧民土地国有的原则，将从哈萨克人那里剥夺来的土地分配给俄罗斯移民，因为"政府正需要用移民办法来解决土地问题"②。同样的情况也出现在吉尔吉斯人那里。有资料显示，殖民当局"从吉尔吉斯人手里夺来了最好的土地，有宝贵的现成灌溉渠；而且不仅夺来了耕地，还夺来了最好的冬季游牧地，甚至供换地游牧用的牧道也没有留；这样一来，吉尔吉斯人什么都得付款：要支付他们通过哥萨克土地的过境费，支付牧场费等等；哥萨克不做任何事情就捞到了收入。给有三百八十七人的谢尔基奥波利镇划出了十一万六千六百一十八俄亩土地，即每人三百俄亩！在这个区段里，每人分摊到三十俄亩耕地和二百七十俄亩草原；在这些土地上，可以游牧将近一千个账户"③。移民们得到的是肥沃的、适宜于农耕的大片土地，而且每人拥有土地的数量平均相当于土著居民的 8 倍左右。土著居民只能拥有少量的比较贫瘠的土地，有些民众不堪忍受剥削只好迁往他乡，或重新开垦土地。因此，列宁在谈到俄国的移民问题时指出："移民用的土地是靠疯狂地损害土著居民的地权而得来的"④。土地、牧场和水源是中亚土著居民生活的命脉，这一命脉被沙俄所控制。

　　寻找原料产地和产品销售市场是帝国主义国家进行殖民扩张的重要原

---

　　① ［伊朗］恰赫里亚尔·阿德尔、［印度］伊尔凡·哈比卜主编：《中亚文明史》第五卷，中国对外翻译出版公司 2006 年版，第 271 页。

　　② 列宁：《移民问题》，《列宁全集》第 18 卷，人民出版社 1959 年版，第 79 页。

　　③ ［俄］M. A. 捷连季耶夫：《征服中亚史》第三卷，商务印书馆 1986 年版，第 343 页。谢尔基奥波利镇是俄国移民从 1847 年开始在七河省建立的第一个哥萨克居民点。

　　④ 列宁：《移民问题》，《列宁全集》第 18 卷，人民出版社 1959 年版，第 81 页。

因所在。作为军事封建帝国主义国家，俄国也不例外。18 世纪，俄国对中亚的扩张政策虽然是从政治和军事角度考虑的，但值得注意的是，中亚并没有成为这一时期俄国外交政策的中心，中亚的经济价值反倒越来越受到重视。中亚丰富的资源和良好的贸易环境对俄国有着极大的吸引力。

中亚地区矿产资源丰富。富含金、银、铜、铁、锡、铝、硫黄、各类宝石等矿产。费尔干纳和塔什干东部的扎尔塔拉什山脉中都蕴藏着金矿。在许多俄国学者的著作和文章中都有与此类似的记载："彼得大帝得到西伯利亚省长加加林公爵的禀奏：在小布哈拉，埃尔克特（现在的叶尔羌）城附近的一条河里出产金沙。"彼得大帝听到这个消息后就决定占有这座富有的城市。"埃尔克特即叶尔羌位于叶尔羌河畔，显然，我们认为它和阿姆河是同一条河"①。彼得大帝向他的子孙指出了通往叶尔羌的两条主要道路，并开始从两方面向中亚出发。由此可见，中亚蕴藏的资源对俄国的吸引力。吞并中亚，就拥有了丰富的原料产地。

在中亚的绿洲区，农牧业相对而言比较发达。中亚地区的棉花产量居世界前列。在 19 世纪，中亚的棉花已经引起了沙俄的高度重视。"19 世纪 60 年代初，世界棉花危机是俄国商业界争夺中亚市场的另外的内在动力。""莫斯科的工厂和中央工业区的工厂都是纺织工业最发达的"，然而当"1859 年和 1860 年俄国的纺织工业达到了'自己发展的顶点'的时候，"危机也临近了。不仅因为国内的市场范围狭小，使纺织品缺乏销售市场，而且由于 19 世纪 60 年代美国国内战争的爆发，使得俄国的纺织业的原料——棉花——供应成了问题，俄国急需新的原料产地。俄国学者在谈到 19 世纪俄国与中亚的关系时也都承认："19 世纪 60 年代，在中亚，贸易往来的发展经过了两个阶段，第一阶段发生在 60 年代初，并且和棉花危机有关，第二阶段和 1864 年沙俄军队的侵占有关系。"② 俄国征服中亚后，棉花的种植因宗主国需求的增加而得到极大的推动。"到 1900 年时，棉花种植面积'在俄属突厥斯坦（即西突厥斯坦）的大多数地区'已高达耕种面积的 30% ~40%。"③ 这是殖民地单一经济结构生产方式的最典型体现。

---

① ［俄］M. A. 捷连季耶夫：《征服中亚史》第一卷，商务印书馆 1980 年版，第 31 页。

② M. K. Рожкова Экономические связи России со Средней Азией 40 – 60 – Е годы Ⅺ Ⅹ века С.141.

③ ［伊朗］恰赫里亚尔·阿德尔、［印度］伊尔凡·哈比卜主编：《中亚文明史》第五卷，中国对外翻译出版公司 2006 年版，第 304 页。

　　销售市场是资本主义发展的重要载体和决定性环节，直接影响资本主义经济发展规模和水平。在本国市场日益饱和的情况下，帝国主义国家为扩大商品市场，开始拓展国外市场，实行殖民侵略。对俄国而言，中亚作为商品销售市场同时承载着两方面的功能。第一个功能就是商品输出地。19 世纪 20 年代末期，俄国同中亚的贸易准确地说是俄国对中亚的产品输出主要是在哈萨克草原，主要商品有谷物、皮革、金属和工业品。其中金属工业品、呢绒和棉织品是输出的主要项目，超过了全部输出的一半。有资料显示，19 世纪 40 年代初，俄国输出到中亚汗国的棉织品超过了 50 万卢布，占总输出中亚的一半。俄国在 1861 年废除农奴制后，开始向资本主义发展，急需商品销售市场和原料产地，这是欧洲市场无法满足的。"1856 年参谋总部勃拉拉姆别尔格少将断言：未来的俄国不在欧洲，它应该把自己的视线转向亚洲，消耗我们原料的本国工场和手工业作坊需要新的销路；而欧洲市场对于俄国的工场手工业产品来说，由于世界的这一地区的国家的竞争而关闭了，因而它为了销售自己的产品，不得不面向亚洲幅员辽阔的国家"①。俄国人以与中亚细亚汗国签订通商条约的方式获得通商特权。卡乌弗曼认为，与一些中亚细亚汗国缔结的通商条约对俄国的意义非常重要。由于这些条约使俄国商人享有了同中亚细亚商人在俄罗斯帝国境内一样的权利。金尼娅品娜在《沙皇制度对外政策计划中的中亚细亚》一文中指出："至于经济问题，那么它们都归结为获得新的市场问题。这些市场在改革后时期，不仅资产阶级需要，而且贵族也需要。工商业界代表们在给沙皇的许多报告中请求政府为商人们的活动'创造条件'，帮助他们组织股份公司，在各汗国设立领事馆。俄国在中亚细亚的行政当局在使一些归属来的地方当局正常化的同时，非常圆满地实现了这些请求。19 世纪 50～80 年代俄国在亚洲的贸易扩大了。一些铁路和工业企业的建设开始了。"②

　　第二个功能是商品中转站。自古以来，中亚就是贸易集散地。地处亚洲中部，连接亚欧两大洲。"在 19 世纪中叶，不论英国人或俄国人，都认为和中亚细亚的贸易很可能还要扩大，还要繁荣和有利可图。任何一方也不甘冒丢失看来有这样高潜在价值的战利品的危险。"③ 考虑到俄国资本

---

① H. A. Халфин присоединение средней Азии к России. H. A. 1965.

② H. C. 金尼娅品娜：《沙皇制度对外政策计划中的中亚细亚》，1974 年打印本材料。

③ 新疆维吾尔自治区民族研究所编译：《有关沙俄侵略中亚细亚地区资料译文集》，1974 年打印本，第 46 页。

家的利益和要求，沙皇政府加紧在中东邻国的活动，1858 年以不同名义派出三个代表团分别前往伊朗、中亚汗国和喀什噶尔。"这三个不同形式的代表团实际上担负着同一任务，这就是：深刻地研究亚洲邻国的政治、经济状况和是否可利用它来作为发展俄国资本主义的原料产地和销售市场。"① 中亚地区对于俄国的重要意义在于，它不仅可以满足俄国扩大市场的需求，更重要的是通过中亚的商业中心可以使俄国的商品销售到更远的地方。"对俄国来说，塔什干销售市场的重要不在于它的消费者，而在于它是往更远的中亚地区和中国、土耳其斯坦销售货物的集散地。"② 因此，沙俄军队在中亚主要是占领行政商业中心。

中亚既是令人满意的原料市场，又是很好的销售产地，能够同时满足俄国发展经济的多方面需要。而这正是殖民侵略追求的目标所在。沙皇俄国对中亚的殖民侵略，既有一般殖民侵略开疆扩土的需求，又有工业革命后，帝国主义国家为满足资本主义经济需要，寻找原料产地和商品销售市场而对外实行殖民扩张的特征。

中亚的生产方式和经济发展状况都说明，沙俄统治时期，单一的殖民地经济结构在中亚已经确立。这种殖民地经济结构对中亚的影响一直持续到中亚各国独立后，成为中亚经济转型的历史背景。

1.2.3 计划经济体制的确立与发展

十月革命后，中亚各民族反抗沙俄殖民统治的斗争以中亚各地苏维埃政权的成立而宣告胜利。1918～1925 年，土耳其斯坦苏维埃社会主义自治共和国、吉尔吉斯苏维埃社会主义自治共和国（哈萨克共和国的最初名称，1925 年正式改为哈萨克苏维埃自治共和国）、花剌子模和布哈拉苏维埃社会主义共和国先后成立。1924 年，中亚民族划界之后，以乌兹别克、塔吉克、土库曼和吉尔吉斯等民族名称命名的自治共和国首次在中亚出现。1925～1936 年，乌兹别克、土库曼、塔吉克、哈萨克和吉尔吉斯五个自治共和国先后做出了改组自治共和国为苏维埃社会主义共和国的决定，加入苏联，成为苏维埃社会主义共和国联盟的组成部分，其政治、经济体制完全与苏联保持一致。

---

① Н. А. Халфин присоединение средней Азии к России. Н. А. 1965.

② М. К. Рожкова Экономические связи России со Средней Азией 40 – 60 – Е годы XIX века С. 51 – 52.

苏联高度集中的计划经济体制形成于斯大林时期。之后，苏联领导人尽管进行了一些局部调整和改革，但作为国家总体经济政策始终未变。

苏联计划经济体制的实质就是经济发展按照指令性计划而非经济发展规律实行。经济政策由联盟中央制定，产、供、销各个环节皆由国家实行统一计划管理，高度集中的行政管理凌驾于企业之上。单一的公有制经济体制决定了国有企业在经济发展中的地位与作用，企业实行国有制，归国家管理，没有任何自主权利。企业发展的目的不是为了追求经济效益，而是为政治服务。因此，在苏联高度集中的经济体制下出现的优先发展重工业、忽视农业和轻工业的失衡的经济结构就不足为奇了。优先发展重工业的工业化模式具有明显的"备战型"经济特征，与苏联当时所面临的国际形势相吻合，充分反映了高度集权的政治体制之下苏联经济体制的本质。

斯大林时期，高度集中的计划经济体制在苏联确立后，在全联盟范围内实行。作为苏联的加盟共和国，中亚理所当然地必须执行计划经济体制。

不可否认，中亚各加盟共和国在苏联时期，经济获得长足发展。"但是，透过中亚总体经济问题可以发现，它的经济上脆弱性的烙印仍然存在，只是以新的形式演变发展罢了。关键在于苏联时期的计划经济，是把中亚各加盟共和国作为苏维埃联盟的一个个局部属区对待的，生产力分布的配置完全是从全联盟的总体布局出发，只让各国承担分工义务，各国基本上是原料供应地。每个加盟共和国都按这样的经济布局，要形成自给自足、得以独立支撑一个国家的经济命脉和牢固的经济基础就比较困难。这是问题的根本所在，是与苏联计划经济的战略布局有关的。"①

计划经济体制导致中亚单一殖民地经济结构在苏联时期不仅没有改变，反而有所加强。中亚各加盟共和国依然扮演着苏联原料产地和商品销售市场的角色。加盟共和国本身缺乏独立发展的能力、市场和技术，一切都必须以联盟中央为核心。经济体制的僵化导致经济发展的脆弱性，使得现代经济格局根本无法在中亚建立。

---

① 马曼丽主编：《中亚研究——中亚与中国同源跨国民族卷》，民族出版社 1995 年版，第 19 页。

1.3　集权统治的深刻烙印

中亚地区崇尚权威的历史由来已久，政治上高度集权的统治态势随着沙皇俄国的殖民统治和苏联时期的政治体制而不断加强，在中亚的政治制度发展史上打上了极其深刻的烙印。

1.3.1　中亚古代政治文化特征

文化与文明既是同时代生产和生活方式的集中反应，也是政治制度的真实写照。中亚从远古时代起，即已形成马克思指出的那种特点，即"在一切东方部落那里，自其历史开始就可以探究出其一部分的定居生活和另一部分的继续游牧生活之间的一般相互关系"[1]。游牧生活和定居生活方式尽管存在巨大差别，但在对权威崇拜的思想理念方面却表现出惊人的相似。远古时期崇尚权威的思想成为中亚各国集权统治最深刻的历史渊源。

从远古时代开始，中亚的生产方式就是以游牧生产方式为主。如前所述，在公元前一千纪，草原上的游牧畜牧业和绿洲与河谷中的定居农业这两种类型的经济形式即在中亚形成。但是，由于灌溉系统尚未建立，农业只分布在山前地带、山脉间的盆地和河滩低洼的沼泽地带，规模较小。相比较而言，游牧业较为发达，成为中亚的主要生产方式。

中亚地区游牧生活方式的确定最早出现在其北部地区的畜牧业部落。早在青铜器时代，即公元前一千纪初，"草原畜牧者即完成了向各种形式的游牧生活的过渡"[2]。从这一时期中亚北部畜牧业部落的生活方式和新的活动领域来看，"真正意义上的'游牧人'开始出现，这即是在世界历史上发挥过重大作用的亚洲游牧人"[3]。有学者指出，中亚向游牧生活过渡的完成，"是一种根本性的、质的飞跃，其经济、文化、政治方面的作用可与南方定居绿洲中发生的所谓'城市革命'相媲美"[4]。

---

① 《马克思恩格斯通信选集》，苏联国家政治书籍出版社1953年版，第73页。

② ［巴基斯坦］A. H. 丹尼、［苏］V. M. 马松主编：《中亚文明史》第一卷，中国对外翻译出版公司2003年版，第363页。

③ 同上，第352页。

④ 同上，第363页。

中亚地区广阔无垠的草原、良好的季节性牧场是游牧的家畜饲养业发展的环境基础，季节性牧场为牲畜相继在不同牧场放牧提供了先决条件，游牧家畜饲养经济的迅猛发展导致牲畜数量迅速增加，而这又使更多的部落向游牧生活方式转变。畜群数量的剧增成为部落兴盛和向游牧生活方式过渡的基础。在公元前 8 至 7 世纪向游牧生活方式的转化在整个中亚和南俄草原几乎是同时发生的。游牧业的发展不仅体现在政治方面，也体现在文化和生产领域。由于游牧部落的聚居而显示出物质文化、习俗和其他诸方面的相似性，部族文化逐渐显现。

中亚古代游牧生活方式以部族文化的形式展现。换言之，部族文化既是中亚古代文化最突出的特征，也是中亚古代游牧生产生活方式和氏族联盟政治制度的体现。部族文化的突出特点就是对部落的忠诚和认同，这种忠诚和认同往往以对部落首领权威崇拜的方式表现出来。崇拜部族首领的传统习惯具有普世性，自古以来的游牧社会无不如此。崇拜部族首领的思想来源主要有两方面：一是自然环境使然。逐水草而居、季节性迁徙、加之自然环境的恶劣，使人类生活面临各方面的威胁。而"部落首领在保护部族完整统一及其成员人身安全、经营管理、财富分配、司法仲裁等方面所发挥的巨大作用"[1]，使游牧民族自发地形成了对部族首领的崇拜心理。二是制度使然。中亚古代游牧部落以汗制为基础，部落联盟首领称作可汗，是部落的最高统治者，由氏族部落内部会议或贵族代表会议选举产生，在部落中最具有权威性。每个部落都必须服从可汗的领导。汗国之内，"既没有任何法律，也没有任何社会准则，因此一切都完全取决于汗国独裁统治者的意志"[2]。"部落的首领们可以随意剥削他属下的任何牧民"，决定部落的迁徙，这是由一切归属于部落首领的原则决定的。可汗的位置是世袭的，可汗的家庭成员、其他亲属及各部落首领，共同构成部落的统治阶层。汗国之内的人民生存和财产权利都受汗的专制统治摆布，因此，形成了汗即国家的观念和专制主义统治的特色。

和中亚北部地区游牧生活方式相比，中亚南部地区则以绿洲农业定居生活为主。随着灌溉技术的提高，灌溉网的扩大，中亚地区绿洲农业获得较快发展，城市化水平也在不断提高。与此同时，随着 9 世纪前苏菲主义在中亚的传播，政教合一制度成为苏菲主义政治化的明显特征，也成为中

---

① 焦一强：《从"民主岛"到"郁金香革命"：吉尔吉斯斯坦政治转型研究》，兰州大学出版社 2010 年版，第 204 页。

② 杨恕：《转型的中亚和中国》，北京大学出版社 2005 年版，第 14 页。

亚南部定居区域的制度基础。

政教合一制度是专制主义的代名词。"大凡政教合一制度必然会产生专制主义，因为在这种情况下，世俗君主既是宗教领袖，同时又是其信徒的精神导师，集政权、神权于一身"①。尽管政教合一制度在古代中亚并没有一直占据主导地位，但其对古代中亚政治文化的影响却是极其深刻的。到 19 世纪中亚三汗国建立之后，伊斯兰教苏菲主义的政治化特征已经深入到汗国体制之中。"布哈拉、浩罕、希瓦三汗国政权都是政权与神权结合的体制，即政权依靠于伊斯兰教高层人士的结盟和官僚阶层的权力分配为支撑"②，布哈拉汗国的首领艾米尔不仅依靠宗教僧侣阶层，而且以宗教法则治国。汗国内掌握实权的官员也是身兼二职，"如卡孜、卡兰（最高宗教法官），既是汗国诸多宗教法官们的头目，也是艾米尔或汗在司法事务中的最亲密助手。汗国的宗教法官都是由艾米尔或汗任命的，每个法官的职务是终身的"③。需要指出的是，在汗国内，宗教法庭不隶属于行政部门，宗教法官自然跟地方行政长官处于平等的地位，二者互不领导，而是相互制衡。宗教法官的特殊地位使苏菲主义在中亚形成了一股强大的政治势力。在布哈拉、希瓦和浩罕汗国，伊斯兰教不仅被定为国教，而且要求臣民必须皈依。由此可以看出，"中亚 19 世纪的政治文化表现出的这种专制主义特色，与当时伊斯兰教在中亚的政治化是分不开的"④。

综上得出的结论是，中亚古代政治文化的特点是专制主义政治集权产生的基础。部落首领在漫长的历史发展中培养了部族人对首领的顺从与崇拜，这种对部落首领的崇拜心理不仅没有随着社会的发展而消失，反而逐渐增强。而伊斯兰教对国家政权的影响在苏联解体后又重新显现出来。中亚五国独立之后，尽管宪法明文规定要建立世俗的民主国家，但即使是在西方国家认为最民主的吉尔吉斯斯坦，阿卡耶夫总统依然走向集权。而这种集权统治不仅满足了普通民众对英雄人物崇拜的心理需求，而且也是神权政治思想影响的一种延续。

沙俄入侵中亚后，中亚古代形成的政治集权制度不仅没有减弱，反而随着沙皇俄国殖民统治逐步增强。

---

①④ 杨恕：《转型的中亚和中国》，北京大学出版社 2005 年版，第 14 页。

② 同上，第 13 页。

③ 同上，第 15 页。

1.3.2 沙皇俄罗斯化政策影响

沙皇俄国是军事封建帝国主义国家，具有专制集权的政治文化传统。15 世纪末 16 世纪初，即形成了以莫斯科为中心的中央集权国家。尽管莫斯科大公集全国权力于一身，是公国唯一的君主，但统治者认为"大公"的称号显得权力不够大。1547 年，伊凡四世在乌斯宾教堂举行隆重的沙皇加冕仪式，标志着君主制度的确立。伊凡四世以罗马凯撒的继承人和上帝派到人间的君主身份自居，以显示其具有至高无上的权威。从"沙皇"一词的来源即可看出伊凡四世的良苦用心。俄语中的"沙皇"（Царь）是来自拉丁语凯撒的转翻译音（Цезарь），Царь 即"大皇帝"之意。沙皇这一称呼从 1547 年一直持续到 1917 年，共 370 年时间。在俄国，沙皇是最高统治者，具有不受任何限制的至高无上的权力。沙皇俄国的政治制度则随着沙皇权力的不断扩大，由 16 世纪时的等级君主制国家发展为 18 世纪时的绝对君主制国家，专制主义中央集权制度一直保持不变。

不仅如此，沙皇俄国的宗法传统和个人崇拜成为俄国中央集权思想发展的助推器。沙皇俄国宗教传统浓厚，沙皇政权与教会结成联盟。作为国教，东正教教导人民屈从于沙皇的统治，沙皇政府则以警察手段维护东正教的地位。而沙皇本人不仅拥有绝对的权威，且被奉若神明。20 世纪初，俄罗斯帝国根本法第一条明文规定："全俄皇帝是拥有无限权力的专制君主。上帝亲自嘱咐，服从他的权力应出自对他的忠诚，而不是出于畏惧。"① 沙皇俄国的教会、政府、军队和民间组织则以各种方式神话沙皇。

沙皇俄国巩固统治地位的手段不仅在于对国内人民的横征暴敛，同时还有对外的侵略扩张。沙皇制度与军事封建帝国主义的结合，使对外扩张成为沙皇俄国一脉相承的国家发展战略。16 世纪沙俄开始了对外侵略的历史，到 18 世纪已经发展成为欧洲的强国。出于地缘战略争夺的目的，侵略成性的沙皇俄国从 18 世纪初开始对中亚进行殖民入侵，到 19 世纪末沙俄完成了对中亚的殖民占领。为实现完全控制中亚的目标，沙俄采取了一系列促使中亚地区俄罗斯化的战略。

第一，以军事移民助推殖民进程，扩大势力范围。沙俄政府对哈萨克

---

① 陈之骅、吴恩远、马龙闪主编：《苏联兴亡史纲》，中国社会科学出版社 2004 年版，第 8 页。

草原的殖民历程十分艰难，在无边无际的草原面前无能为力，"只有一个办法，就是像对待巴什基尔人那样，用一长串工事连接成一条铁链封锁住游牧的吉尔吉斯人（即哈萨克人，作者注）"①。即实行堡垒战术，侵略铁蹄每向纵深踏进一步，就建立一些城堡，并将城堡连接成要塞线。因为"每个行政长官当然都清楚地知道，要塞和军队是使民众驯服的最好手段，但没有一连串防御工事和居民点来保障要塞之间的联系，是不能直接把要塞建在荒无人烟的草原上的"②。而要想使"铁链"固定下来，就必须有足够多的牢固环节——移民。

俄国政府对中亚地区的移民种类较多，但以军事移民为主。军事移民的主体是哥萨克。哥萨克移民是随着 18 世纪末乌拉尔哥萨克部队的入侵来到哈萨克草原的。1822 年和 1824 年俄国政府相继颁布了《西伯利亚吉尔吉斯人条例》和《奥伦堡哈萨克人条例》，废除了中玉兹和小玉兹赖以维持统治的社会基础——汗制，代之以军政合一的政治制度。为确保军政合一制度的实施，沙俄政府以法律的形式确定了哥萨克移民的合法性。1822 年颁布的《西伯利亚吉尔吉斯人条例》第 23 条规定："由防线哥萨克小队或被派往州衙所在地的哥萨克小队，甚至也可以由长期派驻该地的哥萨克小队组成各州的内卫部队"③。由此可见，哥萨克人已经成为哈萨克草原合法的武装居民④。《西伯利亚吉尔吉斯人条例》和哥萨克移民的作用得到了沙俄在中亚地区时任军政要员的巴布科夫和捷连季耶夫的充分肯定。

19 世纪前期沙俄政府以军事移民作保证，通过一系列条例的颁布和实施，使其对中亚的殖民统治向纵深推进。

---

① ［俄］M. A. 捷连季耶夫：《征服中亚史》第一卷，商务印书馆 1980 年版，第 67 页。

② 同上，第 74 页。

③ 《哈萨克斯坦政治制度史资料集》第一卷，第 54 号文书，阿拉木图 1960 年版，第 94 页。

④ 对于《西伯利亚吉尔吉斯人条例》中有关哥萨克人的规定，在沙俄侵略中亚的军政要员巴布科夫和捷连季耶夫的书中都可找到佐证。巴布科夫指出："为了最终地巩固我国对吉尔吉斯人的统治权和势力，我们在草原本身必须有坚固的立足点，因此也就必须在草原内建立许多据点，使武装居民，即哥萨克人落户居住。为这一点打下基础的，是根据 1822 年所颁布的西伯利亚吉尔吉斯人条例"。"西伯利亚吉尔吉斯人章程从它在 1822 年颁布的时候起，直到 1868 年对吉尔吉斯人一直是有效的。……从章程实施的时候起，俄国的统治和势力在吉尔吉斯草原的全部地域内巩固起来了。从武装的哥萨克居民移住草原时起，消灭了草原上的无秩序和吉尔吉斯人中间的风潮。此外，草原的军事移民垦殖保证了商队在草原上的安全行动和我国侨民占据重要的商业交通道路"。参见 ［俄］伊·费·巴布科夫：《我在西伯利亚服务的回忆》（1859～1875）上册，商务印书馆 1973 年版，第 161～162 页，下册第 344 页。

第二，实行制度变革，从体制上将中亚彻底殖民化。制度变革的过程表现为俄罗斯国家制度同游牧民族原始村社的长期斗争。从 18 世纪末期开始，沙俄就为架空汗王权力乃至完全废除汗之称号做准备。沙俄对中亚地区原有统治制度的变革是从哈萨克族开始的。1785 年，西伯利亚和乌法总督伊格尔斯特罗姆就任后，一面将小玉兹一分为三，各自立汗，限制新汗王的权力；一面召开民众大会，并承认民众自己推选的首领的合法性。俄国行政当局的意图十分明显，就是要最终废除汗制，将其纳入到俄国统治制度中。从 19 世纪初期开始，俄国在哈萨克的小玉兹和中玉兹境内先后废除了汗制度，代之以俄国的军政制度。这在俄国颁布的各个条例中有清晰的反映。

沙俄政府在哈萨克草原颁布的第一个管理条例就是 1822 年 6 月 22 日由西伯利亚总督斯佩兰斯基起草的《西伯利亚吉尔吉斯人条例》，该条例首先在中玉兹实施。条例规定：废止中玉兹世袭的汗王制度，建立由俄国政府任命的阿克苏丹制度（即长老苏丹制度）。中玉兹领地归属于俄国鄂木斯克省，由西伯利亚总督直接管辖，实行军政管理。西伯利亚总督区的行政建制是：总督区下辖省，省长由俄罗斯人担任；省下设立州，州之首脑为大苏丹，大苏丹由哈萨克苏丹中选举产生，州衙的官员由两名省长任命的俄罗斯人和两名从毕和阿乌勒中选举出来的人组成；州下设乡，乡之首脑为苏丹，乡是按血缘氏族划分的，因此苏丹的称号可以世袭；乡下设阿乌勒，由口头选举产生其首脑即阿乌勒长，50～70 帐组成一个阿乌勒。

1824 年和 1844 年沙俄政府又先后颁布了针对小玉兹地区的《奥伦堡哈萨克人条例》和《奥伦堡哈萨克人管理条例》，主要目的是废除小玉兹的汗制。按照这两个条例的规定，小玉兹的最后一位汗王被废黜后，领地也就分为三部分管辖。其部众由外交部亚洲委员会管理，奥伦堡督军行使全权。行政建制是：奥伦堡省下设奥伦堡边区委员会，边区委员会下设局，在靠近防线地区设 6 个督察官，而后逐渐演变成 6 个督察区。而在东部、中部和西部设执政苏丹，执政苏丹下设段，由段来管辖阿乌勒。

《奥伦堡哈萨克人管理条例》与《西伯利亚吉尔吉斯人条例》在行政管理制度上的共同之处在于，废除汗制后行政区划按照氏族原则而非根据地域原则来划分。在奥伦堡哈萨克人居住区，这种状况一直延续到 1868 年，执政苏丹不仅是地方行政首脑，同时又是哥萨克军的首领，军政合一的体制在此得到充分体现。

虽然俄国政府在中玉兹和小玉兹地区取消了汗制，但收效甚微。为使该地区的管理体制与帝国的制度接轨，沙俄政府于1867年下令建立突厥斯坦总督区，并颁布了《突厥斯坦总督区管理条例》①。条例规定，总督和省长既是最高行政首脑，同时又是军队司令。乡的划分原则进行了根本性变革，由原来的按照氏族原则而非地域划分的原则改变为按照地域而非氏族原则划分。

废弃氏族原则是沙俄政府追求的目标。1865年沙俄政府成立的草原委员会在关于吉尔吉斯草原行政管理制度的一系列条款中，一贯地力求废弃氏族原则。1868年，"草原特别委员会"颁布的《奥伦堡、西伯利亚哈萨克人管区改革令》和《草原地区临时管理条例》②，进一步明确了乡级行政机构按照地域划分的原则，彻底改变了1822年的《西伯利亚吉尔吉斯人条例》和1844年的《奥伦堡哈萨克人管理条例》中按照氏族原则划分行政区域的规定。在草原委员会看来，按照氏族原则划分乡的做法，在行政管理上是不便的，在政治上是有害的。而根据地域划分行政区域的原则在整个哈萨克草原地区被广泛运用、执行的结果导致在哈萨克草原地区实行了三百多年的汗制被废除，作为哈萨克游牧社会基础的氏族部落制度被严重削弱。

在中亚南部的各汗国也遭遇同样的命运，各民族的氏族部落制度受到致命打击乃至瓦解，俄国的行政体制深入到中亚社会的最底层。俄国政府的这种做法，不仅沉重打击了氏族部落的旧贵族，扶植起一大批听命于俄国政府的新贵族，有效地巩固了沙俄的殖民统治，而且更重要的是使中亚地区以氏族部落为纽带的联系被迫中断，民族内部的联系不再像从前那样紧密。

俄国为巩固在中亚地区的统治，不仅在政治制度上将中亚纳入俄国的轨道，利用军政合一的行政机构和大批的驻军来镇压中亚各民族的反抗，与此同时，特别重视从精神上对中亚地区民众施加影响，即在中亚地区实行民族同化政策。

第三，实现"边区俄罗斯化"战略，以达到民族同化之目的。俄罗斯族和中亚地区的各民族无论是在宗教信仰还是在文化教育上都相去甚远。在远古乃至近代时期，文化教育为宗教所左右，由此形成了不同性质的文化。俄罗斯文化在很大程度上属于基督教文化，而中亚地区尤其是中亚南

---

①　又称为《七河省和锡尔河省管理条例》。

②　《草原地区临时管理条例》是"草原特别委员会"于1868年制定的《乌拉尔、图尔盖、阿克莫林斯克、塞米巴拉金斯克诸省临时管理条例》的简称。

部地区则具有鲜明的伊斯兰文化色彩。两种异质文化之间本来就存在着较大的排斥性，加之从中亚各民族的角度看，俄罗斯人是异族侵略者，因此两者之间的矛盾、冲突不可避免。为实现"边区俄罗斯化"的战略目标，沙俄政府从教育和宗教入手，以此为达到政治目的。

关于什么是"俄罗斯化"的问题，1859～1875 年在西伯利亚担任要职的伊·费·巴布科夫认为，"在'俄罗斯化'一语之下，不可理解为只是接受俄国的风俗、习惯和一般俄国生活的外表。吉尔吉斯人的真正俄罗斯化只能通过在道德和智力上发展这个民族的途径来实现。为了达到这一点，首要的任务是应当提高地方教育水平和广泛发展教育事业"①。

俄式教育在哈萨克人中的推广始于 18 世纪末，由地方长官和中央政府担负责任。学习课程中，俄语、俄文习字和俄国法律常识都是必修的。在突厥斯坦中等师范学校，虽然教学使用哈萨克语，但哈萨克语是用俄文字母来注音的，目的就是"促使异族居民（主要指哈萨克人）与俄罗斯人的接近"②。因为，"教育的目标不仅仅是为了教育，而且也是为了达到政治目的"③。俄国当局清醒地认识到，武力镇压不足以使中亚民众自觉地效忠沙俄政权，只有在思想上控制住中亚各民族，通过教育的方式培养自己的代理人，才能从根本上增强中亚地区民众对俄国政权的信任感、归属感，从而达到巩固殖民政权的目的。

沙俄统治时期以俄罗斯民族为中心，实行民族沙文主义政策和高压同化政策，提出"一个民族、一个国家、一个皇帝、一个宗教、一种语言"的口号④，列宁称之为"各民族人民的监狱"。沙皇俄国以军事移民来巩固其殖民"成果"，以军政合一的阿克苏丹制取代汗制，以俄罗斯化政策从思想深处来同化、改造中亚各民族，其结果就是吞并中亚后，将俄国的制度移植到中亚。这种制度改造、教育同化使本来就缺乏主流政治文化传统的中亚政治文化发生了重大变异，中亚失去了本身的制度基础，逐渐融入到俄国社会文化中，完全处于沙皇俄国的控制之下。作为军事封建帝国主义国家，沙俄的专制统治遍布中亚的每个部落，在中亚原本专制集权的

---

① ［俄］伊·费·巴布科夫：《我在西伯利亚服务的回忆》（1859～1875）下册，商务印书馆 1973 年版，第 348～349 页。

② ［俄］巴托尔德：《突厥斯坦文化生活史》，《巴托尔德文集》第 2 卷第 1 分册，莫斯科 1963 年版，第 301 页。

③ 《哈萨克斯坦政治制度史资料集》第一卷，第 115 号文书，阿拉木图 1960 年版，第 274 页。

④ ［美］罗伯特·康奎斯特主编，刘靖兆、刘振前等译：《最后的帝国——民族问题与苏联的前途》，华东师范大学出版社 1993 年版，中译本序第 3 页。

基础上，又进一步加强。沙俄在中亚的专制集权统治一直持续到苏联十月革命爆发。

1.3.3 苏联时期的高度集权统治

十月革命推翻了沙俄帝国主义的统治，但集权专制思想并未随着沙俄统治的终结而消失，反而是在苏联成立后，因斯大林推行一党专制、党政合一的高度集权体制有所加强。

苏联的全称是苏维埃社会主义共和国联盟，顾名思义，苏联是社会主义联邦制国家，而且是双重主权体制的民族联邦制国家。所谓双重主权体制是指苏联政权体系划分为两部分，一部分归属联盟中央政府，一部分归属各加盟共和国。苏维埃社会主义共和国联盟和各苏维埃共和国都拥有主权。为此苏联宪法规定：联盟中央拥有主权，但同时加盟共和国作为联盟的主体，同样拥有不容侵犯的国家主权。1924 年宪法以法律的形式对联盟主权和加盟共和国主权进行了划分：联盟中央拥有苏联的最高主权，是苏联对外关系的国际法的主体代表者；联盟中央拥有外交、国防、外贸、交通、邮电等方面的权力，批准国家预算、统一货币制度、信贷制度，制定全苏土地、矿藏、森林、水流等自然资源使用立法原则，颁布全苏劳动、国民教育、卫生保健、度量衡和统计立法原则，宣布大赦等。各加盟共和国作为联邦的主体，完全平等并享有主权，有自己的宪法和法律。在宪法框架内，每一个加盟共和国都具备了主权国家的各项必要条件（主权、政府、军队、法庭等国家机器），可以独立行使自己的国家权力，在经济、财政、内务、司法、文化教育、卫生保健、社会保障、检查监督、民族事务等方面享有完全的自主权，包括自由退出苏维埃社会主义共和国联盟、与外国直接建立关系、对外缔结条约和互换外交代表等权利。

尽管苏联在 1924 年、1936 年和 1977 年的宪法中都规定各加盟共和国是享有主权地位的国家，并且有退出联盟的自由。但事实上双重主权体制和民族联邦制徒有虚名，在实际工作中加盟共和国处于无权的地位，一切权力都掌握在联盟中央手里。

苏联时期，中亚各加盟共和国的高度集权统治从两方面体现出来：一是苏维埃联盟中央的高度集权，二是中亚各加盟共和国的高度集权。

苏联的联盟集权制始于斯大林时期。斯大林执政后到戈尔巴乔夫上台前这一时期，苏联党和政府不断加强中央的统一管理权，使联邦制发生了实质性的变化。

一是执政党的权力向党中央转移和集中。从 20 世纪 20 年代中期起斯大林逐渐背离了党的民主集中制原则，苏共十四大上规定以中央委员会取代党代表大会作为党的最高决策机构。党中央的高度集权化使加盟共和国的党组织完全附属于联共（布）中央：不仅加盟共和国的党中央领导机关由联共（布）中央组建、领导干部由中央委派，而且联共（布）中央的决议加盟共和国党中央必须执行。在这一时期，联共（布）中央将俄罗斯人派到中亚各加盟共和国担任要职。在乌兹别克、吉尔吉斯、塔吉克、土库曼以及卡拉卡尔帕克自治共和国的党中央，第一书记为本民族人，第二书记则为俄罗斯人。在哈萨克共和国情况有所不同。1954～1957 年两个书记均系俄罗斯人。1957～1960 年则出现第一书记是俄罗斯人，第二书记是当地人的情况。从 1961 年开始，第一书记为本民族人，第二书记为俄罗斯人。法国学者埃莱娜·卡·唐科斯将俄罗斯人在各加盟共和国和自治共和国党中央的任职情况做了较详细的划分和总结后，指出："从 20 世纪 60 年代初开始，多样化离不开这样一条后来得到确认的准则：第二书记的职位是决定性的，他代表中央，而第一书记则体现联盟多样性。从那以后，唯一的模式逐渐形成。各地的第一书记将都由民族干部担任。他既是共和国内部的代表，也是共和国在苏共中央的代表。相反，第二书记是中央在共和国的代表，他传达中央决定，在他所熟悉的地区向中央推荐担任重要职务的人选。"① 通过这种方式不仅提高了俄罗斯人在苏联的地位，而且还加强了苏共中央对各加盟共和国的控制。

二是联盟中央的权力向个人转移。在执政党的权力向联共（布）中央转移集中的同时，党内出现了集体领导权力向少数核心人物转移的现象。这种现象的出现不仅反映了党的领袖人物政治观念的演变、个人崇拜的加剧，也反映了权力向党的狭小领导层转移、集中的政治实践，个人专权得到加强。

三是国家行政权力向党内转移和集中。行政权力向党内集中主要是以党的决议和苏联宪法的形式确立。"联共（布）以党代政行使权力，主要表现在两方面：一是党的机关掌握国家行政和经济管理部门的人事干部任

---

① ［法］埃莱娜·卡·唐科斯：《分崩离析的帝国——苏联国内的民族反抗》，新华出版社 1982 年版，第 137～144 页。

免权，一是党的机关代行国家行政和经济部门的实际业务领导权。"①
1930 年 1 月联共（布）中央通过了《关于改组联共（布）中央机构》的
决议，决议规定对党内机构按照职能特点进行重新划分。重置后的党内机
构与政府机构的设置几乎完全重叠，联共（布）中央不可避免地代行了国
家行政机关的权力，而这正是联共（布）中央改组机构的目的所在。

联共（布）中央扩大党的业务领导权的最初目的是削弱人民委员会的
权力，但到了联共（布）十七大时，由于完整的负责生产的业务部门的设
立，使联共（布）中央的机构建制"几乎完全与政府各人民委员会平行
重叠，党的机构成为权力中枢，政府行政机关则几乎变成了党内机关的职
能办事机构。"② 通过联共（布）机构建制及其职能的改变，国家行政权
力完成了向党内转移的过程，以党代政、党政合一的政治体制在苏联
形成。

四是加盟共和国的行政权力向联盟中央转移和集中。苏联成立初期，
宪法明文规定，加盟共和国拥有不容侵犯的主权。1924 年的苏联《宪法》
第 2 章第 3 条规定："加盟共和国的主权，仅受本宪法所规定范围和联盟
所属职权的限制。除此以外，每一加盟共和国均得独立行使自己的国家权
力。"③ 但时隔 12 年后，苏联同样是以宪法条文的形式将加盟共和国在立
法、司法、行政、教育等方面的权力转移集中到了联盟中央。苏联 1936
年宪法将加盟共和国设立新自治机构权、劳动立法权、颁布法典权、立法
审判权、确定行政疆域组织机构权、行政权等都转移、集中到了联盟中
央。1924 年苏联宪法中规定的经济、司法、文化教育、卫生保健、社会保
障等领域加盟共和国的自主权在 1936 年宪法中也被集中、转移到了中央。
由此，各加盟共和国的权限不断受到限制，政治上和经济上的独立自主权
丧失，其权力不断向联盟中央转移。加盟共和国只是形式上的主权共和
国，实质上只相当于联盟中央控制下的一个"省"。而联盟中央集权"合
法化"后，斯大林实现了"最大限度加强国家政权"的目标，中央高度
集权的政治体制最终确立。至此，苏联单一制国家体制已经建成，只不过

---

① 陈之骅、吴恩远、马龙闪主编：《苏联兴亡史纲》，中国社会科学出版社 2004 年版，第
224 页。

② 1934 年，中央书记处属下机构设置为：农业部、工业部、交通运输部、计划—财政—贸
易部、政治行政部、党的领导机关部、文化宣传部、特别部、事务管理部。参见陈之骅、吴恩
远、马龙闪主编：《苏联兴亡史纲》，中国社会科学出版社 2004 年版，第 225～226 页。

③ ［苏］苏联科学院历史研究所编：《苏联的形成：1917～1924 年文件汇编》，第 426 页。

名誉上还保留联邦制而已。

赫鲁晓夫执政前期，对中央高度集中的行政体制曾进行过一些改革，把联盟中央的一些权力下放给加盟共和国，并以法律、法规的形式予以肯定。但由于经济形势的恶化，赫鲁晓夫担心失去对加盟共和国的控制，于是在1960年以后，又开始加强中央集权。

勃列日涅夫上台后，尽管在1977年的苏联"发达社会主义宪法"（勃列日涅夫宪法）中依然明确规定每一个加盟共和国都保留自由退出苏联的权利，但与此同时，在这部宪法中苏联向全世界宣布，苏联"产生了人们的新的历史共同体——苏联人民"。作为"苏联人民"的一员，各加盟共和国的政治体制与苏联保持高度一致。中亚五国作为苏联的加盟共和国，自然也不例外。

苏联时期，中亚各加盟共和国的政治体制与苏维埃社会主义共和国联盟的政治体制高度一致：一党制，党政合一，高度集权。中亚五个加盟共和国的宪法都明确规定，共产党是唯一合法的政党，是国家权力的核心，是决定一切问题的主宰力量。五国共产党中央部门的建制完全仿效苏共中央，设立与本国政府对应的部门，领导政府部门的工作。从中央到各州、市、区乃至村镇，各级政府都要接受同级苏共党组织的领导。其他一切社会组织和团体都必须在共产党统一领导下开展工作。在加盟共和国可以行使的职权范围内，权力可谓高度集中。

概括而言，苏联时期，形式上的双重主权体制与实际中的中央集权制，执政党的一党制与国家行政权力的单一制，宪法上的民主制和现实中的集权制等，构成了中亚各加盟共和国高度集权的政治体制的突出特征，成为其政治模式的核心，而缺乏有效监督的高度集权体制必然会走向僵化，等待它的只有转型。因此，当苏东剧变发生，在苏联解体的过程之中，中亚各国即开始了政治经济转型和独立建国并举的艰难历程。

1.4　始于苏联解体的被动转型

在苏联的15个加盟共和国当中，中亚五国与联盟中央的关系有别于其他加盟共和国，从历史上的殖民地到苏联时期的加盟共和国，历史延续与文化联系十分密切。苏联时期，中亚在经济、教育、科技、文化、卫生等领域都获得了较大的发展，是民族联邦中最大的受益者。因此，中亚各加盟共和国本身并没有独立建国或转型的强烈愿望。面对突如其来的东欧苏联剧变以及随之而来的转型浪潮，中亚只能顺应历史趋势，被动选择转型。

1.4.1 民族联邦制下的中亚大发展

历史上，中亚是沙俄的殖民地。十月革命后，在苏联生死存亡的关键时刻，中亚各民族成立苏维埃政权，与新生的社会主义国家并肩作战，反对外国势力的干涉。1925～1936 年，中亚各国先后以加盟共和国的身份加入苏联，成为苏维埃社会主义共和国联盟的成员。苏联时期，中亚在经济、教育等方面获得了长足的发展。

中亚作为苏联边远民族地区，在苏联成立之初，主要以农牧业为主，工业产值所占比重极小。斯大林时期的工业化方针、赫鲁晓夫和勃列日涅夫的"拉平"政策，加之苏联时期长期实行的经济区划原则[1]，使得原本十分落后的中亚各国，到苏联解体之前，无论是经济还是教育都已达到苏联的平均水平。

从 20 世纪 20 年代起，中亚就被纳入了苏联的现代化计划中。联共（布）中央通过派遣大批技术人员[2]、搬迁大型企业[3]、增加建设投资[4]、扫除文盲、兴办教育等多种方式，使中亚地区获得了较之苏联其他加盟共

---

① 经济区划原则是指苏联在计划经济体制下，为加强经济管理采取的划分经济区的做法。划分经济区的基本原则是：依据自然条件和经济条件、文化遗产和居民生产能力，在全苏统一的经济体制和经济结构框架下，形成一个完整的有自身专业分工的经济区域。这一原则促使中亚各加盟共和国形成了各自的优势产业，促进了经济发展。

② 苏联在"一五计划"期间，从俄罗斯联邦派遣大批工程技术人员和工人前往中亚各国，支持中亚各国发展工业。在 1928～1932 年，派到土库曼的各类人员即有 25 万人。

③ "二战"期间，大批工业企业从苏联东部地区迁往中亚。"二战"期间共有 308 个大型企业疏散到中亚，同时还兴建了大批新企业。据统计，1944 年哈萨克共和国和土库曼共和国工业企业数比 1940 年分别增加了 460 个和 50 个；乌兹别克共和国建成了 280 个新企业。随企业迁往中亚、乌拉尔、西伯利亚的人员多达 2500 万。

④ 针对 20 世纪 20 年代初期，中亚、高加索等少数民族边远地区工业水平较低的实际情况，俄共（布）十大（1921 年）和联共（布）十二大（1923 年）先后提出了消除各民族间经济和文化不平等的任务。发展经济的重点主要是发展工业。为此，苏联加大了对中亚各加盟共和国的中央财政拨款力度。有资料显示，在 1928～1932 年，塔吉克建设资金的 78% 来自中央拨款。1933～1937 年，塔吉克 80% 建设基金来自中央拨款。1927～1939 年，中亚各国的固定生产基金平均增长 18.5 倍，哈萨克增长则为 21.9 倍。参见赵常庆等：《苏联民族问题研究》，社会科学文献出版社 1996 年版，第 97 页。

和国更快的发展，成为苏联时期最大的受益者。

从工业化的程度和水平来看，中亚各加盟共和国都已完成了由农业国向工业农业国的转变，衡量标准有三：一是中亚各国的工业产值远超过农业产值；二是与其他加盟共和国相比，其工农业增长速度高于苏联各加盟共和国的整体发展速度；三是形成了各自具有专业化水平和特色的产业。表1-1可以清晰地说明问题。

表1-1　　　　　　中亚三国工业产值占比工农业产值对比情况　　　　单位：%

年份 加盟共和国	工业产值与工农业产值比率		
	1918	1937	1980~1982
哈萨克	16.3	56.8	68.3
乌兹别克	30.2	61.7	73.6
土库曼	23	68.9	—

资料来源：苏联科学院经济研究所编：《苏联社会主义经济史》，读书·生活·新知三联书店1982年版，第3卷，第328页；第4卷，第364页。

从表1-1可以看出，苏联的工业化方针和"拉平"政策使中亚各国的工业产值在苏联时期呈现出几十倍的增长。而工业产值的增加则意味着中亚各国的工业化和现代化水平的显著提升。

从表1-2可以看出，中亚五个加盟共和国中，除了土库曼和乌兹别克工业总产值的增长速度低于加盟共和国的平均增长速度外，其余三个加盟共和国的增长速度与其他加盟共和国相比都处在前列。

表1-2　1922~1981年苏联及各加盟共和国工业总产值增长速度（1922年=1）

年份 区域	1922	1940	1965	1981
苏联	1	24	186	514
俄罗斯联邦	1	25	180	479
乌克兰	1	19	104	275
白俄罗斯	1	23	161	700
乌兹别克	1	24	150	**414**
哈萨克	1	28	331	**904**
格鲁吉亚	1	17	94	293
阿塞拜疆	1	11	43	138
立陶宛（1940年=1）	—	1	18	61

续表

区域 ＼ 年份	1922	1940	1965	1981
摩尔达维亚	1	17	276	901
拉脱维亚（1940 年 =1）	—	1	17	46
吉尔吉斯	1	18	186	**688**
塔吉克	1	46	305	**875**
亚美尼亚	1	21	257	1007
土库曼	1	17	78	**206**
爱沙尼亚（1940 年 =1）	—	1	18	50

资料来源：苏联部长会议中央统计局编：《1922～1982 年苏联国民经济统计年鉴（纪念刊)》，莫斯科 1982 年版，第 74 页。

从表 1 - 3 可以看出，中亚五个加盟共和国在 1922～1982 年，农业总产值的增长速度明显高于其他加盟共和国，是苏联农业总产值的 2～3 倍。而这恰好从一个侧面说明，在苏联时期，中亚各国除了在工业领域形成各具特色的专业化生产之外①，农业专业化生产水平较高。乌兹别克和土库曼的棉花、塔吉克的长绒棉、哈萨克和吉尔吉斯的羊毛和羊皮的生产都已形成产业特色。

表 1 - 3　1922～1981 年苏联及各加盟共和国农业总产值增长速度（1922 年 =1）

区域 ＼ 年份	1922	1940	1965	1981
苏联	1	2.1	3.9	5.2
俄罗斯联邦	1	1.8	3.4	4.1
乌克兰	1	2.4	4.0	5.0
白俄罗斯	1	2.7	4.0	5.7
乌兹别克	1	2.6	6.2	**11.8**
哈萨克	1	1.7	6.8	**12.8**
格鲁吉亚	1	3.1	6.9	13.5

----

①　苏联时期，中亚各加盟共和国依据本地资源，形成各自的产业优势。乌兹别克的总装工业和天然气工业、土库曼的天然气和石油工业、塔吉克的燃料电力工业、哈萨克的有色金属工业和能源业等都成为全苏的生产基地。吉尔吉斯受自然地理环境制约，60% 的地表适宜于农业。因此，相对于农业而言，工业在全苏所占比重较低。在全苏的经济分工中，吉尔吉斯承担的是有色金属、电动机和自动机床的生产任务。

续表

区域 ＼ 年份	1922	1940	1965	1981
阿塞拜疆	1	2.2	4.4	12.3
立陶宛（1940 年 =1）	—	1	1.5	2.0
摩尔达维亚（1940 年 =1）	—	1	2.4	3.3
拉脱维亚（1940 年 =1）	—	1	2.2	1.5
吉尔吉斯	1	2.8	6.7	**10.8**
塔吉克	1	3.3	7.8	**14.2**
亚美尼亚	1	1.8	5.1	9.7
土库曼	1	2.3	5.4	**10.7**
爱沙尼亚（1940 年 =1）	—	1	1.3	1.7

　　资料来源：苏联部长会议中央统计局编：《1922～1982 年苏联国民经济统计年鉴（纪念刊)》，莫斯科 1982 年版，第 75 页。

　　从教育发展情况分析，中亚各加盟共和国教育事业发展迅速。主要表现在：第一，识字率明显提高。十月革命前，中亚各少数民族识字率较低，吉尔吉斯人识字的仅占 0.6%，塔吉克人为 0.5%，土库曼人为 0.7%，乌兹别克人为 1.6%。列宁和斯大林时期的扫盲运动和普及义务教育政策收到了明显的效果，到 1939 年，年龄在 9～49 岁的居民识字者已达到 89.1%。[①] 第二，高等教育在中亚各国也已经得到长足发展。十月革命前中亚各国都不曾设立高等学校，到 1940 年高等学校的建设数量和学生人数有明显增长（见表 1 - 4）。

表 1 - 4　　　　　　1940 年中亚各加盟共和国高等学校和学生人数

加盟共和国	高等学校数量（单位：所）	在校学生数量（单位：万人）
乌兹别克	30	1.91
哈萨克	20	1.04
吉尔吉斯	6	0.31
塔吉克	6	0.23
土库曼	5	0.3

　　资料来源：苏联部长会议中央统计局编：《苏联国民经济六十年》，生活·读书·新知三联书店 1979 年版，第 566 页。

---

　　① 苏共中央马列主义研究院编：《苏共领导下的苏联文化革命》，上海人民出版社 1973 年版，第 64～71 页。

综上可以看出，中亚各加盟共和国是苏维埃社会主义联邦共和国的受益者，在苏联近 70 年的发展历程中，中亚各国实现了历史性、跨越式发展。从 20 世纪 20 年代起，中亚即被纳入到苏联的现代化计划中，作为全苏经济结构中的重要组成部分，不仅在经济体系中形成了独具特色的专业化生产，而且其城市化也得到快速发展。在教育、卫生等现代化建设方面更是达到了较高水平。由此可见，中亚各国主观上并没有实行制度变迁的意愿。面对苏联解体时，中亚只能选择被动转型。

1.4.2 戈尔巴乔夫改革失误引发的中亚民族骚乱

1985 年 3 月 11 日，戈尔巴乔夫就任苏共中央总书记。面对苏联经济的停滞不前、政治信仰的危机和西方势力的和平演变等国内外形势，戈尔巴乔夫在就职演讲中即提出在遵循苏共二十六大和中央全会制定的战略方针的同时，实行"加速国家社会经济发展和完善社会生活的各个方面的方针"。同年 4 月 23 日，戈尔巴乔夫在苏共中央全会上强调"必须继续深化改革"，为此他提出了"加速发展战略"。1986 年，在苏共二十七大上，"加速发展战略"作为苏共总路线被载入苏共纲领中。戈尔巴乔夫对这条总路线的阐述是：经济方面"实现向具有全面发达的生产力、成熟的社会生产关系以及调整好的经济机制的最高组织形式和效率过渡"；社会领域方面要关心劳动者福利，实现社会公正原则；政治方面扩大民主和公开性，对所有领域进行"全面变革"[1]。"加速发展战略"既包含经济体制改革方针，又包括政治体制改革任务，并对苏联当时的状况进行客观评价，认为苏联是"完善发展中社会主义"，而不是勃列日涅夫时期提出的"发达社会主义"。为此，戈尔巴乔夫着手实行政治、经济改革。

戈尔巴乔夫改革的目的是要迅速改变苏联经济日趋停滞的状态，打破苏联在所有制关系上的传统观念，以扩大民主的形式改革高度集中的政治体制。戈尔巴乔夫改革目的明确，动机值得肯定。问题在于目标过高、速度过快、计划不周全、理论准备不足，尤其是在政治体制改革方面，将干部调整也纳入到"加速发展战略"中。从中央到地方，以召开党代会的形式，迅速调整干部。在戈尔巴乔夫上任仅半年的时间里，"就改组了中央

---

[1] ［俄］戈尔巴乔夫：《苏共中央委员会向党的第二十七次代表大会提出的政治报告》，莫斯科新闻出版社 1986 年版，第 46、81 页。转引自陈之骅等：《苏联兴亡史纲》，中国社会科学出版社 2004 年版，第 620 页。

政治局和书记处，并撤换了部长会议和苏共中央的 20 余名部长及几十个部级领导人，撤换了 30 余名州委第一书记和大批市、区领导人"①。在戈尔巴乔夫看来，撤换干部不仅是改革形势发展的需要，更是实现加速战略的途径。大批量地撤换干部即能达到加速发展的目的。当然，戈尔巴乔夫自己也承认，在"老人政治"盛行的苏联，对戈尔巴乔夫这个没有资历的"新兵"而言，要在短期内巩固地位，以更新干部队伍为挡箭牌，撤换那些与前几任总书记关系密切、对自己构成威胁的干部，提拔一批新干部，是他在短期内取得业绩的捷径。

提倡"民主化"、扩大"公开性"，将"阻挠执行新任务的人"调走，放弃对社会发展阶段的超前认识，"有计划地全面完善社会主义"，这是戈尔巴乔夫实现加速发展、进行干部调整的原则。这一原则本身没有问题。问题出现在三个方面：一是在政治改革的过程中，"民主化"、"公开性"的性质发生了变化，与改革之初背道而驰；二是政治体制改革方向发生了改变。前期的改革是在认可苏联社会制度的基础上，对体制内存在的问题进行改革，到 1987 年苏共中央一月全会时，戈尔巴乔夫明确提出，政治体制存在问题的关键是政治体制本身。在他看来，苏联的政治体制已成为改革发展的阻碍机制，必须摧毁。要对苏联社会各个领域实行深刻的革命性的变革。一月全会的主题就是"关于改革与党的干部政策"，具体做法就是把大规模撤换干部作为民主化、公开性的第一个步骤。1987 年苏共中央一月全会的召开和戈尔巴乔夫《改革与新思维》的出版，标志着苏联改革方向发生了变化，从经济体制转向政治体制，从改革转向革命。三是在民族问题认识上的失误。在戈尔巴乔夫进行大刀阔斧的"改革壮举"之时，唯一不变的是在民族问题上继承了过去的错误观点，认为"过去遗留下来的民族问题在苏联已经得到圆满解决"。正是基于这样一种错误认识，使得戈尔巴乔夫在进行各项改革时，忽视了民族因素。而这对于实行民族联邦制的苏联来说是加剧和产生离心倾向的关键因素。在戈尔巴乔夫进行的最初的人事制度改革中，中亚各国首当其冲成为改革对象。

在戈尔巴乔夫"加速发展战略"的干部调整中，不仅苏联党和政府的一些高官或"退休"，或"改任"，或被解职，而且加盟共和国的领导人也不例外。"至 1986 年 1 月，还有 9 个共和国的最高苏维埃主席团主席、

---

① 陈之骅、吴恩远、马龙闪主编：《苏联兴亡史纲》，中国社会科学出版社 2004 年版，第 627 页。

6 个部长会议主席和 36 个州委第一书记被撤职。"① 位于中亚的吉尔吉斯和土库曼两个加盟共和国党中央第一书记也先后被"退休",哈萨克加盟共和国党中央第一书记被撤职。中亚地区乃至苏联的第一次大规模民族骚动由此引发。

此次民族骚动起因于 1986 年 12 月 16 日召开的哈萨克党中央全会。在这次会议上,哈萨克共和国党中央的第一书记津·阿·库纳耶夫的职务被撤销,接替库纳耶夫的是与哈萨克共和国没有任何关系的前俄罗斯联邦乌里扬诺夫斯克州委第一书记 B. 科尔宾。这次人事变动事先既没有认真征求当地民族的意见,又没有按照民主原则在全会上进行选举,而是将全会开成了宣布干部任免决议的例行会议。这个任免决议违背了苏联宪法中有关民族地区的第一书记由本民族的公民担任的有关规定,1986 年 12 月 16 日,得到消息的哈萨克共和国首都阿拉木图市的群众已出现骚动的迹象。几百名青年学生到共和国党中央总部大楼广场进行示威游行,要求与领导人对话。包括纳扎尔巴耶夫在内的几位共和国党中央书记与示威群众对话,但事态并未平息。次日,即哈萨克党中央全会的第二天,阿拉木图数千人上街游行,抗议苏联当局的这种做法。事件参与者的诉求是由哈萨克人或者至少是熟悉哈萨克事务的人担任哈萨克共和国党中央的第一书记。难泄愤怒的示威者焚烧汽车、捣毁商店,被苏共中央认定为是哈萨克腐败集团幕后作祟的"流氓闹事"事件,是"哈萨克民族主义的表现"。于是,当局出动部队和警察进行干预,导致冲突发生,造成两人死亡、一千人受伤、两千多人被拘留的严重后果。阿拉木图的监狱无法容纳如此多的被捕人员,于是许多人被送到距离阿拉木图几十公里外的荒芜的草原上。此事被称为"阿拉木图事件"。

这次民族骚动引发两点思考:

其一,中亚在苏联时期可谓既得利益者,为何戈尔巴乔夫上台后的第一次大规模民族骚乱偏偏发生在中亚?

如前所述,苏联在中亚各加盟共和国实行的民族政策,促进了中亚地区社会的进步,尤其是加入联盟后中亚的经济获得长足发展。苏联政府不仅给予中亚人力、物力支援以发展当地的经济,而且在全苏实行的收入转移政策②中向中亚倾斜。"中亚各共和国似乎自 20 世纪 60 年代(或许比这

---

① 赵常庆等:《苏联民族问题研究》,社会科学文献出版社 1996 年版,第 176 页。

② 收入转移实质就是收入再分配,即在苏联的范围内,把高收入的共和国的资金以投资和消费的形式转移到低收入的共和国。

还早几十年）以来一直是其他共和国收入转移的接受者。例如，乌兹别克共和国，1961～1975年间所创造的收入低于在本共和国使用的收入2%～18%，1978年的比率为6%，……哈萨克也可能一直是收入转移的受益者"①。作为"受益者"，中亚各加盟共和国应对苏共中央怀感激之情，为何第一书记的调整会引发大规模的骚乱？

其二，为何同样的情形却产生不同的结果？

在此之前，哈萨克共和国在第一书记的人选上也有过类似情况，甚至有过之而无不及。1957～1960年，哈萨克的第一书记是俄罗斯人，而在1954～1957年哈萨克共和国的第一书记和第二书记都是俄罗斯人担任，但并未引起哈萨克人的反感。为何此次会有如此大的反弹？

究其原因，问题的症结在于以下几个方面：

第一，戈尔巴乔夫改革本身出现了问题。如前所述，戈尔巴乔夫以改革之名铲除异己。哈萨克加盟共和国第一书记人选的撤换颇具代表性。库纳耶夫从勃列日涅夫时代就开始担任哈萨克共和国最高领导人，是勃列日涅夫的心腹，被戈尔巴乔夫视为威胁。库纳耶夫在哈萨克和苏共中央的势力都很强大，如果按照民主原则进行调整，势必会遇到阻力。而这种违背干部任用制度的调整方式恰恰与戈尔巴乔夫的"民主化、公开性"背道而驰，引发矛盾冲突已成必然。

第二，戈尔巴乔夫的"新思维"成为激化民族矛盾的诱因。戈尔巴乔夫推行的"民主化"、"公开性"的改革方针，成为诱发苏联沉积几十年的民族矛盾的直接导火索。戈尔巴乔夫以改革家自居，完全忽略了苏联是个多民族国家的事实，忽视民族问题的存在。在戈尔巴乔夫看来，苏联已经"一劳永逸地消灭民族压迫和民族不平等的各种形式和表现"，"民族问题是历史遗留问题，在苏联已得到了圆满的解决"②。殊不知，在苏联这样一个民族关系极其复杂的民族联邦制国度中，民族力量是决定苏联未来的关键力量。戈尔巴乔夫的"民主化"、"公开性"最突出的作用是为民族分离势力找到了理论依据。从阿拉木图事件开始，民族冲突在苏联接

---

① ［美］罗伯特·康奎斯特主编：《最后的帝国——民族问题与苏联的前途》，华东师范大学出版社1993年版，第174页。

② ［美］小杰克·F·马特洛夫：《苏联解体亲历记》，世界知识出版社1996年版，第177页。

连发生：1988 年纳卡冲突①、1989 年的第比利斯事件②、中亚地区民族冲突③和摩尔多瓦内部民族冲突④、1990 年的南奥塞梯冲突⑤，这些民族冲突的发生使民族离心倾向显著增强。与此同时，在波罗的海三国独立运动的引领下，民族分离势力形成浪潮。面对民族分离主义势力的进攻，为维护"民主化"和"公开性"，戈尔巴乔夫采取了退让的态度。而退让的结果就是民族矛盾的进一步激化。

改革措施不力，对改革在民族关系领域可能引发的问题估计不足，对民族问题的严重性缺乏认识和充分的思想准备。因此，当苏联政局出现动

---

① 从 1988 年初开始，位于外高加索地区的两个苏联加盟共和国亚美尼亚和阿塞拜疆为争夺纳戈尔诺—卡拉巴赫的归属权发生冲突。纳戈尔诺—卡拉巴赫是阿塞拜疆境内的一个自治州，当时的人口只有 18 万，面积为 4400 平方公里，与亚美尼亚并不接壤。但其 77.5% 的居民是亚美尼亚人，且在历史上（1920～1921）曾短暂地归属于亚美尼亚。多年来经济发展缓慢，亚美尼亚族的权利得不到保障。多年的民族矛盾在"民主化"、"公开性"的诱导下迅速爆发，倾泻而出。纳卡州群众数千人走上街头，游行示威，要求将纳卡州并入亚美尼亚，遭到苏共中央政治局和最高苏维埃主席团的否决。于是游行示威演变为武装冲突，武装冲突又演变为阿塞拜疆和亚美尼亚两个加盟共和国的冲突，导致 800 多人丧生，数千人受伤，几十万人沦为难民。

② 第比利斯事件起因于 1989 年 3 月格鲁吉亚的阿布哈兹自治共和国通过村镇会议决议的形式宣布脱离格鲁吉亚而独立。阿布哈兹共和国的这一要求遭到格鲁吉亚的反对。同年 4 月初，格鲁吉亚首都第比利斯接连发生反对阿布兹独立的群众示威游行活动，并出现了骚乱。格鲁吉亚政府当局出动军队和警察维持秩序，引发游行群众不满。此间，民族主义分子和激进分子煽动群众罢工罢课，要求共和国领导人辞职，格鲁吉亚退出苏联。4 月 8 日夜 9 日晨，军警与示威群众发生大规模流血冲突。这场民族骚乱被称为第比利斯事件。

③ 1989 年中亚地区民族冲突连续爆发，最有代表性的有二：一是乌兹别克共和国境内的乌兹别克人和梅斯赫特土耳其人两个民族的大规模冲突，以梅斯赫特土耳其人紧急迁往俄罗斯中部而收场。二是哈萨克共和国新乌津市哈萨克族人和外来民族的械斗，起因是从高加索地区迁来的亚美尼亚人、阿塞拜疆人、列兹根人在当地开采石油、天然气等资源，引起本地哈萨克族人的强烈不满，哈萨克族人举行大规模示威游行，要求外来民族离开该市。

④ 摩尔多瓦内部民族冲突由确认摩尔多瓦语为国语的法律修正案遭到非摩族人的反对而引发，进而演化成对德涅斯特河左岸并入俄国、比萨拉比亚被苏联夺回等历史问题的评价，再激化为加告兹人宣布成立"加告兹共和国"以及讲俄语的俄罗斯人和乌克兰人宣布成立"德涅斯特河沿岸共和国"。摩尔多瓦和德涅斯特河沿岸共和国发生流血武装冲突，驻防在德涅斯特河沿岸的苏联第 14 集团军没有能够守住最初的中立立场，转而支持德涅斯特河沿岸共和国。苏联解体后，第 14 集团军归属俄罗斯，于是冲突演化为摩尔多瓦和俄罗斯围绕第 14 集团军回撤问题的较量。

⑤ 1990 年 10 月，格鲁吉亚"圆桌会议"领导人击败共产党而当政之后，大肆推行极端民族主义，要求取消南奥塞梯自治州，引发南奥塞梯的不满，南奥塞梯自治州宣布脱离格鲁吉亚而独立，南奥塞梯与格鲁吉亚之间的矛盾激化，双方处于对立状态。1990 年 12 月，南奥塞梯自治州 71% 的选民参加了"南奥塞梯共和国"最高苏维埃的选举，遭到格鲁吉亚政府的反对。格鲁吉亚政府宣布在南奥塞梯部分地区实行紧急状态，矛盾进一步激化为武装冲突。在 10 个月的时间里，双方死伤上千人，有 8.5 万南奥塞梯人和居住在南奥塞梯的格鲁吉亚人被迫逃离家园，成为难民。

荡时，民族问题急剧增加。而当作为协调民族关系、维系民族团结、保障国家统一的力量——苏联共产党——被多党制取代后，各民族先后发表主权独立宣言，民族分离得以实现，苏联解体了。

1.4.3　苏联解体与中亚被动转型

1991 年 12 月 25 日是苏联存在的最后一日。随着戈尔巴乔夫的辞职、苏联国旗的降落、俄罗斯三色国旗的升起，成立 69 年的苏联解体了。苏联解体与 20 世纪 80 年代末苏联民族问题迅速向纵深发展相关，更是戈尔巴乔夫扭曲改革目标、取消苏共领导地位的结果。在苏联走向解体的过程中，各加盟共和国的转型已经启动。

从戈尔巴乔夫 1985 年 3 月 11 日走马上任，到 1991 年 12 月 25 日黯然辞职，在不到 7 年的时间里，戈尔巴乔夫的改革由最初的小有成效，到最终的葬送苏联，其转折点是 1989 年。1989 年苏共二月全会和第二十八次代表大会通过了“人道的、民主的社会主义”路线，放弃了苏共一党执政的法律地位，实行总统制，加速实行西方民主政治制度。1990 年 3 月在第三次人代会上正式宣布取消苏联《宪法》第六条，即取消宪法中规定的“苏联共产党是苏联社会的领导力量和指导力量”，从法律上确认多党制。戈尔巴乔夫试图以改革来拯救苏联，反而导致苏共丧失了领导地位。众所周知，在苏联近 70 年的发展历史中，党政合一体制是苏联政治制度的基础。党政合一的突出表现就是苏共既是党组织也是政权组织。苏共的各级党组织犹如车轮的辐条，将各级地方政府的权力聚集于苏共中央。因此，苏共的命运与苏联的命运紧密相连，苏共的存亡与苏联的存亡息息相关。伴随着苏共执政地位的丧失，民族独立和分裂势力的增强，苏联解体只剩下时间问题，而中亚转型就开始于苏联解体的过程之中。

作为苏联的一部分，中亚的政治体制改革与苏共中央的政治体制形成联动效应。苏联的政治体制改革自然会带动各加盟共和国的体制改革。在戈尔巴乔夫执政后期，苏联政治体制改革的主要内容就是：实行总统制和多党制，以三权分立代替苏维埃体制。因此，作为加盟共和国的中亚各国，亦步亦趋，政治转型的核心内容就是实行总统制和多党制。

1990 年 2 月，苏联开始实行总统制。同年，中亚各加盟共和国都先后实行了总统制。具体情况见表 1－5。

国家	实行总统制的时间	第一任总统
乌兹别克斯坦	1990 年 3 月 24 日	伊斯拉姆·卡里莫夫
哈萨克斯坦	1990 年 4 月 24 日	努尔苏里丹·纳扎尔巴耶夫
土库曼斯坦	1990 年 10 月 12 日	萨·阿·尼亚佐夫
吉尔吉斯斯坦	1990 年 10 月 24 日	阿斯卡尔·阿卡耶夫
塔吉克斯坦	1990 年 11 月 29 日（首次） 1994 年 11 月 6 日（恢复）	卡·阿·阿斯洛诺夫（首任总统） 埃·拉赫莫诺夫（第二任总统）

表 1 - 5   中亚各国实行总统制的时间及人选

表 1 - 5 反映的问题如下：

第一，中亚五国总统制的实行具有两后、两前的特点：即中亚各国的总统制无一例外都是在苏联实行总统制之后，国家独立之前；苏共执政党地位被取消之后，苏联解体之前。由此可见，总统制的实现既是紧随苏联改革步伐的被动选择，也是中亚政治体制转型的一个突出体现。

第二，乌兹别克斯坦是中亚五国中最早实行总统制的国家。1990 年 3 月 24 日，乌兹别克斯坦通过决议，设立共和国总统职位，在中亚地区率先实行总统制。在共和国最高苏维埃会议上，原乌兹别克加盟共和国中央第一书记伊斯拉姆·卡里莫夫被选举为共和国总统。1991 年 12 月 29 日，在乌兹别克斯坦共和国独立后举行的第一次全民总统选举中，卡里莫夫当选为第一任总统。

第三，塔吉克斯坦是中亚五国中最后一个宣布实行总统制的国家，也是总统制政体两度反复、总统更换频繁的国家。1990 年 11 月 29 日，塔吉克斯坦宣布实行总统制，并通过了选举法。独立后，于 1991 年宣布实行总统制，1992 年 11 月 6 日宣布取消总统制，实行议会制政体。1994 年 11 月 6 日，决定恢复总统制。

在独立初期，因塔吉克斯坦内乱和总统制的不稳固，塔吉克斯坦总统更换也比较频繁。1991 年 9 月 23 日，代总统卡·阿·阿斯洛诺夫辞职，塔共前中央第一书记拉·纳比耶夫出任临时总统，并于同年 11 月 24 日被选举为总统。1991 年，苏联"8·19 事件"后，塔吉克斯坦内乱加剧，反对派不断举行大规模示威游行，要求解散最高苏维埃，进行民主选举。极端势力伊斯兰民主党和复兴党成立救国阵线，政府被迫作出妥协。1992 年 5 月 11 日，塔吉克斯坦总统纳比耶夫发布总统令，成立"民族和解政府"。夺取到部分政权的反对派不仅没有善罢甘休，反而将军队开进塔吉克斯坦首都杜尚别，要求总统立即辞职。在反对派的威胁之下，拉·纳比耶夫总统于 1992 年 9 月 7 日被迫宣布辞职，由反对派支持的阿·伊斯坎达罗夫任代总统。阿·伊斯坎达罗夫的任职遭到列宁纳巴德州和库利亚布州的坚决抵制和反对。在中亚三个国家——哈萨克斯坦、吉尔吉斯斯坦、乌兹别克斯坦和俄罗斯的支持下，塔吉克斯坦通过召开最高苏维埃非常会议，解除了阿·伊斯坎达罗夫的代总统职务，同时宣布取消总统制。原库利亚布州执委会主席埃·拉赫莫诺夫被选为共和国最高苏维埃主席。1994年 11 月 6 日，塔吉克斯坦通过新宪法，恢复总统制。在新宪法恢复的当天，埃·拉赫莫诺夫被选举为共和国第二任总统。由此可见，政治转型是以国家的稳定为基础，为维护国家独立和发展服务。独立初期塔吉克斯坦的内战，导致了总统制的不稳定和总统人选的频繁变换。

在以实行总统制为代表的政治转型过程中，中亚各国呈现出以下共同特征：

第一，各加盟共和国总统制的设立，都是以最高苏维埃会议决议的形式，通过对宪法的相应修改而产生的。不仅具有政治合法性，而且是在宪法框架内转变政治体制的一种方式。

第二，政治体制转型的历史延续性。尽管中亚各国都实行了总统制，但首任总统人选并非来自反对派，而是原有苏联体制内的领导人。在中亚五个加盟共和国 5 位首任总统当中，有 4 位是各加盟共和国时期的最高领导人①。政治历史延续性导致中亚各国的政治转型与中东欧的政治转型产生了本质区别。中亚政治转型的不彻底性直接影响到中亚各国的民主化进程。

第三，各国都以全民公决的方式选举总统，而各国第一任总统都以非常高的得票率当选。全民公决是各加盟共和国实行总统制选举普遍认可的参与方式。全民选举的公民人数众多，当选总统的票数也绝对集中，是中亚政治的显著特征。例如，哈萨克斯坦总统纳扎尔巴耶夫的得票率是

①　乌兹别克斯坦总统伊斯拉姆·卡里莫夫为原乌兹别克共产党第一书记；哈萨克斯坦总统努尔苏里丹·纳扎尔巴耶夫 1979 年起就担任哈萨克斯坦共产党中央书记，1984～1989 年担任哈萨克加盟共和国部长会议主席，1989 年任哈中央第一书记，1990 年起兼任哈萨克最高苏维埃主席，1990 年 4 月当选为哈萨克斯坦共和国总统；土库曼斯坦总统萨·阿·尼亚佐夫，曾任苏共中央政治局委员，1985 年被任命为土库曼共和国部长会议主席，同年 12 月当选为土库曼加盟共和国共产党中央委员会第一书记。1990 年在土库曼共和国第十三届最高苏维埃第一次会议上被选举为最高苏维埃主席。土库曼共和国实行总统制后被选为第一任总统；吉尔吉斯斯坦总统阿斯卡尔·阿卡耶夫原为吉尔吉斯斯坦共产党中央科学和高教部部长。1989 年，出任吉尔吉斯斯坦科学院院长，并当选为苏联人民代表。1990 年 10 月吉尔吉斯斯坦设立总统职位后，阿卡耶夫当选为第一任总统。

98.76%，吉尔吉斯斯坦总统阿卡耶夫的得票率是 95.3%，乌兹别克斯坦总统卡里莫夫的得票率为 86%。

第四，各国共产党的执政地位都是被曾经在共产党内担任要职的总统所取消。以乌兹别克斯坦为例，1991 年 8 月 23 日，乌兹别克斯坦总统卡里莫夫宣布辞去苏共中央政治局委员职务，同时发布"非党化"命令，没收苏共在乌兹别克斯坦的全部财产。而乌兹别克共产党则宣布退出苏共，召回代表，召开非常会议，宣布在乌共基础上成立人民民主党，作为乌共法律上的继承者。

由此可见，各加盟共和国共产党组织成为事实上自己的掘墓人。各国共产党组织的被取代，是苏共取消共产党的执政地位、实行多党制的结果，也是政治转型的另一种体现。

在苏联实行政治体制改革之前，中亚各加盟共和国只有一个执政党——共产党，不存在其他政党。在戈尔巴乔夫推行政治多元化和民主化之后，"名目繁多、性质各异的大大小小的政党、团体、运动在各共和国应运而生"①。

哈萨克共和国出现了大量持不同政治主张的政党和社会政治组织：以反核运动"内华达—塞米"为前身的国民大会党（1991 年 10 月 5 日）、自称为哈萨克共产党合法继承者的社会党（1991 年 9 月 7 日）以及在哈共解散后重新成立的哈萨克斯坦共产党（1991 年 9 月 7 日）等。这些政党和政治组织不仅拥有一定的规模，形成了自己的政治纲领，而且试图影响国家的决策。

吉尔吉斯共和国的情况与哈萨克共和国不同。在吉尔吉斯共产党的领导地位被取消、国家机关实行非党化之后，一方面，吉尔吉斯共产党在1991 年上半年依然是吉尔吉斯共和国最主要的政治力量；另一方面，多党制的实行催生了吉尔吉斯的两大政治运动：吉尔吉斯斯坦民主运动（1990年 5 月）和"人民统一"民主运动（1991 年 10 月 26 日）。这两大民主运动的出现以及在吉尔吉斯国家政治中的作用，是导致吉尔吉斯成为美国人眼中的民主岛的一个重要因素。

塔吉克共和国在苏联解体前后是政党组建和活动的频繁期。在政治多元化和多党制条件下涌现出众多政治派别。除了塔吉克共产党的继承者塔吉克斯坦社会党之外，伊斯兰复兴党、伊斯兰民主党、伊斯兰复兴运动等

---

① 王沛主编：《中亚五国概况》，新疆人民出版社 2006 年版，第 168 页。

在塔吉克斯坦国家政治生活中确实发挥了极大的作用。

与哈、吉、塔三国多党制的情况相比较，乌兹别克斯坦和土库曼斯坦略有不同。乌兹别克斯坦共和国在共产党地位被取消之后，尽管也出现了形形色色的政党组织，但由于政府对于政党控制比较严格，限制措施较多，导致多党制对政府影响相对较小。

面对苏联的多党制改革，土库曼斯坦的认识与做法皆与众不同。土库曼斯坦虽然在1991年以《结社法》的形式宣布允许各种社会组织存在，承认公民有建立政党和社会组织的权力，但同时也指出，当时"土库曼斯坦的经济和文化水平还没有发展到一定程度，很难在短短几年内完成向西方民主制度的过渡，现在不一定非要实行多党制"[1]。因此，土库曼斯坦对建立政党和政治组织有明确的规定，所有公民建立的政党必须在宪法和法律规定的范围内活动；"明文禁止建立以暴力改变宪法制度为目的，或以暴力反对公民合法的权利和自由、宣传鼓动战争、煽动种族、民族、社会和宗教仇视、危害人民健康和道德品质的政党和社会团体，并禁止它们活动。按照民族或宗教特征建立军事化和政党也是不允许的"[2]。在这种思想指导下，土库曼斯坦政党很少，没有反对党。合法存在的政党只有一个，即由土共改建来的土库曼斯坦民主党。也正因为如此，土库曼斯坦在实现国家独立的过程中，与其他四个中亚国家呈现出不同的特点。

---

[1][2] 王沛主编：《中亚五国概况》，新疆人民出版社2006年版，第369页。

民主政治与市场经济建立

中亚五国是从苏联母体中被迫分离出来、从未有过独立建国经验的五个民族国家。建国后面临的相同任务就是在维护国家主权独立的同时，继续实行政治经济变革。以宪法的形式确立民主共和政体，全面实行经济转轨政策，确立市场经济基本框架，借鉴国际经验，结合自身实际，探索适合中亚的转型发展之路。

2.1 从加盟共和国到主权独立国家的演变

中亚各民族历史发展悠久，但民族共和国的历史却较短暂。即使从 20 世纪 20 年代苏联成立开始计算，作为苏联加盟共和国的历史也没有超过 70 年。作为民族联邦的一员，各加盟共和国尽管根据苏联宪法规定是"主权国家"，但在实行党政合一体制的苏联时代，"主权国家"无主权是不争的事实。到 20 世纪 80 年代，随着民族矛盾的日益激化，加盟共和国主权已名存实亡。因此对中亚国家而言，实现民族独立的目标由两步组成：第一步是争取恢复加盟共和国的自主权；第二步是被形势所迫宣布独立。

2.1.1 加盟共和国主权的恢复

中亚各国谋求恢复加盟共和国的主权，主要源于以下几方面原因：一是恢复加盟共和国的主权是解决 20 世纪 80 年代民族矛盾激化的有效方法；二是戈尔巴乔夫在组建新联盟时的错误政策所致；三是中亚各国在苏联所处的地位使其不愿脱离联盟而独立。

　　如前所述，由于苏联在建国近 70 年的过程中，对民族问题始终缺乏正确的判断，加之戈尔巴乔夫在改革中忽视了民族问题的存在，因此在 20 世纪 80 年代，随着苏联形势的变化，民族矛盾日趋激化，成为苏联政权延续的重要阻碍。对于实行民族联邦制的苏联而言，民族关系不理顺，联邦制就无法存续。而对以主体民族名称命名的各加盟共和国而言，将民族关系恶化的根源归结于主权缺失，将恢复共和国主权视为解决民族问题的最有效途径。在"8·19"事件之前，各加盟共和国要求恢复主权的呼声日益高涨，中亚各加盟共和国也已就此达成了共识。1990 年哈萨克斯坦总统纳扎尔巴耶夫在《哈萨克斯坦真理报》发表文章，明确提出恢复主权的重要性和必要性。他指出，如果共和国能最大限度地实施自主性方针，就可以避免许多问题的出现。纳扎尔巴耶夫在其后来出版的著作《独立五年》一书中进一步阐述了加盟共和国加强主权的观点，他写道："在 20 世纪 80 年代末 90 年代初，苏联的政治生活中心已经转移到加盟共和国，民族自决已经成为最主要的事情，阶级和苏共的利益已退居第二位。"① 基于这样的认识，在"8·19"事件之后，哈萨克斯坦从安全、经济、领土主权等各方面都采取了加强主权的措施。第一，建立由内阁总理、内阁第一副总理、国务顾问和国家紧急状态委员会主席四人组成的共和国安全会议，确保哈萨克斯坦共和国国家主权、经济和环境安全，避免各种灾祸，维护共和国法制。在共和国安全会议之下，设立维护宪法制度委员会。该委员会由 10 人组成，除了检察长、司法部长、国家仲裁长、内务部长、海关局长等要职外，共和国军事力量的主要负责人——共和国军事委员会主席、共和国安全委员会主席、独联体内务部管理驻防中亚和哈萨克斯坦武装力量司令、东部边境地区军队司令等均在其中。不仅如此，为加强共和国主权，哈萨克斯坦共和国开始建立武装力量，在以总统令的形式发布征兵令、将共和国兵役委员会升格为共和国一级机构的同时，停止向哈萨克共和国以外派遣新兵，足见其加强军事主权的力度。第二，连续发布总统令以强化共和国经济主权。1991 年 8 月 31 日，纳扎尔巴耶夫连续发布《关于联盟所辖企业、组织移交哈萨克共和国政府管理的命令》、《关于确保哈萨克共和国对外经济活动自主的命令》、《关于建立哈萨克共和国黄金和金刚石基金的命令》等，发布和实施这些命令的目的就是要加强哈萨克

---

① ［哈］努·纳扎尔巴耶夫：《独立五年》，哈萨克斯坦出版社 1996 年俄文版，第 44 页。

斯坦的经济自主权。在纳扎尔巴耶夫看来，实施共和国经济主权思想是解决20世纪80年代末苏联及各加盟共和国经济危机的当务之急。第三，没收苏共在哈萨克斯坦领土上的财产归哈萨克斯坦共和国所有。第四，关闭苏联在哈萨克斯坦塞米巴拉金斯克的核试验场，准备将其改建为联盟共和国科研中心。第五，加强领土主权，要求俄罗斯明确宣布放弃对哈萨克的领土要求。纳扎尔巴耶夫与俄罗斯总统叶利钦谈判，就主权问题达成一揽子协议，并以两国公报的形式发表：双方认为有必要立即组建集体安全体系，实施对苏联克格勃和内务部武装力量的改革；同意设置在主权国家领土上的克格勃和内务部机构应服从所在国最高权力机构的管辖；并确认部署在主权国家领土上的苏联武装力量须受双重统辖；俄罗斯支持哈萨克关闭塞米巴拉金斯克核试验场的决定；双方确认要在1990年11月21日两国缔结条约的基础上，在主权平等、互不干涉内政、放弃使用武力或其他强制手段的前提下建立两国间的国家关系；俄罗斯再次确认在领土问题上应以两国1990年11月所定条约之第二条和第六条为依据，保持哈萨克的领土完整。为显示增强和扩大主权的决心，哈萨克斯坦与中亚其他国家一样，不仅发表主权宣言①，而且将哈萨克共和国的党报《社会主义哈萨克斯坦》改名为《主权哈萨克斯坦》。

为平息20世纪80年代后期政治体制改革过程中引发的民族矛盾，1989年9月，苏共中央全会专门召开会议，就改革国家体制和革新联邦制问题进行了激烈的争论。全会最后决定，承认各加盟共和国共产党为独立党，扩大加盟共和国主权。苏联共产党为统一执政党，是维系苏维埃联邦的主要纽带，没有苏共的统一领导，就没有统一的联盟国家。1990年苏共二十七大通过的党章明确规定，各加盟共和国共产党是独立的政党，可以同国内和国际上其他政党建立关系，有权不执行苏共中央委员会的决议。这就意味着不仅苏联是联邦制，而且苏联共产党也实行联邦化。戈尔巴乔夫为建立新联盟，不惜在执政党问题上作出重大让步。而这一让步不仅扩大了共和国的主权，也为共和国的独立铺平了道路。

面对各加盟共和国的独立浪潮，戈尔巴乔夫在建立新联盟的过程中进

---

① 1990年5月29日，叶利钦当选俄罗斯联邦最高苏维埃主席之后，即刻宣布要实现俄联邦的主权。1990年6月12日，俄罗斯议会通过了《俄罗斯联邦国家主权宣言》。在俄罗斯联邦的带领下，中亚各国先后各自通过了主权宣言：乌兹别克斯坦苏维埃社会主义共和国是6月21日，土库曼苏维埃社会主义共和国是8月23日，塔吉克苏维埃社会主义共和国是8月25日，哈萨克苏维埃社会主义共和国是10月25日，吉尔吉斯苏维埃社会主义共和国是12月15日。

一步扩大加盟共和国主权，意欲将联邦制向邦联制过渡，使国家邦联化。在 1990 年 11 月提交给最高苏维埃的新联盟条约草案中，不仅大大扩充了加盟共和国的权力，而且将苏联的国名由苏维埃社会主义共和国联盟改为苏维埃主权国家联盟。尽管联盟条约草案未获通过，但戈尔巴乔夫却不顾参加全民公决的选民中 76.4% 赞成保留联盟的意见，在 1991 年苏共中央全会召开前夕，与 9 个加盟共和国领导人会晤，发表"9 + 1"声明，将苏联国名改成"苏维埃主权共和国联盟"。1991 年 7 月 12 日，苏联最高苏维埃通过了关于主权国家联盟条约的决定。新联盟条约规定，各加盟共和国和苏联一样都是国际关系中的主权国家。而苏联则成为由独立主权国家组成的邦联。新联盟条约的被通过，为各加盟共和国的独立奠定了制度基础。

中亚各国在汹涌的独立浪潮袭来之时，并未做好独立的准备。由于受到民族、历史、经济等一系列因素的制约，除土库曼之外，中亚其余四个加盟共和国表现出只是要求恢复主权而非谋求独立的鲜明倾向。这不仅是因为中亚各国缺乏独立建国的经验，更重要的是中亚各国是苏维埃联邦制度的受益者，正如在第 1 章所描述的那样，由于苏联的拉平政策和倾斜政策，使得中亚各加盟共和国在经济、社会、文化教育等各方面获得了长足的发展。中亚长久以来的单一经济结构，使其经济发展与联盟形成了密切联系，不可分割。与此同时，支撑中亚各国发展的技术力量和管理人员多是俄罗斯移民。事实已经证明，在各国独立后，由于俄罗斯移民的外迁，导致各国经济的急剧下滑。正因为如此，虽然中亚各国对联盟中央无视各加盟共和国主权的做法不满，但依然坚持求主权而非谋独立，即在联邦框架内调整权力分配，而不是谋求分立。为此，在 1990 年下半年各国发表的主权宣言中，尽管都宣布本共和国为主权国家，有权自行决定本国国家生活的任何问题，但同时都强调"反对瓦解联盟"。1991 年 3 月 17 日苏联就是否保留联盟和国名进行全民公决，在参加投票的 9 个加盟共和国①当中，中亚各国赞成保留联盟和国名的选民都明显高于其他加盟共和国。具体情况见表 2 – 1。

---

① 在此次全民公决中，苏联 15 个加盟共和国中，有 6 个共和国拒绝组织全民投票，分别是立陶宛、拉脱维亚、爱沙尼亚、亚美尼亚、格鲁吉亚和摩尔多瓦。其余 9 个加盟共和国组织了全民公决。在当时苏联 1.8 亿选民中，80% 以上的人参加了投票，其中赞成保留联盟和国名的占 76.4%。

表 2-1　　　　　　　**1991 年 3 月苏联全民公决情况**　　　　　单位：%

加盟共和国	赞成保留联盟的选民比例	赞成保留国名的选民比例
哈萨克斯坦	89	94
乌兹别克斯坦	95	93.7
塔吉克斯坦	94	96
吉尔吉斯斯坦	92.9	94.5
土库曼斯坦	97.7	98
俄罗斯	75.31	71.34
乌克兰	83	70
白俄罗斯	83.5	83
阿塞拜疆	75	93

资料来源：《人民日报》1991 年 3 月 22 日。

综上所述，在 1991 年"8·19"事件之前，中亚各国求主权而非谋独立的倾向十分明显。"8·19"事件后，苏联国内形势的急转直下，使中亚各国意识到联盟国家解体已成定局，除了顺应形势，独立建国，别无选择。

2.1.2　裂变中诞生的独立国家

中亚各国的独立是一种无奈的从众行为，而并非本意。塔吉克斯坦议会发言人阿利耶夫·阿卜杜德的话最具代表性，在谈到塔吉克斯坦宣布独立时说："我们不能落在其他共和国后面，大家都宣布独立，因此我们也宣布独立。"

中亚各国完成政治独立分为四步：一是加盟共和国领导人宣布退出苏共中央。二是各国共产党或更名或被取缔。三是举行全民公决。四是发表独立宣言，更改国名。

"8·19"事件对加盟共和国独立和苏联解体起到了助推剂的作用。政变失败后，戈尔巴乔夫宣布辞去苏共中央总书记职务，苏共中央"自行"解散。面对这一局面，哈萨克斯坦总统努·纳扎尔巴耶夫也在同一天（8月 23 日）通过哈萨克共和国总统新闻服务处发布通告，宣布退出苏共中央政治局和苏共中央委员会。与此同时，乌兹别克斯坦总统伊·卡里莫夫和土库曼斯坦总统萨·尼亚佐夫也都宣布退出苏共中央政治局和苏共中央委员会。

　　哈萨克共和国、乌兹别克共和国和土库曼共和国三国领导人在退出苏共中央之后，因苏共被宣布自行解散，三国的共产党也纷纷宣布退出苏共，建立独立的政党。1991 年 8 月 28 日，哈萨克共产党中央举行全会，声明支持总统关于退出苏共的建议，召开非常代表大会，审议建立新党的问题。1991 年 9 月 7 日，哈萨克共产党非常大会召开，会议的主题就是讨论在当前局势下"怎么办"的问题。总统纳扎尔巴耶夫意见明确，就是要解散共产党，另建新党。此次非常大会以决议的形式宣布将哈萨克共产党改名为哈萨克社会党，哈萨克社会党是哈萨克共产党的合法继承者。会议通过了社会党的纲领性声明和党章，选举出社会党政治执委会，完成了哈萨克共产党的改旗易帜。

　　尽管中亚各国在"8·19"事件后的形势各有不同，但执政的共产党召开非常代表大会，实现嬗变的做法是一致的。乌兹别克斯坦总统和乌共对"8·19"事件的反应非常强烈。在政变失败后，乌共召开中央委员会和中央检查委员会联席会议，以决议的形式谴责"紧急状态委员会"，宣布乌共退出苏共，召开共和国党代表大会来决定乌共未来的命运。1991 年 9 月 14 日，乌兹别克共产党非常代表大会决定乌共退出苏共，召回乌共驻苏共中央的所有代表，组建本质上全新的政党——乌兹别克斯坦人民民主党。乌共党员需要经过重新登记方可转为新党的党员。1991 年 11 月 1 日，乌兹别克斯坦人民民主党召开成立大会，在卡里莫夫所作的《人民民主党在复兴、巩固乌兹别克斯坦的主权与独立，为人民创造应有的生活条件的事业中的地位和作用》的长篇报告中指出，为了保证国家的独立，需要有一个强有力的政党。人民民主党的宗旨是建立一个保障每个人可以自由地选择政治生活、经济生活和社会生活的社会，即一个具有政治自由和经济自由、民主、平等和社会公正的社会。乌兹别克斯坦总统当选为人民民主党首任主席。

　　在中亚五国中，共产党政权的嬗变方式是不同的，哈萨克、乌兹别克和土库曼共产党都是通过召开非常代表大会的形式将共产党易名，在此基础上成立的政党成为共产党的合法继承者，总统成为新党的首任主席。但吉尔吉斯和塔吉克共和国的情况不同，吉尔吉斯共产党因吉共中央政治局在"8·19"事件中策略上的失败而被解散。而塔共虽然以非常大会的形式将共产党更名为塔吉克斯坦社会党，但因国内局势动荡，国家缺乏一个能够左右局势发展方向的核心人物，反对派势力强大，导致政权更迭频繁，塔共活动被禁止。尽管如此，各政党在谋求国家独立方面都提出了一致的目标，就是要利用苏联解体的契机，谋求各加盟共和国的独立。

"8·19"事件后，中亚各国就本国独立问题举行了全民公决，参与投票和赞成独立的选民比例都很高。在民意认可、形势所迫的情势之下，中亚各国最高苏维埃以发表独立宣言、颁布独立法等形式先后宣布独立。在中亚，最先宣布独立的国家是乌兹别克斯坦。1991年8月31日，乌兹别克共和国召开最高苏维埃会议，卡里莫夫总统在历数苏共中央政策对乌兹别克共和国造成的损害之后宣布，"为了进一步巩固乌兹别克斯坦的独立，将把乌内务部和国家安全委员会划归自己管辖，将苏联内务部驻乌部队置于乌兹别克斯坦总统的控制之下，取消在政法机关、内务部和突厥斯坦军区驻乌部队中的政党活动等"①。会议通过了《乌兹别克斯坦共和国国家独立声明》和《乌兹别克斯坦共和国国家独立法》，正式宣布从1991年9月1日起独立，改国名为乌兹别克斯坦共和国；同一天，吉尔吉斯斯坦也宣布独立。1991年9月9日，塔吉克斯坦发表独立宣言，宣布独立。10月27日，土库曼斯坦颁布了独立和国家制度原则法，并以全民公决的形式宣布独立。哈萨克斯坦的独立分为宣布独立、改国名、颁布法令三个阶段：12月1日哈萨克斯坦最高苏维埃宣布独立；12月10日改国名为哈萨克斯坦共和国；12月18日颁布独立法，完成了建立独立国家的法律程序。1992年3月2日，联合国将中亚五国接纳为会员国，五国正式成为国际社会的一员。

2.2 宪法意义上民主国家的建立

建什么国、走什么路的问题是苏联解体后中亚国家面临的首要问题。在这一问题上，中亚五国既不同于中东欧国家，也有别于俄罗斯、乌克兰等独联体国家。对于有着民主建国历史的中东欧国家而言，政治转型的主要目标就是摒弃社会主义制度，放弃共产党或工人党的领导，选择西方多党制议会民主政体。对于俄罗斯、乌克兰等原苏联最重要的国家而言，实行西方民主制度是其既定的目标。而中亚各国独立后处境尴尬，尽管向西方政治体制转变已经成为各国不二的选择，但苏联体制近70年惯性的延续和俄罗斯体制的引领，使得中亚的政治转型举步维艰，过程漫长。为获

---

① 马大正、冯锡时主编：《中亚五国史纲》，新疆人民出版社2000年版，第357页。

得国际社会的支持和承认，中亚各国首先是确立民主政体，获得宪政合法性。

2.2.1　民主政体的确立

中亚五国的政治转型始于戈尔巴乔夫改革后期，在"公开性"、"民主化"等所谓新思维的指导下，融合于苏联政治体制改革的过程之中。建国之后，各国首要任务就是要找到适合本国国情、能够维护国家主权独立与稳定的政治体制。对于从来没有独立建国经验、历来缺乏民主传统的中亚各国而言，国家体制和发展模式的选择引起国际社会的广泛关注。

在确定国家政治体制时，中亚国家面临的第一个选择就是社会制度问题。是继续苏联时期的社会主义道路，还是另辟蹊径，走西方资本主义道路？对于历史上曾为沙皇俄国殖民地的中亚而言，苏联的成立使其一步跨越两种社会制度，由军事封建帝国主义的殖民地大踏步迈进社会主义。对实行了近70年的社会主义制度，并在制度安排下获得巨大发展的社会主义道路充满感情。但20世纪80年代以来民族矛盾的激化以及苏联的骤然解体，又使得中亚国家对社会主义制度的认识出现了严重的逆转。

中亚五国首任总统都曾经是苏联时期的领导人，除塔吉克斯坦总统埃·拉赫莫诺夫是共和国中层领导之外，其余四位开国总统都是戈尔巴乔夫时期苏共中央的领导人。苏联时期的长期工作经历使他们对苏联政治体制有深切体会，谙熟其体制的弊端，对苏联高度集权、缺乏民主和法制、领导干部职务终身制、权力垄断、绝对的长官意志等腐朽的干部制度以及"共产党的领导"主宰一切、长期以党代政、党政不分的局面，由原来的认同、执行转为现时的否定和批判。

哈萨克斯坦总统努·纳扎尔巴耶夫曾说过："过去的一段时间，哈萨克斯坦一直是泱泱大国苏联的一部分，我们一直以为自己是世界上最强大的、最出类拔萃、最先进的一个民族，而当我们突然间走出过去，用一双新的眼光去看世界的时候，才意识到我们过去是多么夜郎自大，还不知自己其实早已被时代抛在了后面。"① 在1991年9月哈萨克共产党召开的非常大会上，纳扎尔巴耶夫力排众议，坚决主张解散哈共。

土库曼斯坦总统萨·阿·尼亚佐夫在1994年对青年人发表的讲话

---

① ［哈］努·纳扎尔巴耶夫：《前进中的哈萨克斯坦》，民族出版社2000年版，第177页。

《关于历史教训和时代提出的问题》中谈到苏联解体的实质时指出："苏联解体有其客观性，发展到这一步是合乎规律的。20 世纪人类是按照演变的规律，按照加强和更新几百年形成的思想、国家体制、社会模式的规律发展的。在苏联范围内，我们的生存逻辑则是另一套。文明社会积累的价值观被极权国家摧毁，取而代之的是新的价值观。""80 年代的改革也试图使社会模式人性化、人道化，使之适应各种发展方式。但是，这一尝试不仅未能产生预期的结果，还使问题的根源暴露无遗：这样的国家不可能彻底改革，因为它建立在错误的基础上"，"它随意摆布我们的命运，支配我们的生活，藐视一切"，"它要求人们绝对执行命令，任劳任怨地为生产物质财富工作，而关心的却主要是自己，即加强政权体制和服从体制。"① 尼亚佐夫在谈到苏联政治体制时强调："苏维埃制度最大的错误之一是消灭了所有者和私有者阶级，建立了国家对贸易和价格的垄断"，"中央却可以为所欲为，包括如何支配我们的利润"，"大批资金用于某些野心勃勃的国际计划和支持不得人心的政权及其他为制度进行意识形态保障服务的东西。这就是为什么意识形态化的制度能制造一种坚如磐石的外表，并对任何不同政见进行野蛮压制"。② 尼亚佐夫虽然承认土库曼斯坦"在作为苏联成员时得到了许多东西"，但却抱怨"土库曼斯坦从来不是苏维埃社会主义共和国联盟中平等的一员。不管对我们下达什么命令，我们都必须完成"。③ 尼亚佐夫表示，"我们的历史被人为地歪曲了 70 年，但只有在取得独立后我们才有权把它讲出来"。④

中亚国家的领导人在对苏联政治体制的态度上持有一致的否定立场。正是因为对苏联体制的落后性有了深刻的认识，各国在独立后才急于改变现状，试图找到一条适合国家发展的新路。走西方资本主义国家的民主化道路，是中亚国家的共同选择。

在确立了实行民主化政体的前提下，哪一种政体更适合中亚国家，是各国面临的又一个选择。中亚各国是多民族、伊斯兰国家，是建立单一制国家还是俄罗斯式的联邦制国家？是建立世俗制还是政教合一制？是建立总统共和制还是议会制？是采用苏维埃制的议行合一体制还是西方的三权

---

① ［土库曼斯坦］萨·尼亚佐夫：《永久中立　世代安宁》，东方出版社 1996 年版，第 150、151、152 页。

② 同上，第 154、155 页。

③ 同上，第 154 页。

④ 同上，第 151 页。

分立制？

在中亚各国面前，不乏成功的发展模式和可资借鉴的政治体制。乌兹别克斯坦总统伊·卡里莫夫就提出："世界上存在各种社会发展方案。例如，土耳其模式、韩国模式、瑞典模式和其他模式，还有一系列伊斯兰国家和新兴工业国家的经验，第二次世界大战后欧洲国家和日本复兴国民经济的实践。"① 而国家宪法的制定既可借鉴联合国宪章、世界人权宣言、国际法等有关文件，又可利用美国、日本、德国、法国、加拿大、葡萄牙、意大利、瑞典、西班牙、土耳其、印度、巴基斯坦、埃及等东西方国家的经验。

国家体制的选择既受国内外因素的影响，又要遵循国家的发展目标。中亚各国虽然素有宗法式政治文化传统，又受到游牧民族对领袖崇拜意识的影响，加之缺乏对市场经济、三权分立、民主人权等价值观的了解，但建立"文明的民主的社会"发展目标以及西方国家的政治诱惑与压力，使得中亚各国最终选择了民主制政体。

中亚国家在政治体制改革过程中，均明确提出建立民主、法制、世俗的国家和公民社会，发展社会民主化，选择具有本国特色的改革目标。在此基础上提出以主权在民原则、人权原则、分权制衡原则和法制原则为指导思想。最终确立建立单一制的国家结构、三权分立的政权结构和民主共和制和总统制国家政体。

中亚各国领导人在不同场合都阐述了各自发展目标及对民主制的理解。哈萨克斯坦总统努·纳扎尔巴耶夫理解的"文明的民主的社会"和"开放的社会"，就是指在政治社会建立三权分立制度，实行议会职业化和政治多元化。"哈萨克斯坦人民是宪法和民主选择的保障，他们不允许建立任何性质的专政"。② 对于土库曼斯坦而言，无论是国家元首萨帕尔穆拉特，还是总统萨·尼亚佐夫，都一致强调，土库曼斯坦的最终目标是要建立起一个世俗的、民主的、法制的国家。③ 土库曼斯坦制定的过渡时期"10 年稳定"国家纲要指出，"在 10 年期间，土库曼斯坦应逐步改变社会制度的形式，并完成建立多种成分并存的市场经济"。纲要的首要任务

---

① ［乌兹别克］伊·卡里莫夫：《乌兹别克斯坦：民族独立、经济、政治和意识形态》，乌兹别克斯坦出版社 1993 年俄文版，第 39 页。

② ［哈］努·纳扎尔巴耶夫：《站在 21 世纪的门槛上》，时事出版社 1997 年版，第 115 页。

③ ［土库曼］萨·尼亚佐夫：《永久中立　世代安宁》，东方出版社 1996 年版，第 12、28 页。

"即要达到社会稳定，国内民族和民族间的和谐"。①

从1992年起，各国陆续颁布新宪法，并以法律的形式将民主制政体确立。宪法上民主制度的确立既包括总统制和三权分立原则，也包括多党制的实现。中亚各国的宪法规定，总统是国家元首，领导共和国的工作，同时总统也是武装力量的最高统帅，要履行保卫国家主权、领土完整、公民权利与作用的职责。政府总理、副总理及主要行政官员由总统任命，宪法法院院长、检察长经议会批准后皆须由总统任命。与此同时，中亚各国一改苏联时期的一党制，明确规定实行多党制。

中亚各国民主政体的确立，在从加盟共和国到独立民族国家的宪法制度演变上可以找到有力的佐证。

2.2.2 从极权到民主政体的合法性嬗变

不可否认，是否存在宪法意义上的完善民主并不是衡量一个国家是不是民主国家的唯一的、恒定的标准。有些国家虽然没有正式的宪法，但却实现了民主政治，例如，以色列和大不列颠；有些国家虽然有正式的宪法，而且在宪法中规定了民主权利，但现实中民主权利却没有得到保障，1936年苏联通过的"斯大林宪法"是典型的代表。宪法中对公民的权利、义务等都进行了明确的界定，但因苏联实行的是高度集权的政治体制，这些权利却得不到保障。需要强调的是，在现代社会，如果宪法尚不能为民主制度提供法律保证，实现民主的可能性就更不存在了。换言之，宪法界定的民主政权未必是实质上的民主，但宪法中没有界定的民主政权一定是非民主的。现代社会，制度化建设需要有一部民主的宪法，而宪法又是政治权力来源合法性的一种体现。

宪法是保障民主政治繁荣昌盛的制度规范，"任何政体若不能对自身进行这样的限制，不能遵循其本身程序的'法律规则'，就不应该被当成是民主的。仅这些程序尚不足以界定民主政治，但它们的存在对于民主政治的存续是必不可少的。就其本质而言，它们是民主政治存在的必要而非充分的条件。"② 在罗伯特·达尔看来，一部具有民主性质的宪法是实现现代民主政治所必备的"最低程序性"的条件。从历史上看，社会科学家

---

① ［土库曼］萨·尼亚佐夫：《永久中立　世代安宁》，东方出版社1996年版，第13页。

② 刘军宁编：《民主与民主化》，商务印书馆1999年版，第28页。

在对民主进行定义的时候，也是将宪制民主①作为衡量一个国家民主的首要方法。

宪法作为一个国家的根本大法，是特定社会政治经济和思想文化条件综合作用的产物，它将国家的政治、经济、文化和社会生活等各方面的基本制度和国家最基本、最重要的原则以法律形式确认下来。宪法的作用非常独特，具有不可替代性。既确立和维护国家政治制度，又是国家的政治体制改革的保障；既确认、保护和巩固国家的经济基础，又指引经济体制改革；既确立了公民基本权利和自由的内容，又为公民基本权利和自由的实现规定了必要的保障。宪法的制定需要以国内外形势为背景，与时俱进。在重大的社会变革之后，各国都会制宪或修宪。作为国家的根本法，宪法的独特地位和作用赋予其重要的使命，使其成为检验一个国家是否是民主国家的客观、公正的标准。

独立后的中亚在较短的时间里在宪法程序上即完成了从极权到民主的转变，最明显的变化就反映在宪法制度的规定上。

作为苏联的加盟共和国，独立前中亚政治体制的突出特点就是在苏联的领导下实行中央高度集权的党政管理体制。这从苏联先后通过的四部宪法中可以明确地反映出来。

苏联的每一部宪法都对政权性质、国家结构等作了明确的规定。1918年《俄罗斯社会主义联邦苏维埃共和国宪法》规定：俄国为工兵农代表苏维埃共和国，中央和地方全部政权均归苏维埃掌握。俄罗斯苏维埃共和国建立于各自由民族之自由联盟基础上，而成为各民族苏维埃共和国联邦。国家政权应当完全独属于劳动群众及其全权代表机关——工兵农代表苏维埃。1922年苏联成立后，着手对1918年的宪法进行修改，并于1924年1月31日在第二次苏联苏维埃代表大会上通过了《苏维埃社会主义共和国联盟宪法（根本法）》。该宪法由《苏联成立宣言》和《苏联成立条约》两部分组成。新宪法对联盟的阶级性质进行了明确界定，"按其阶级本质来说是国际主义的苏维埃政权，其本身的缔造工作，亦推动着各苏维埃共和国的劳动群众结合为一个社会主义的家庭"。该宪法对苏联最高权力机关的结构及其职权划分、各加盟共和国的主权、最高权力机关的基本结构及其职权范围等都做出了明确规定。

宪法规定，苏维埃社会主义共和国联盟的最高权力机关为苏维埃代表

---

① 社会科学家提出的衡量民主的四种方法是：宪制民主、实质民主、程序民主和过程民主。

大会，苏维埃代表大会常会每年举行一次，由苏维埃社会主义共和国联盟中央执行委员会负责召集。苏维埃社会主义共和国联盟中央执行委员会根据自己的决议，或联盟苏维埃、民族苏维埃的请求，或两个加盟共和国的请求，召开临时代表大会。苏维埃代表大会闭会期间，由联盟苏维埃和民族苏维埃所组成的苏维埃社会主义共和国联盟中央执行委员会为联盟的最高权力机关。联盟中央实行联盟院和民族院平行的两院制，两院享有平等权利，都有立法权。民族院的代表按照各加盟共和国、自治共和国、自治州和民族专区由公民选举产生。不论人口多少，疆域大小，每个加盟共和国、自治共和国、自治州和民族专区（1977 年改为自治区）的代表人数是相同的。① 苏维埃社会主义共和国联盟中央执行委员会闭会期间，最高权力机关为苏维埃社会主义共和国联盟中央执行委员会主席团；该主席团由中央执行委员会组成，共 21 人，其中包括联盟苏维埃主席团与民族苏维埃主席团的全体人员。联盟苏维埃与民族苏维埃选举自己的主席团，其人数各为 7 人，主席团负责筹备会议并主持会议工作。

宪法第十四条和十五条对联盟苏维埃和民族苏维埃的构成进行明确规定，联盟苏维埃由苏维埃社会主义共和国联盟苏维埃代表大会按第一加盟共和国人口的比例自各加盟共和国的代表中选举之，其总名额为 414 人；民族苏维埃按下列名额组成之：每一加盟及自治苏维埃社会主义共和国选派代表 5 人，苏俄各自治省每省选派代表 1 人。民族苏维埃的全部人员须经苏维埃社会主义共和国联盟苏维埃代表大会批准。

宪法还规定，凡苏维埃社会主义共和国联盟政治生活与经济生活的一般规范以及对苏维埃社会主义共和国联盟各国家机关的现有实际活动有根本变动的一切法令及决定，必须呈请苏维埃社会主义共和国联盟中央执行委员会审查和批准。而且中央执行委员会所颁布的一切法令、决定及指令，在苏维埃社会主义共和国联盟全境均须直接执行。不仅如此，苏维埃社会主义共和国联盟中央执行委员会还有权停止或废除苏维埃社会主义共和国联盟中央执行委员会主席团、各加盟共和国苏维埃代表大会以及中央执行委员会以及苏维埃社会主义共和国联盟境内其他权力机构的法令、决定及指令。

---

① 1924 年的苏联宪法规定，民族院由"每一加盟及自治社会主义共和国选派代表 5 人，苏俄各自治省每省选派代表 1 人"组成。1936 年宪法对代表人数做了调整，规定"每一加盟共和国选举代表 25 名，每一自治共和国选举代表 11 名，每一自治州选举代表 5 名，每一民族州选举代表 1 名"。1977 年的宪法则将加盟共和国的代表人数调整为 32 人。

　　宪法对加盟共和国的权力也做出明确规定，宪法第三条指出，加盟共和国的主权，仅受本宪法所定范围和联盟所属职权的限制。在此范围之外，各加盟共和国独立行使自己的国家权力。但宪法又规定，苏维埃社会主义共和国联盟中央执行委员会主席团有权停止及废除苏维埃社会主义共和国联盟人民委员会与各人民委员会以及各加盟共和国中央执行委员会与人民委员会的决定。

　　从 1925 到 1936 年间，中亚地区的五个加盟共和国——哈萨克苏维埃社会主义共和国（1925 年）、乌兹别克苏维埃社会主义共和国（1925 年）、土库曼苏维埃社会主义共和国（1925 年）、塔吉克苏维埃社会主义共和国（1929 年）和吉尔吉斯苏维埃社会主义共和国（1936 年）——在苏联苏维埃中央下先后成立。在新的形势下，以斯大林为首的苏联领导层认为，有必要制定一部新宪法，以反映社会主义制度在苏联基本建成这一事实。于是在 1935 年的联共（布）中央二月全会上通过了修改苏联宪法的建议。1936 年 12 月 25 日，《苏联社会主义共和国联盟宪法（根本法）》获得通过，这部宪法也被称做"斯大林宪法"。

　　1936 年的苏联宪法对 1924 年的宪法做出了重大调整，宪法规定，苏联是工农社会主义国家。苏联的政治基础，是由推翻地主和资本家的政权并建立无产阶级专政而成长和巩固起来的劳动者代表苏维埃。苏联的一切权力属于城乡劳动者，由各级劳动者代表苏维埃行使。苏联是由各平等的加盟共和国联合组成的联盟国家，有全联盟的国家权力机关和国家管理机关，有全联盟的法律、国民经济和国籍。

　　苏联各级国家权力机关为：苏联最高苏维埃，加盟共和国最高苏维埃，自治共和国最高苏维埃，边疆区、州、自治州、市、区、村劳动者代表苏维埃。苏联最高苏维埃由联盟院和民族院组成，每届任期 4 年，每年召开两次会议。休会期间，由其常设机构苏联最高苏维埃主席团行使其职权。苏联最高苏维埃主席团由主席 1 人、副主席 15 人（即每一个加盟共和国 1 人）、主席团秘书 1 人和委员 16 人组成。

　　1936 年宪法与 1924 年宪法相比最大的变化在于：一是对国家的性质进行了重新界定，一改 1924 年宪法对联盟国家国际主义性质和国际主义使命的判断，明确规定苏联是社会主义制度国家。二是对最高苏维埃的任期进行了规定；三是增加了加盟共和国的权利。宪法规定，各加盟共和国独立行使全联盟职权范围外的国家权力，其主权受联盟保护；各加盟共和国可制定与苏联宪法相适应的宪法，有权自由退出联盟；有权与外国发生直接关系，缔结协定，互换外交代表与领事，甚至编制共和国的军队。宪法在上述各方面的修订符合形势发展需要，也符合苏联的现实。但如果深入研究 1936 年宪法，就会发现，苏联最高执行及号令机关仍是人民委员会（1946 年改称为"苏联部长会议"），联盟中央和加盟共和国的权力划分并没有实质性变化。

"1936 年宪法的制定和通过，正值苏联党内斯大林个人迷信发展到极盛时期。它的颁布与实施，没有也不可能使苏联的政治生活转向真正意义上的社会主义民主与法制。高度集权的政治、经济和社会管理体制被推向极端，不仅导致各加盟共和国的'主权'严重缺失，同时还使地方政权的主动性日益萎缩"。①

1977 年 10 月 7 日苏联第九届最高苏维埃非常第七次会议通过了苏联的第四部宪法。这部宪法由勃列日涅夫亲任宪法委员会主席修订完成，被称为"勃列日涅夫宪法"。该宪法的最大特点：一是全面体现了勃列日涅夫的发达社会主义理论。宪法指出，苏联已经建成发达的社会主义社会。它越来越充分地显示出新制度的创造力和社会主义生活方式的优越性，劳动人民越来越广泛地享有伟大革命胜利的果实。这个社会已经建立起强大的生产力、先进的科学和文化，人民的福利不断提高，为人类的全面发展创造了越来越有利的条件。发达的社会主义社会是通往共产主义道路上的一个合乎规律的阶段。"发达的社会主义社会理论"自此蜚声海内外。二是强调苏联人民的思想。"这个社会有成熟的社会关系，在一切阶级和社会阶层接近、一切民族在法律上和实际上平等、它们兄弟合作的基础上，产生了人们的新的历史性共同体——苏联人民。"② 三是反映了这一时期苏联共产党的地位与作用。宪法第六条指出，苏联共产党是苏联社会的领导力量和指导力量，是苏联社会政治制度以及国家和社会组织的核心。苏共为人民而存在，并为人民服务。苏维埃国家已经完成无产阶级专政的任务，它已成为全民的国家。苏联共产党——全体人民的先锋队的领导作用增强了。用马克思列宁主义学说武装起来的苏联共产党规定社会发展的总的前景，规定苏联的内外政策路线，领导苏联人民进行伟大的创造性活动，使苏联人民争取共产主义胜利的斗争具有计划性，并有科学根据。各级党组织都在苏联宪法范围内进行活动。与此同时，宪法强调了对 1918

① 任允正、于洪君：《独联体国家宪法比较研究》，中国社会科学出版社 2001 年版，第 26 页。
② 中国社会科学院苏联东欧研究所、国家民族事务委员会政策研究室编译：《苏联民族问题文献选编》，社会科学文献出版社 1987 年版，第 376 页。

年第一个苏维埃宪法、1924 年苏联宪法和 1936 年苏联宪法的思想和原则的继承性。

综上可见，苏联自成立之日起，苏维埃代表大会就是最高的权力机关，联盟中央执行委员会作为执行机构，掌管联盟的全部权力，从行政权、立法权到司法权，宪法明确规定，呈请苏维埃社会主义共和国联盟中央执行委员会审查的法案，须经联盟苏维埃与民族苏维埃通过，并以苏维埃社会主义共和国联盟中央执行委员会名义公布时，始具法律效力。宪法中虽然规定加盟共和国可以独立行使自己的国家权力，但这些权力仅限于当联盟国家规定了国民经济、国民教育、国民保健的一般原则、计划、措施，制定了各方面的立法纲要后，各加盟共和国可自行处理具体的经济、社会文化事务和立法工作。而苏维埃社会主义共和国联盟最高权力机关的职权在宪法中已做出明确规定，包括：在国际往来中代表联盟掌握一切外交往来与外国缔结政治的及其他的条约的权力；变更联盟的疆界，调整关于各加盟共和国之间疆界变更的问题的权力；缔结关于接受新共和国加入联盟的盟约的权力；宣战及媾和的权力；批准国际条约的权力；组织和领导苏维埃社会主义共和国联盟的武装力量的权力；批准包括各加盟共和国预算在内的苏维埃社会主义共和国联盟的统一国家预算；规定全联盟的税收以及其中列入各加盟共和国预算的增减部分；批准列入各加盟共和国预算的补充税收的权力；规定法院组织、诉讼程序以及联盟的民事及刑事立法原则的权力；废除各加盟共和国苏维埃代表大会及中央执行委员会与本宪法相抵触的各项决定的权力等；由此，苏维埃联盟中央和各加盟共和国的权力分配可见一斑，苏联集权主义的政治体制也得以清晰呈现。

在苏联建国近 70 年的历史中，作为加盟共和国，中亚各国始终奉行的是高度集权的政治体制，按照苏联宪法的规定，中亚各加盟共和国的代表与其他各民族的代表一起在苏联最高国家权力机关平等地参与国家的管理，但加盟共和国处于苏联最高国家权力机关的绝对管理之下。无论是1924 年宪法、1936 年宪法还是 1977 年宪法，集权思想都十分明显。

中亚五国独立后，在否定苏联政治体制的同时，迅速实现了国家政治体制的转型。"独立之初，中亚各国广泛兴起了信奉西方民主制度的运动。各国独立宪法都规定建立民主法治国家，实行政教分离，禁止以宗教为基础建立政党，按世俗原则建立政治体制。"① 从 1992 年起，各国陆续颁布

---

① 张新平：《中亚五国政治转轨的特征》，载《甘肃社会科学》1999 年第 3 期。

新的宪法①，在宪法的第一篇中对国体和政体的性质都做了明确的规定：国体为共和国制，政体为总统制。第一条都写到要建立主权、民主、法制、世俗的民主共和国，只是具体内容有差别：乌兹别克斯坦宪法（1991年）第一条规定，乌兹别克斯坦是主权的民主共和国。土库曼斯坦宪法（1992年）的第一条规定，土库曼斯坦是民主、法治和世俗的国家，其国家政体通过总统制共和国的形式予以实现。吉尔吉斯斯坦宪法（1993年）的第一条规定，吉尔吉斯共和国（吉尔吉斯斯坦）是按照法治的世俗的国家方式建立的主权的、单一制的民主共和国。塔吉克斯坦宪法（1994年）第一条规定，塔吉克斯坦是主权、民主、法治、世俗和单一制国家。哈萨克斯坦宪法（1995年）第一条规定，哈萨克斯坦共和国确认自己是民主、世俗、法治和社会的国家。由此看来，总统制民主政体在中亚各国独立后已经通过国家基本大法的形式确立，具备了宪政合法性。

新宪法的颁布不仅是中亚各国民主政体宪政合法性的体现，而且从这些国家制宪本身来说，是其建立和发展民主政治体制的一个最重要的条件和标志。各国在新宪法中不仅明示了各国处于由极权主义向民主政治过渡的转型期，而且对宪法制度的基础，人与公民的权利、自由与义务，总统、国民议会、政府、法院和检察院等职责做了明确规定。从宪法条文的表述中可以看出，中亚五国实行的是总统制，对重大事情实行全民公决，国民议会选举是比例代表制，公民享有宪法范围内的权力、自由和义务。

新宪法的问世既是新独立国家政治、经济制度巨变的产物，也是社会全面转型的需要。制宪的目的就是要以基本法的形式确认和巩固变革成果，与苏联时期的制度彻底决裂，以新的价值观念来建设新国家。按照民主理论的要求，以宪法条文来衡量，中亚五国的民主制度是比较完善的，尤其是与转型之前相比，是革命性的进步。

2.2.3 权力分配原则在宪法中的体现

中亚国家确定的相互制衡的权力分配机制是民主国家宪政合法性的又一有力证明。各国独立后的新宪法都规定，国家权力建立在立法权、执行权、司法权三权分立的原则之上，三者相互制衡，互相协作。立法权由议

---

① 乌兹别克斯坦宪法为1991年12月8日通过，1993年12月28日修改。土库曼斯坦宪法为1992年5月18日通过，1995年12月27日修改和补充。1993年5月5日通过，1996年2月10日修改和补充。塔吉克斯坦宪法为1994年11月6日通过。哈萨克斯坦宪法1995年8月30日通过。

会行使，司法权由法院履行，执行权则属于由总统组建的内阁。

以吉尔吉斯斯坦宪法为例：吉尔吉斯斯坦宪法规定，国家权力分为立法、执行和司法三个分支，三个权力分支协调地行使职能并相互协作。最高会议——吉尔吉斯共和国议会是行使立法权的代表机关。最高会议由两院组成：由35名议员组成的立法会议为常设机构，并按照代表共和国全体居民利益的原则选举产生；由70名议员组成的人民代表会议以例会方式开展工作，并按照代表地区利益的原则选举产生。立法会议和人民代表会议的选举程序由宪法性法律规定。宪法规定：同一人不得同时成为立法会议议员和人民代表会议议员。立法会议议员和人民代表会议议员不得同时成为地方议会议员。立法会议议员不得担任其他国家职务，从事企业活动。人民代表会议议员不得同时担任政府成员、检察官和法官职务，亦不得担任法律所规定的其他国家职务。担任国家职务的人民代表会议议员可不经相关机构同意而解除其职务。立法会议和人民代表会议的权限是按宪法规定的程序对吉尔吉斯斯坦共和国宪法进行修改和补充，通过吉尔吉斯斯坦共和国的法律，对宪法和该院通过的法律做出正式解释，根据吉尔吉斯斯坦共和国总统的推荐，选举吉尔吉斯斯坦共和国宪法法院院长、副院长和吉尔吉斯斯坦共和国宪法法院法官；解决按照本宪法规定的情况和程序免除上述人员职务的问题。人民代表会议的权限是对立法会议权限的补充。立法会议和人民代表会议议员有权质询执行权力机关及其官员，执行权力机关及其官员必须在10日内予以答复。宪法规定，吉尔吉斯斯坦共和国政府是国家执行权力的最高机关，政府总理经人民代表会议同意由总统任命。共和国的审判权职能由法院执行，宪法法院法官由人民代表会议根据吉尔吉斯斯坦共和国总统的推荐选举产生，最高法院法官和高等仲裁法院法官由人民代表会议根据总统推荐选举产生。地方法院法官由总统任命。最高法院是民事、刑事和行政诉讼的最高司法权力机关。宪法对立法、执行、司法等权力都进行了明确的界定，三者之间相互制衡，反映出民主社会对权力分配的要求与主张，与苏联时期中央高度集权体制有本质不同。

中亚各国议会制度的实行既是民主制的标志，也是宪政合法性的集中体现。列宁对现代议会制度给予很高的评价，他指出："如果没有代议机构，那我们就很难想象什么是民主，即使是无产阶级民主。"① 在列宁看来，无产阶级专政国家采用代议制作为新型民主形式既有可能性，又有必

---

① 《列宁选集》第3卷，人民出版社1972年版，第211页。

要性。正是基于这一思想，十月革命胜利后，苏维埃俄国实行了议行合一的政治制度。1924 年苏联宪法正式确认了具有苏维埃民族联邦国家特征的议会制度。宪法规定，苏维埃代表大会被确定为全联盟的最高权力机关。大会闭幕期间，联盟苏维埃和民族苏维埃共同组成苏联中央执行委员会，成为联盟的最高权力机关。联盟中央执委会闭幕期间，其主席团则为联盟权力的最高立法、执行及指挥机关。苏联的议会制度有别于西方的国家议会体制。在这种体制之下，苏联各加盟共和国苏维埃代表大会是其境内的最高权力机关，大会闭幕期间，中央执行委员会行使代表大会全部职权。

从宪法规范来看，苏联的议会制度属于议行合一体制。最高苏维埃主席团主席实际上处于国家元首的地位。由于斯大林执政时期的高度集权，使得苏联国家管理的最高权力逐步转移到中央政治局，转移到斯大林个人手中，而最高苏维埃的地位和作用在下降，由全联盟最高的权力机关演变为将党的领导者的意志变为具有强制力的国家意志的工具。1990 年，戈尔巴乔夫对苏联宪法制度进行改革，废除了苏共在国家政治生活中的垄断地位，但却未能还政于最高苏维埃，而是由昔日的政治局转移到了总统府，实际权力控制在总统手中。针对最高苏维埃地位不明、权责不清的现状和俄罗斯的宪政危机，俄罗斯总统叶利钦强力推进宪法改革，提出废除人民代表大会和最高苏维埃体制、建立两院制的新议会的构想，使俄罗斯联邦人民代表大会和最高苏维埃最终消失在 1993 年俄罗斯 "10 月事件" 的战火硝烟之中。

在独联体国家中，建国初期的议会体制都或多或少地保留了苏维埃式的议会制度，尤其以中亚各国更为明显。哈萨克斯坦共和国独立之初，最高苏维埃一直是宪法意义上的国家最高权力机关。在 1993 年 1 月哈萨克斯坦通过的新宪法中明确规定，最高苏维埃任期 5 年，今后仍然是哈萨克斯坦共和国 "唯一立法权力和最高代表机关"。它不仅有权通过、修改和补充宪法，决定全民公决，解决宣战与媾和等一系列重大政治问题，而且有权选举和解除国家所有高级法官职务。有权任命国家总检察长、国家银行行长及其董事会全部董事。国家总统任命的官员，从总理、副总理、外交部长、国防部长、财政部长、内政部长、国家安全委员会主席到驻外机构首脑，全部需由最高苏维埃批准。

最高苏维埃作为最高权力机关的议会体制本来就是苏联时期特殊体制的特殊议会制度，中亚各国独立后，最高苏维埃议会制度的存续与西方式总统制民主政体的实行纠结在一起，引起总统的不满。各国总统纷纷效仿俄罗斯的宪法改革，在俄罗斯"10月事件"之后，闻风而动。哈萨克斯坦率先宣布实行议会职业化，并于1994年3月举行了独立以来的首次多党制议会选举。新议会由177名职业议员组成，按常设制原则开展工作。但因新议会仍称为最高苏维埃，且权力范围相当广泛，议会与执行权力的关系矛盾丛生，引发总统的不满。1995年3月，哈萨克共和国宪法法院判定1994年议会选举无效，纳扎尔巴耶夫断然宣布解散议会。1995年8月，哈萨克斯坦通过了独立以来的第二部宪法。该《宪法》第四十九条明确规定："哈萨克斯坦共和国议会是行使立法职能的共和国最高代议机关。议会职权期限为4年①。议会的组织和活动，议员的权利、地位由宪法性法律规定。"《宪法》第五十条规定："议会由按常设原则运行的上下两院（参议院和马日利斯）组成。"② 1995年哈萨克宪法对新议会制度的法律界定，宣告哈萨克斯坦最终告别了苏维埃议会体制，具备了充分的宪政合法性。

中亚其他国家同样实行了议会制度的宪法改革。吉尔吉斯斯坦的情况与哈萨克斯坦有相似之处。在吉尔吉斯斯坦独立的最初3年中，一直延续苏联时期的最高苏维埃议会体制。1994年，吉尔吉斯斯坦以全民公决的形式支持共和国议会实行两院制改革。1995年2月，吉尔吉斯斯坦两院制新议会被选举产生。

塔吉克斯坦情况比较特殊。因内战持续以及反对派势力强大，塔吉克斯坦独立的最初几年，在总统制和议会制之间徘徊。直至新宪法通过，总统制重新实行，一院制议会制度才得以确立。

在中亚国家中，最早放弃苏维埃式议会体制的国家是土库曼斯坦，议会模式最特殊的国家也是土库曼斯坦。土库曼斯坦的议会体制在独联体内可谓绝无仅有。既非塔吉克斯坦实行的一院制，也非哈萨克斯坦、吉尔吉斯斯坦等国的两院制。土库曼斯坦的宪法将国家代表权力和立法权力一分为二。《宪法》第一条规定："土库曼斯坦是民主、法治和世俗的国家，其国家体制通过总统制共和国的形式予以实现。"《宪法》第四条、四十五条、四十六条、六十二条规定："国家建立在权力划分为立法权、执行权及司法权的原则之上，它们独立行为，相互制衡。""土库曼斯坦人民委员会是人民权力的最高代表机关。""土库曼总统、议会、最高法院、高等

---

① 根据1998年10月哈萨克斯坦全民公决结果，议会上院任期改为6年，下院任期改为5年。

② 任允正、于洪君：《独联体国家宪法比较研究》，中国社会科学出版社2001年版，第591页；马日利斯为"议会下院"的音译。

经济法院、内阁在土库曼斯坦实行最高国家权力管理。""议会是土库曼斯坦的立法机关。"① 从土库曼斯坦的宪法总结土库曼斯坦议会制度的特点就是：国家权力最高机关为总统直接领导的人民委员会，另外设有一个小型议会，称作国民议会。

综上所述，中亚各国的议会构成形式有所不同：哈萨克斯坦和吉尔吉斯斯坦实行的是两院制；塔吉克斯坦实行的是一院制；乌兹别克斯坦建国之初实行的是一院制，从 2005 年开始实行议会两院制；土库曼斯坦既非一院制又非两院制，而是具有特殊议会体制的国家。

无论是两院制，还是一院制，抑或土库曼斯坦特有的议会体制，不可否认的是，中亚各国的新宪法提高了加盟共和国时期的最高苏维埃在政治体制中的地位，将其变成了西方式的议会，成为行使立法职能的共和国最高代议机关。作为立法机构，最高议会有权确定共和国总统的选举；有权颁布法律或根据总统的建议按宪法规定的程序对共和国宪法和法律进行修改和补充；有权批准总统关于任命和解除内阁总理、内阁人员及共和国其他高级官员的命令；有权批准和废除共和国缔结的国际条约；有权批准共和国总统关于实施紧急状态的决议，决定战争与和平问题；有权对国家政治生活和经济生活的各种重大问题实施立法调节，确立所有制关系；有权审议并批准共和国社会经济纲领和国家预算、计划及其执行情况的总结报告，对预算进行修改和补充。

中亚各个共和国的司法权由法院系统履行。共和国的司法系统包括共和国法院、检察院和仲裁院。一般的司法权属于共和国最高法院和仲裁院，而共和国宪法法院则掌握维护宪法的司法权力。法官和检察官在行使其职权时独立于其他国家机关、官员，只服从宪法和法律。

为保证三权分立原则中相互制衡机制的有效执行，各国宪法对立法、执行、司法部门的权力行使人进行严格限制。宪法规定：总统无权成为代议机关议员，议员无权成为其他代议机构的代表，法官和检察官不得担任其他职务，不得成为代表机关的代表、政党和团体的成员。上述人员除教学、科研和其他创作活动外，皆不得担任其他任何有酬职务，不得从事经营活动，不得进入商业组织的领导和监督机构。至此，三权分立的制衡机制在中亚各国宪法中得以完善。

---

① 任允正、于洪君：《独联体国家宪法比较研究》，中国社会科学出版社 2001 年版，第338、339、345、348 页。

2.3　从计划到市场的制度安排与破坏性震荡

中亚五国的独立是必然中的偶然，具有明显的突发性。这种突发性在经济领域表现得尤为突出。中亚各国于 19 世纪中叶由封建宗法制汗国沦为沙皇俄国的殖民地，在半个多世纪的殖民地历史中，中亚地区的经济打下了深深的殖民烙印。20 世纪 20～30 年代，各加盟共和国先后加入苏联后，不仅原有殖民经济结构没有明显改善，进而又被苏联的计划经济体制禁锢了近 70 年。由此，缺乏独立性的单一经济结构、高度集中的指令性计划经济体制、市场经济传统的严重缺失等，统统成为中亚各国经济发展的标签。对于新独立的中亚各国而言，经济体制改革势在必行。经济体制的确立关涉到经济转轨目标和经济发展模式，更关涉到国家的稳定和政治民主化的发展。在众多的体制、模式中，从计划经济转向市场经济成为中亚各国的普遍选择。

2.3.1　经济发展模式选择与制度构建

中亚各国的经济体制改革始于苏联解体前夕，与苏联的经济体制改革同步。戈尔巴乔夫 1985 年就任苏联总统之后，尝试进行体制内的经济改革，实行"三自一全"① 政策。初期的改革在某种程度上起到了刺激经济增长的作用，使苏联经济出现了低速增长。但"三自一全"毕竟是在体制内的改革措施，无法解决苏联经济体制本身的严重问题。加之始于 1988 年的政治体制改革，因改革措施不力，国家出现政治混乱，增加了经济发展的阻力，导致经济出现停滞甚至下滑。1990 年，苏联经济出现负增长，引发了苏联历史上空前规模的大论战。论战的焦点就是苏联经济改革模式以及与此有密切关联的所有制、价格、竞争、对外开放等问题。论战的结果是政府认同了大多数人的观点：放弃计划经济模式，转向市场经济模式。1990 年 5 月，苏联政府做出了实质性的改革举措，提出了向可调节市场经济过渡的构想，并以国家政策的形式加以确立。1990 年 10 月苏联最

---

① "三自一全"是指戈尔巴乔夫推行的"自我补偿、自我拨款、自我管理和完全经济核算"政策。

高苏维埃通过的《向市场经济过渡的基本方针》和 1991 年 7 月通过的
《私有化法》，标志着禁锢苏联多年的计划经济模式被打破，苏联走向市场
经济模式的改革已经开始。

作为苏联的加盟共和国，中亚国家在经济体制改革过程中，与苏联同
命运、共进退。1990 年苏联经济出现负增长时，中亚各国经济同样经历了
负增长。因此，联盟中央的经济改革决定自然得到中亚各国的积极响应，
各加盟共和国的经济体制改革由此开始。"应当指出，苏联解体前提出的
向市场经济过渡和对国有资产实行非国有化和私有化等改革方向和改革措
施，为新独立的中亚国家的经济体制改革奠定了基础"，"中亚各国独立初
期的经济改革，大体上就是按照苏联解体前夕的改革方向进行的"。①

在否定了苏联时期的指令性计划经济体制，确定了向市场经济体制转
型的大方向之后，需要解决的最紧要的问题就是"怎么转"的问题。转型
不是一蹴而就的事情，需要一个发展过程，而转型过程的长短取决于是否
能够选择适合本国国情的发展模式和发展战略。"世界各国的经济体制千
差万别，但基本上可分为市场经济体制和非市场经济体制两类。"② 市场
经济体制又可以分为各种不同的类型，其中比较典型的是以美国为代表的
"自由市场经济"，以德国为代表的"社会市场经济"，以日本为代表的
"政府主导型市场经济"，以中国为代表的"社会主义市场经济"等等。
不同的市场经济类型表现出政府对经济的干预程度和干预手段的不同。借
鉴和选择何种经济类型，必须首先考虑到中亚各国的经济基础和基本
国情。

中亚各国实行经济转型的有利条件和不利条件是相辅相成的。中亚各
加盟共和国既是苏联计划经济体制的受益者，也是该体制的受害者。其受
益表现在沙俄时期原本十分落后的中亚得益于苏联的"拉平"政策，在计
划经济体制之下获得了跳跃式发展。按照苏联的"劳动分工"原则，中亚
各国不仅都有重点发展的产业，而且这些产业已经形成一定规模，并成为
各共和国的优势产业。这些优势产业的发展奠定了现代工业的基础，且为
独立后的中亚各国经济恢复、发展以及体制改革提供了有利条件。但从另
一方面来看，苏联中央政府在培育和发展中亚这些优势产业的同时，忽视
了其他产业的发展，造成中亚经济结构单一、对外依赖性过强，缺乏独立

---

① 李静杰总主编，赵常庆主编：《十年巨变——中亚和外高加索卷》，东方出版社 2003 年
版，第 176 页。

② 薛君度主编：《转轨中的中东欧》，人民出版社 2002 年版，第 103 页。

发展能力等致命的缺陷，成为中亚经济体制改革的先天障碍。

　　中亚各国清醒地意识到本国经济存在的依附性、落后性和危机性，因此在确定了向市场经济体制过渡的大方向后，主要是在自由市场经济和社会市场经济之间进行选择。自由市场经济与社会市场经济的区别在于：“自由市场经济以私有制为基础，最大限度地减少国家经济干预，实行居民社会保障市场化；而社会市场经济则以混合所有制为基础，保留较强的国家经济干预，国家重视居民社会保障。”① 对于长期在计划经济体制下从事生产和经营活动，习惯于由国家对整个社会生产过程进行全面干预的中亚加盟共和国领导者、企业负责人乃至企业员工而言，要实行美国式的自由市场经济，政府对经济实行最低程度的干预，思想和理念方面都无法接受，无疑会使本已陷入危机的经济出现更加混乱的局面，致使经济体制转轨无法进行。在经过了一段时间的彷徨之后，中亚各国都选择了以混合所有制为基础的社会市场经济模式，并在国家文件中明确阐述。哈萨克斯坦在建国大纲文件《主权国家哈萨克斯坦的形成与发展战略》中指出：“建立社会市场经济，它以竞争原则为基础，将各种所有制的形式（私有制和国有制）结合起来和相互作用，其中每一种所有制将在经济和社会相互关系总的体系中履行自己的职责。”而土库曼斯坦对社会市场经济的解读则体现在总统萨·阿·尼亚佐夫于 1994 年发表在土库曼斯坦的报纸《实业界》上的讲话《我们的选择——有特色的独立之路》中。尼亚佐夫在总结了过去几十年经济变革的失败原因后指出：“今天的土库曼斯坦实施的变革在于从经济上巩固国家的政治独立。而如果要谈正在形成的国家经济模式的主要内容，那么它是指建立在强有力的国家宏观经济调控下的、发达的、以社会为导向的混合型市场经济。”②

　　在确定了经济发展模式之后，中亚各国通过实行所有制改革、价格自由化和建立和完善市场经济基础等举措来实现由计划经济转向社会市场经济体制转轨的制度构建，并取得了良好的效果。

　　（1）所有制改革是中亚经济体制转轨的开端，是制度建设的核心。各国既将所有制改革作为经济体制改革的重要基础，又将其作为向市场经济转变的重要工具。乌兹别克斯坦总统指出：“解决所有制问题是建立市场一整套措施的基石。这个问题在走上市场改造道路的后社会主义国家中具

---

① 许新主编：《叶利钦时代的俄罗斯·经济卷》，人民出版社 2001 年版，第 7~8 页。
② ［土库曼］萨·阿·尼亚佐夫：《永久中立　世代安宁》，东方出版社 1996 年版，第 146 页。

有重要意义和紧迫性。这个问题的解决，会为新社会和新型经济关系的基础奠定第一块基石。"① 而吉尔吉斯斯坦则把所有制改革看作是对向市场化方向发展的经济进行结构改造的主要工具之一。所有制改革的实质是实行产权制度改革，这是迈向市场经济的第一步。所有制改革的内容包括国有资产的非国有化和私有化。如前所述，在中亚各国所有制改革过程中，呈现出一些共同的特点：一是"小私有化"进展比较顺利，"大私有化"则比较缓慢；二是在大型和超大型企业中，关系到国计民生的交通、邮电和工业（尤其是重工业）的非国有化和私有化程度要低于商业和服务业等其他行业；三是在非国有化和私有化两者之间，更重视私有化。

从市场经济的特点来看，私有化不仅是所有制改革的标志性指标，也是经济转轨的四大要素②之一。私有化涵盖的内容广泛，既包括内部私有化、外部私有化，也包括国有企业私有化；私有化的范畴既包括农业用地、工业资产，也包括住房和商用房地产；同时私有化还包括将国有企业置于真正的硬预算约束之前，国有企业的非垄断化以及促进私人部门发展等内容。私有化的目的是打破国有制的垄断、形成多种所有制经济成分，使经济自由化和非集中化，以提高经济效益。吉尔吉斯斯坦总统阿·阿卡耶夫非常赞赏的一句名言就是，"通往自由社会大门的钥匙只有三句话：第一，私有化；第二，私有化；第三，还是私有化"③。因此，在吉尔吉斯斯坦，"私有化计划是经济改革的最主要的优先方向之一"。而哈萨克斯坦在经济体制改革第二个阶段规定的所有制改革任务中，"与第一个纲领不同之处是，它在非国有化和私有化之间更重视私有化，更注重明晰产权关系"④。据哈萨克斯坦报刊称，该国于 1997 年底已经"完成了小私有化"。即使在国有化程度较高的土库曼斯坦，也提出要加快转向私有化，因为在土库曼斯坦总统萨·阿·尼亚佐夫看来，"向市场经济过渡的其他途径是没有的"⑤。土库曼斯坦不仅在庆祝建国三周年时提出了"开始大规模的工业企业私有化"的目标，而且在"新农村"政策中提出把土地转为私有。"每家拨给 50 公顷土地作为私有以利于经营"。其私有化计划

---

① ［乌兹别克］伊·卡里莫夫：《乌兹别克斯坦沿着社会经济改革的道路前进》，国际文化出版公司 1996 年版，第 22 页。

② 经济转轨的四大要素是：稳定化、自由化、私有化和制度化。

③ ［吉尔吉斯］阿·阿卡耶夫：《开诚布公的谈话》，秘闻出版社 1998 年俄文版，第 99 页。

④ 赵常庆编著：《列国志——哈萨克斯坦》，社会科学文献出版社 2004 年版，第 92 页。

⑤ ［土库曼］萨·阿·尼亚佐夫：《永久中立　世代安宁》，东方出版社 1996 年版，第 255 页。

也包括把小型国家企业出售给工商界人士。截止到 20 世纪末，经过 10 年的努力，中亚各国的所有制已经发生重大变化，私有制在经济部门中已占据优势。

（2）价格自由化是制度建设的重要组成部分，是经济转轨的关键所在。与中亚各国积极实行所有制改革的态度不同的是，在价格改革的时间和步骤上，出现较大的差别。总体看来，中亚各国的价格改革与经济转轨方式是正相关的关系。在实行休克疗法的哈萨克斯坦和吉尔吉斯斯坦，其价格改革是在完全缺乏必要准备的前提下的被动之举。两国皆因俄罗斯在采取"休克疗法"、全面放开消费品价格、生产资料价格和能源价格之后，出于保护本国市场的需要，被迫于 1992 年初放开了绝大部分商品的价格。在经历了价格暴涨、经济混乱等灾难性后果之后，价格自由化在痛苦中逐步完成。而在实行渐进式改革的乌兹别克斯坦和土库曼斯坦，"在选择放开物价的做法、策略和战略方面再具体不过地体现了经济转轨的一项原则：改革的渐进性和分阶段性"①。两国在价格改革上采取了谨慎的做法，分阶段地小步伐放开物价。为避免价格放开后，物价急剧上涨，人民生活水平下降，土库曼斯坦将物价的缰绳牢牢掌握在政府手中，在逐步放开价格的同时，实行强有力的社会保障措施。土库曼斯坦总统萨·阿·尼亚佐夫在《1996 年土库曼斯坦社会经济发展和深化市场经济纲要》中强调："经济和财政部门应该严格和坚决地控制住价格，在这个问题上不许自作主张。""转向市场经济影响了许多人的命运，但为了不使人民生活水平下降，我们采取了许多极其重要的措施。如免费提供水、电、天然气和食盐，以象征性的价格出售面粉，许可领取土地和进行耕作，不受限制地饲养家畜，并对此不征收任何税收，这也等于为没有社会动荡的改革保证了必要的条件。"② 政府通过行政手段限制消费品零售价格、规定商贸组织贸易额度的最高补贴、对某些商品规定最高盈利率等政策措施，限制了商业活动的空间，不利于市场经济的发展。但与此同时，也必须看到，在价格改革初期，政府"必要的有效的价格控制与市场经济改革并不完全背道而驰"，而且是非常必要的，是维持宏观经济稳定化、避免国家陷入混乱的有效措施。从中亚各国价格改革过程看，发挥市场的自然调节作用，并非政府刹那间完全放手不管，重要的是弱化政府对价格的调控。实践证

---

① ［乌兹别克］伊·卡里莫夫：《乌兹别克斯坦沿着社会经济改革的道路前进》，国际文化出版公司 1996 年版，前言第 11 页。

② ［土库曼］萨·阿·尼亚佐夫：《永久中立　世代安宁》，东方出版社 1996 年版，第 253 页。

明，尽管乌兹别克斯坦小步伐的价格改革政策与哈萨克斯坦和吉尔吉斯斯坦的价格改革方式不同，但都实现了价格自由化的目的。在解决了粮食和能源自给之后，1995 年乌兹别克斯坦逐步放开了包括粮食和能源在内的几乎所有商品的价格，取得了与哈、吉两国殊途同归的效果。最大的差别在于，乌兹别克斯坦付出的改革代价远远小于哈萨克斯坦和吉尔吉斯斯坦。

（3）市场经济基础的建立是中亚各国经济改革的重要目标，也是制度化的标志。其核心内容是要建立与市场经济相适应的法律基础和经济法制机制，包括完善的法律机制、税收机制、统计机制、货币—信贷—银行的监管机制等。

中亚五国的独立是在特定条件下发生的，缺乏作为独立主权国家向市场经济过渡的思想准备和法律准备。面对急剧恶化的经济形势和扑面而来的改革浪潮，各国不仅要在短时间内完成思想转变，挣脱、否定、抛弃苏联时期的计划经济观念，而且要树立市场经济理念，并将这一理念升华为指导国家经济体制改革的政策。与此同时，要建立市场经济的法律基础，为市场经济模式的构建提供法律保障。

客观而言，中亚各国在保障市场经济发展的法律法规建设方面是卓有成效、可圈可点的。各国充分认识到法律法规建设不仅是市场经济建立的基础，而且是向市场经济过渡的必要保证。"只有在具有坚实的法律基础的情况下，才能改造旧的衰朽的体制，建立文明的市场经济体制"[1]。因此，"这些国家从改革开始，就为体制转轨做了大量的法律准备，制定并颁布了各种法律法规，还以总统令的形式发布了不少法令"[2]。

中亚国家的经济法令可以分为几类：

第一类是关于国家独立和经济自主权方面的法律法规。这类法律法规大都在国家独立初期颁布，为后来的经济体制改革奠定了基础。如哈萨克斯坦的《土地改革法》、《租赁法》、《外商投资法》，乌兹别克斯坦的《独立基础法》、《矿藏法》、《共和国地方政权机构法》，土库曼斯坦的《企业法》、《居民就业法》等等。

第二类是紧密围绕所有制关系和实行价格自由化等改革重点的法律法规。这类法律在各国具有普遍相似性。各国都颁布了《所有制法》、《非

---

① ［乌兹别克］伊·卡里莫夫：《乌兹别克斯坦沿着社会经济改革的道路前进》，国际文化出版公司 1996 年版，第 11 页。

② 李静杰总主编，赵常庆主编：《十年巨变——中亚和外高加索卷》，东方出版社 2003 年版，第 207 页。

国有化与私有化法》和《关于价格自由化措施的总统令》等。由于各国在实行所有制和价格自由化改革方面的时间、步骤、方式不同，因此，在法律法规的规定上也存在一些差别。在实行"休克疗法"的哈萨克斯坦，有关所有制改革的法律和配套法规鱼贯而出。单就所有制改革而言，哈萨克斯坦就出台了多项法律和配套法规。如《国有资产非国有化和私有化法》、《关于加速物质生产部门资产非国有化和私有化工作措施的总统令》、《关于农工综合体国营农业、采购、加工和服务性企业资产私有化补充措施的总统令》、《关于加速国有住房私有化和保障非国有化和私有化进程措施的总统令》、《保护和支持个体经营法》、《对〈哈萨克斯坦共和国所有制法〉的修改与补充法》等。为适应所有制改革不同阶段的需要，哈萨克斯坦还于1991年9月、1993年3月和1996年6月先后制定了三个《非国有化和私有化纲领》，以适应经济改革第一、第二、第三阶段的需要。每一个阶段的《非国有化和私有化纲领》都有各自的重点，对私有化的进程和具体任务都做了详细的规定。哈萨克斯坦有关所有制多元化的原则已经写进1995年的哈萨克斯坦宪法中。在哈萨克斯坦宪法的第6条规定，"承认国有制和私有制，并同时保护它们"，"土地、矿藏、水资源、植物界和动物界以及其他自然资源均系国家财产"，同时又规定，"在法律规定的原则、程序和范围内，土地也可以私有"。

第三类是规范市场经济服务的法规。这类法规涉及经济活动的方方面面。如哈萨克斯坦颁布的《关于对外经济活动自由化的总统令》、《关于商品交易的总统令》、《关于建立有价证券市场的总统令》、《关于保险法的总统令》、《银行和银行活动法》、《外国投资法》、《破产法》等。与哈萨克斯坦相比，乌兹别克斯坦在规范市场经济服务方面颁布的法规更加全面。有《乌兹别克斯坦共和国企业法》、《乌兹别克斯坦共和国农业经济法》、《乌兹别克斯坦共和国股份公司和社团经济法》、《乌兹别克斯坦共和国银行与银行活动法》、《乌兹别克斯坦共和国货币体制法》、《乌兹别克斯坦共和国经营法》、《乌兹别克斯坦共和国保险法》、《乌兹别克斯坦共和国交易所和交易活动法》、《乌兹别克斯坦共和国审计活动法》、《乌兹别克斯坦共和国有价证券与证券交易所法》等。

土库曼斯坦除了与上述两国相似的法律条文外，还颁布了《关于放开物价和调整价格的总统令》、《土库曼斯坦资源法》（1992年12月）、《土库曼斯坦增值税法》（1995年12月）、《土库曼斯坦油气资源法》和《土库曼斯坦石油法》（1997年3月），有关油气资源的法律的颁布具有极为重要的意义。

吉尔吉斯斯坦的法律条例也很周全。除了国有化和私有化法令、破产法等法令外，还颁布了《对物价政策作重要变革的总统令》（1992 年）、《吉尔吉斯共和国企业改造与发展基金条例》（1995 年）、《建立投资金融公司总统令》（1995 年）、《进一步发展农业改革总统令》（1995 年）、《制定 2005 年吉尔吉斯斯坦经济发展战略总统令》（1995 年）等。

上述各类法律法规的颁布，不仅使所有制多元化、价格自由化有了法律保障，而且以法律为基础建立健全了金融体制、货币体制、外贸体制、农业体制和各类监管机制，为各国实行社会市场经济体制奠定了较为坚实的基础。

2.3.2 转轨政策的制定与实施

中亚国家从计划经济向市场经济的过渡，与俄罗斯和中东欧国家不同。深处亚洲内陆、远离欧洲的中亚国家，并没有明显的可参照模式，在遵循和借鉴已有的发达国家的历史经验的基础上，更多的是自主选择，或者说是在没有外援和指导的情况下自谋出路。延续苏联后期经济市场化改革的基本方向，中亚国家启动了经济体制改革的进程。尽管中亚各国都选择了建立可调节的社会市场经济发展模式，但经济转轨方式仍然有所不同，哈萨克斯坦和吉尔吉斯斯坦实行的是"休克疗法"的激进方式，而乌兹别克斯坦、塔吉克斯坦和土库曼斯坦则采取了渐进方式。

哈萨克斯坦的经济转轨是在纳扎尔巴耶夫总统的主导和指挥下进行的。他最初给国家经济改革确定的是一条循序渐进的发展道路，他认为，"市场经济成功的和稳定的发展，客观上必然有一定阶段，这是客观规律。社会经济发展不能超越阶段，要走循序渐进发展道路"。[①] 但是，哈萨克斯坦具体实施的转轨政策却带有明显的激进性，因此，尽管哈官方没有明确提出采取"休克疗法"，但一般都认为它实际上实行的是与俄罗斯大体一样的"休克疗法"的激进式转轨，其目标是迅速建立一套完整的市场经济体制。总统纳扎尔巴耶夫为哈萨克斯坦提出的发展计划是在 15 年之内跻身于世界发达国家之列。为此，哈萨克斯坦加大了改革力度。在产权的

---

① 李静杰总主编、赵常庆主编：《十年巨变——中亚和外高加索卷》，中共党史出版社 2004 年版，第 131 页。

非国有化和私有化方面，哈萨克斯坦在通过分阶段实施的《非国有化和私有化纲要》，分别对小企业、大中企业进行了私有化。截至 1999 年哈萨克斯坦私有制企业的数量占企业总数量的比重已经超过 80%，私有部门的产值占国内生产总值的比重也已经超过了 50%。[①] 价格自由化方面，1992 年 1 月，哈萨克斯坦一次性大幅度放开物价，到 1994～1995 年，又进一步放开了能源和粮食价格，这意味着几乎所有商品的价格已经全部放开，从而完成了经济自由化的最重要步骤，即实现了资源配置方式由计划到市场的根本性改变。贸易方面，哈萨克斯坦独立后即对国家外贸体制进行了彻底改革，创建了本国的对外经贸机构，解除了国家（政府）对贸易的垄断，着手建立开放型的对外经贸体制，特别是实行对外贸易自由化，允许多种所有制成分和地方政府从事对外经贸活动。政府创办了合资企业并兴建自由经济区，以促进对外贸易的发展。到 1993 年，哈萨克斯坦与外国合办的合资企业的数量已经达到 11000 家，这些合资企业分别来自 44 个国家和地区。金融方面，哈萨克斯坦于 1993 年 11 月发行了本国货币——坚戈，在财政金融体制方面，哈萨克斯坦坚定地选择了市场导向，采取了紧缩银根的政策，同时确保坚戈的可自由兑换。1994 年 4 月，哈萨克斯坦政府进一步采取了浮动汇率制。总体看，哈政府是把稳定经济、控制通货膨胀和建立市场作为了经济改革的主要目标。与此同时，哈萨克斯坦也确定了经济发展的优先和主导部门，首先是能源部门，以石油、天然气为主的能源工业成为哈优先发展的重点，并逐步建立能源出口导向型经济。其次是有色和黑色金属的采掘及加工制造等。此外，哈萨克斯坦也加紧发展轻工业、食品工业等与居民消费息息相关的产业，以此实现经济稳定和完善经济结构。

吉尔吉斯斯坦在独立后决定走一条非资本主义也非社会主义的"第三条道路"，这条道路应是融合了资本主义的"大市场经济"和社会主义的优越性，如社会保障、社会公正以及对低收入群体的社会保护等。在具体实施经济转轨时，吉尔吉斯斯坦则根据具体经济形势和条件采取了激进的改革方式，将市场经济体制改革主要集中在产业结构调整、实行私有化和非国有化、放开物价等方面。

吉尔吉斯斯坦在苏联时期的产业分配结构中主要负责生产畜牧业和开

[①]　陈江生：《中亚的转轨：哈萨克斯坦的经济变革与发展》，载《中共石家庄市委党校学报》2007 年第 9 卷第 1 期。

采有色金属，为全苏提供工业原材料。与原苏联各加盟共和国一样，吉尔吉斯斯坦并没有形成完善的国民经济体系，生产结构畸形单一，除有色金属之外的其他生产资料和消费资料都靠俄罗斯提供，因而，在苏联解体、经互会解散之后，吉尔吉斯斯坦的经济同样遭受严重破坏。1991年，为了尽快建立起经济增长的动力，吉尔吉斯斯坦采取了激进式的转轨方式，旨在迅速建立市场经济条件和环境，希望在最短时间内通过发展私有经济和吸引外资进入来弥补经济的结构性短缺。吉尔吉斯斯坦的经济转轨是从大规模私有化入手的，把所有制改革看做是"对市场化方向发展的经济进行结构改革的主要工具之一"，[①] 因此，私有化成为吉尔吉斯斯坦经济改革的最优先方向之一。根据《私有化法》、《非国有化、私有化和企业主活动法》以及《关于加速国家和公共财产非国有化和私有化的紧急措施的命令》等一系列法令，吉尔吉斯斯坦的私有化进程分三个阶段展开：第一阶段，对国营农牧业企业进行私有化，主要是租赁承包，建立私人农场和农村小企业；第二阶段，国有住宅私有化和小私有化；第三阶段，对大中型企业进行非国有化和私有化。截至1999年，吉尔吉斯斯坦的企业总数中非国有企业的占比已经达到96.7%，在工业产值中，私营经济的占比达83%。[②] 价格自由化方面，吉尔吉斯斯坦在1992年1月3日决定放开生产技术型产品、民用消费品、工程和劳务的价格，同时，对农产品的收购也采用自由市场价格。1993年吉尔吉斯斯坦退出卢布区，并发行了自己的货币——索姆。贸易方面，吉尔吉斯斯坦独立后努力发展过境贸易，特别是加强与俄罗斯的经贸联系，其次为哈萨克斯坦和乌兹别克斯坦。与此同时，吉尔吉斯斯坦也积极寻求外国特别是国际金融组织的资金援助。从1992年起，吉政府开始同外国和国际货币基金组织签署一系列贷款协议，截至2000年11月，吉政府签署的外国贷款总额接近19亿美元。吉尔吉斯斯坦独立后即确定了对外贸易战略的原则，建立对外经贸联系，同时，努力发展与国际经济组织的关系，1998年12月20日成功加入世界贸易组织，是独联体国家中第一个加入该组织的国家。

---

① ［吉尔吉斯］阿·阿卡耶夫：《开诚布公的谈话》，秘闻出版社1998年俄文版，第99页。转引自李静杰总主编、赵常庆主编：《十年巨变——中亚和外高加索卷》，中共党史出版社2004年版，第156页。

② 吉尔吉斯斯坦统计局编：《吉尔吉斯斯坦数字》，比什凯克2000年俄文版，第63页。转引自陈江生、李沛霖：《中亚的转轨：吉尔吉斯斯坦》，载《中共石家庄市委党校学报》2007年第9卷第3期。

　　乌兹别克斯坦在经济转轨初期就确定了"不是以激进的方式，不是通过革命性的破坏途径，而是坚定不移地以渐进的方式走向市场经济"的改革路线，采取了分阶段向市场经济过渡的策略。独立后乌兹别克斯坦随即颁布了《所有制法》、《企业法》、《企业主活动法》和《非国有化和私有化法》。根据这些法律，1991～1992 年，乌兹别克斯坦对 2000 多家国有企业进行了股份制改造或者是私有化。到 1995 年上半年，已有 4.5 万家企业完成了非国有化改造，建立了 3095 家股份公司。1995 年 7 月起，乌兹别克斯坦政府开始鼓励民间成立中小企业，设立了"商业基金"支持中小型私人企业，以此加快了私有化的步伐。① 截至 1999 年底，乌兹别克斯坦非国有制企业数量已占企业总数的 88.8%，非国有经济成分的产值占国内生产总值的比重为 65.6%。需强调的是，乌兹别克斯坦在独立初期没有对土地进行私有化。在价格自由化方面，乌兹别克斯坦采取了明显的渐进式转轨，从 1992 年 1 月开始分阶段、逐步放开价格，至 1994 年仍然还保留着对粮食、面粉、住房、公共设施、城市公共交通收费的国家补贴。② 贸易方面，乌兹别克斯坦在苏联时期拥有良好的对外贸易基础，曾是苏联时期出口产品的重要生产基地之一。除了棉花、蚕丝、棉籽油、黄油、亚麻等，还包括成套植棉和纺织机械产品的出口。独立后，乌兹别克斯坦努力建立新的对外经贸关系，特别是发展与独联体以外国家的经贸关系，其贸易对象国迅速增加，其中包括欧盟国家、匈牙利、波兰、中国、土耳其、美国和日本等。此外，乌兹别克斯坦还大力发展合资企业，1994 年有 600 多家，1999 年达到 1910 家，这些合资企业的外方来自 40 多个国家。与此同时，乌兹别克斯坦确定了以进口替代型经济为主、以资源出口为辅的发展战略。

　　土库曼斯坦采取了渐进的方式向市场经济转轨。在该国总统尼亚佐夫确定的经济改革的指导思想和理论中，经济改革应以政治稳定为前提，而且在向市场经济过渡期间应实行强有力的国家政权监督和民主；坚持从本国国情出发确定自己的发展模式，而不是用西方国家经典的民主方式和药方来确定国家发展模式等。"不匆忙行事"是改革的基本原则，正如该国

　　① 陈江生：《中亚的转轨：乌兹别克斯坦的经济变革与发展》，载《中共石家庄市委党校学报》2006 年第 8 卷第 10 期。

　　② ［乌兹别克］伊·卡里莫夫：《乌兹别克斯坦沿着深化经济改革的道路前进》，国际文化出版公司 1996 年版，前言第 10、11 页。转引自李静杰总主编、赵常庆主编：《十年巨变——中亚和外高加索卷》，中共党史出版社 2004 年版，第 159 页。

总统尼亚佐夫所言:"国家将把私有化和物价的缰绳掌握在自己手中,不慌不忙地、分阶段地推行改革。"① 具体地,私有化方面,土库曼斯坦自1992年初起陆续颁布了《国有财产非国有化和私有化法令》、《企业法》、《破产法》、《商品交易法》等法律,规定了非国有化和私有化的方向。总体看,土库曼斯坦的私有化进程比其他中亚国家慢,直至1998年底,在4300家有资格私有化的企业中,仅有1948家完成了私有化。价格方面,土库曼斯坦于1992年开始价格体制改革,放开了70%左右的商品价格。1993年底,土库曼斯坦发行了本国货币马纳特,同时退出卢布区。贸易方面,土库曼斯坦努力扩大对外联系和吸引外资,颁布了一系列保护外国投资的法规,制定了很多优惠政策。同时,加强改善投资环境,加强基础设施建设,还设立了经济自由区。这些措施极大地促进了外国跨国公司的进入,也促进了该国与其他国家的经贸联系。

塔吉克斯坦独立后很快便陷入内战的泥潭,一直持续到1996年,其经济体制的改革进程也受到严重影响。尽管中亚国家在经济转轨时采取了激进式或渐进式的不同方式,但总体看,这些国家确立的都是社会市场经济转轨模式,政府的控制、干预和主导性极为突出。而像土库曼斯坦更是提出了要建立有计划的市场经济的主张,显而易见,无论是经济体制转轨确定的方向,还是具体实施的经济政策,中亚国家的经济转轨与俄罗斯乃至中东欧国家有着明显的差异。

2.3.3　转型初期的经济危机与政策调整

中亚国家的经济转型始于一个结构畸形、运转低效、基础薄弱、甚至是几乎陷入瘫痪的初始经济条件。从原苏联独立出来的中亚国家,受到苏联社会主义阵营内劳动分工的影响,经济结构单一、严重畸形,在原苏东经济链条和劳动分工下,依赖集中的计划和管理尚能维持。然而,随着苏联解体、经互会解散、东欧国家集体向西"回归欧洲",中亚国家赖以生存的原有的经济关系遭到严重破坏甚至出现中断,这对原本经济条件极其脆弱、缺乏完善的经济运行体系且缺乏内生增长动力的中亚国家来讲,无疑是雪上加霜。可以说,中亚国家的经济市场化转型完全是经济形势所迫、走投无路情况下的选择。它们寄希望于经济的自

---

① ［土库曼］萨·阿尼亚佐夫:《永久中立　世代安宁》,东方出版社1996年版,第29页。

由化能焕发起企业投资的热情，能尽快弥补市场的短缺特别是日用消费品的奇缺；同时，经济的自由化、市场化也是为了使这些国家得到国际金融组织的青睐，从而获得更多的经济援助、贷款，并引进外国投资。总体看，中亚国家在转型初期都遭遇了经济危机，其中实行了激进式转轨的哈萨克斯坦、吉尔吉斯斯坦的危机形式较为严重。中亚国家的经济危机集中表现为综合经济指标的严重下降、财政状况恶化、通货膨胀居高不下、货币大幅贬值、负债率迅速增加、企业投资特别是固定资产投资严重下降等。同时，居民生活水平严重下降，绝对贫困人口数量迅速增加，贫富差距迅速拉大。

表 2 - 2 是根据 1991 年的经济总量计算的中亚国家转轨初期经济总量指数的变化。

表 2 - 2　　　中亚国家 1992 ~ 1999 年实际国内生产总值指数的变化

（按不变价格，1991 年 = 100）

年份	1992	1993	1994	1995	1996	1997	1998	1999
哈萨克斯坦	- 5.3	- 14.0	- 24.8	- 31.0	- 30.7	- 29.3	- 31.0	- 29.6
吉尔吉斯斯坦	- 13.9	- 27.2	- 41.9	- 45.0	- 41.1	- 35.3	- 34.1	- 31.5
塔吉克斯坦	0	- 16.3	- 34.1	- 42.3	- 51.9	- 51.1	- 48.9	- 46.5
土库曼斯坦	0	1.5	- 15.5	- 22.0	- 22.0	—	—	—
乌兹别克斯坦	- 11.1	- 13.1	- 17.7	- 18.4	- 17.0	- 12.7	- 8.9	- 4.8

注：塔吉克斯坦、土库曼斯坦指 1992 年 = 100。

资料来源：根据《1999 年独联体国家统计手册》（莫斯科 2000 年俄文版）数据整理而成。

从表 2 - 2 数据看，无论是采取激进式还是渐进式，中亚国家经济转轨初期都遭遇了严重的经济衰退，当然，采取激进式转轨的国家，其衰退程度要更加严重。哈萨克斯坦到 1999 年时其经济总量比转轨初期 1991 年的经济总量下降了近 1/3，吉尔吉斯斯坦的下降水平则超过了 1/3。塔吉克斯坦的经济总量下降的幅度最大，近 50%，其主要原因是连年的内战和动乱，生产秩序遭到严重破坏，而且该国资源贫乏，因而无法像其他中亚国家那样可以获得外部的援助和支持。相比较可以看出，实行了渐进式改革的土库曼斯坦和乌兹别克斯坦的经济衰退幅度较轻，截至 1999 年，其经济总量相当于 1991 年的 95.2%，而其工业总产值已经恢复并超过了 1991 年的水平（见表 2 - 3）。

表 2 – 3　　　中亚国家 1992 ~ 1999 年实际工业产值指数的变化（1991 年 = 100）

年份	1992	1993	1994	1995	1996	1997	1998	1999
哈萨克斯坦	– 14	– 27	– 47	– 52	– 51	– 49	– 51	– 50
吉尔吉斯斯坦	– 26	– 45	– 60	– 78	– 65	– 47	– 42	– 51
塔吉克斯坦	– 24	– 30	– 48	– 55	– 66	– 55	– 64	– 62
土库曼斯坦	– 15	– 11	– 33	– 38	– 27	——	——	——
乌兹别克斯坦	– 7	– 3	– 2	– 2	0.9	5.0	11.1	11.5

资料来源：根据《1999 年独联体国家统计手册》（莫斯科 2000 年俄文版）数据整理而成。

　　相比经济总量的下降，中亚国家的工业生产总体下降的幅度更大，对比 1999 年，哈萨克斯坦的固定资产投资降幅为 82%，吉尔吉斯斯坦为 74%（见表 2 – 3、表 2 – 4）。与俄罗斯一样，这些国家在转轨初期经历了严重的"去工业化"的过程，经济结构遭到破坏，出现了从工业—农业国向农业国倒退的现象（见表 2 – 5）。乌兹别克斯坦是中亚五国中工业生产降幅最小的国家，这与原苏联时期该国作为主要的棉花生产基地，而工业发展水平相对落后有一定的关系。

表 2 – 4　　　中亚国家 1992 ~ 1999 年固定资产投资指数的变化（1991 年 = 100）

年份	1992	1993	1994	1995	1996	1997	1998	1999
哈萨克斯坦	– 47	– 68	– 73	– 83	– 89	– 82	– 87	– 82
吉尔吉斯斯坦	– 25	– 42	– 68	– 42	– 31	– 34	– 69	– 74
塔吉克斯坦	– 42	– 42	67	——	——	——	——	——
土库曼斯坦	20.0	74.0	——	——	——	——	——	——
乌兹别克斯坦	– 32	– 35	– 50	– 48	– 44	– 34	– 25	23

资料来源：根据《1999 年独联体国家统计手册》（莫斯科 2000 年俄文版）数据整理而成。

表 2 – 5　　　中亚国家 1992 ~ 1999 年实际农业产值指数的变化（1991 年 = 100）

年份	1992	1993	1994	1995	1996	1997	1998	1999
哈萨克斯坦	29.0	20.0	– 5.0	– 28	– 32	– 32	– 45	– 29
吉尔吉斯斯坦	– 5.0	– 15.0	– 30.0	– 32	– 22	– 12.0	– 8.0	– 1.0
塔吉克斯坦	1.0	– 9.0	– 18	– 36	– 47	– 45	– 41	– 35
土库曼斯坦	– 9.0	6.0	– 27	– 28	– 29	– 27	– 26	——
乌兹别克斯坦	– 6.0	– 5.0	– 13.0	– 10.0	– 15.0	– 12.0	– 8.0	– 1.0

资料来源：根据《1999 年独联体国家统计手册》（莫斯科 2000 年俄文版）数据整理而成。

除了产出下降，中亚国家启动经济转轨后也遭遇了严重的通货膨胀（见表 2 -6）。1992 ~ 1994 年，也就是经济体制转轨最初的几年里，无论是采取激进方式一次性放开物价的哈萨克斯坦、吉尔吉斯斯坦、塔吉克斯坦，还是采取谨慎方式逐步放开价格，但仍然保留对基本食品价格的计划调控的乌兹别克斯坦和土库曼斯坦，都遭遇了高通胀的物价震荡。

表 2 -6　　　　　中亚国家 1992 ~ 1999 年通货膨胀指数的变化　　　　单位：%

年份	1992	1993	1994	1995	1996	1997	1998	1999
哈萨克斯坦	2984.1	2169.0	1160.0	60.4	28.6	11.3	11.3	36.8
吉尔吉斯斯坦	1259.0	1363.0	95.7	31.9	35.0	14.7	12.0	39.3
塔吉克斯坦	1364.0	7344.0	1.1	2133.0	40.5	163.6	10.1	27.5
土库曼斯坦	644.0	9750.0	1328.0	1262.0	446.0	21.5	28.0	24.2
乌兹别克斯坦	910.0	885.0	1281.0	117.0	64.0	50.0	33.0	29.1

资料来源：欧洲复兴开发银行 1998 年、1999 年、2000 年转型报告。http://www.ebrd.com.

随着工业产出以及整个经济总产出的下降，财政赤字日益加剧（见表 2 -7），其中土库曼斯坦是最先走出财政赤字的国家，在 1998 年受俄罗斯金融危机的影响重新陷入 2.7% 的财政赤字以后，于 1999 年恢复财政盈余。

表 2 -7　　　　　　　中亚国家 1992 ~ 1999 年财政平衡情况　　　　单位：%

年份	1992	1993	1994	1995	1996	1997	1998	1999
哈萨克斯坦	-7.3	-4.1	-7.7	-3.4	-5.3	-7.0	-7.7	-5.3
吉尔吉斯斯坦	—	-14.4	-5.7	-8.4	-8.8	-8.8	-11.2	-12.8
塔吉克斯坦	-30.5	-20.9	-5.2	-5.3	-5.8	-3.3	-3.8	-3.1
土库曼斯坦	-9.4	-4.1	-2.3	-2.6	0.3	0.0	-2.7	0.9
乌兹别克斯坦	-18.3	-10.4	-6.1	-4.1	-7.3	-2.4	-3.0	-1.8

资料来源：欧洲复兴开发银行 2000 年转型报告。http://www.ebrd.com.

经历了经济转轨初期的激烈震荡和严重危机之后，中亚各国相继调整了改革政策，哈萨克斯坦、吉尔吉斯斯坦以及塔吉克斯坦认识到社会稳定与经济自由化同等重要，逐渐放弃了自由化的经济改革路线，加强了国家/政府对经济的干预和调控，转而实行具有明显稳定导向的宏观经济政策。哈萨克斯坦、吉尔吉斯斯坦的激进式经济改革也逐步转向渐进式改革。随着转轨初期体制转轨带来的消极影响的释放，加之中亚各国政府加强了对经济的干预和调控，中亚各国的经济都出现了明显的好转。首先是经济衰退的幅度开始放缓，自 1996 年起，中亚大部分国家开始进入恢复性增长阶段，除了受到 1997 年俄罗斯金融危机的影响而出现负增长之外，全部中亚国家都进入较快的恢复性增长。乌兹别克斯坦 1996 年国内生产总值的增幅为 1.6%，而且此后一直保持较快的经济增长；哈萨克斯坦也于 1996 年进入恢复性增长，除了 1998 年出现 1.9% 的负增长之外，一直保持快速的经济增长，2000 年至 2005 年期间其 GDP 增幅接近 10%（见表 2 - 8）。

表 2 - 8　　　　　　中亚国家 1992 ~ 2005 年国内生产总值的增产率

（同上一年比）　　　　　　　　　　单位：%

年份	1992	1993	1994	1995	1996	1997	1998	1999	2000	2001	2002	2003	2004	2005
哈萨克斯坦	—	- 9.2	- 12.6	- 8.3	0.5	1.6	- 1.9	2.7	9.8	13.5	9.8	9.3	9.6	9.4
吉尔吉斯斯坦	—	—	—	7.1	9.9	2.1	3.7	5.4	5.3	0.0	7.0	7.0	—	
乌兹别克斯坦	- 11.1	- 2.3	- 4.2	- 0.9	1.6	2.5	2.1	3.4	3.3	4.1	3.1	1.5	7.4	7.0
土库曼斯坦	—	- 10.0	- 17.3	- 7.2	- 6.7	- 11.3	6.7	16.5	18.6	20.4	15.8	17.1	14.7	9.6
塔吉克斯坦	—	—	—	—	—	—	—	—	—	—	—	—	—	—

资料来源：国际货币基金组织数据库，2006 年 9 月。

与此同时，困扰中亚国家的通货膨胀问题开始缓解，通胀率开始下降并稳定在两位数以内，财政赤字逐步缩减，进入 21 世纪后中亚各国进入财政盈余时期，总体看，各项宏观经济指标逐渐好转，中亚也因其经济的快速增长开始吸引世界的关注。

2.3.4　市场经济体制框架的形成

通过转轨初期一系列激烈的转轨政策的实施，中亚国家的市场经济框架在较短时间内迅速建立起来，市场经济初具规模，当然市场化的程度和水平不一，其中哈萨克斯坦和吉尔吉斯斯坦的市场化水平相对较高，而土库曼斯坦和塔吉克斯坦相对落后，其市场化规模也很小。首先从产权结构来看，截至 2000 年，产权的非国有化和私有化进程基本完成，哈萨克斯坦和吉尔吉斯斯坦的私有部门占 GDP 的比重为 60%，塔吉克斯坦为 40%，乌兹别克斯坦为 45%，土库曼斯坦为 25%。根据欧洲复兴开发银行的转型指数，大规模私有化的进展程度方面，中亚国家的得分分别是：哈萨克斯坦 3 分，吉尔吉斯斯坦 3 分，塔吉克斯坦 2 +，土库曼斯坦 2 -，乌兹别克斯坦 3 -。小私有化方面的得分是：哈萨克斯坦 4 分，吉尔吉斯斯坦 4 分，塔吉克斯坦 3 +，土库曼斯坦 2 分，乌兹别克斯坦 3 分。价格自由化方面的得分情况是：哈萨克斯坦 3 分，吉尔吉斯斯坦 3 分，塔吉克斯坦 3 分，土库曼斯坦 2 分，乌兹别克斯坦 2 分，哈萨克斯坦和吉尔吉斯斯坦的物价基本全部放开，改由市场决定。贸易方面，哈萨克斯坦、吉尔吉斯斯坦以及塔吉克斯坦都取消了政府对贸易的垄断，积极建立对外联系，迅速发展同世界各国的经贸联系，并积极加入国际金融组织和结构以及经济组织中，塔吉克斯坦还较早地加入了世界贸易组织（WTO）。贸易自由化的得分情况是：哈萨克斯坦 3 +，吉尔吉斯斯坦 4 分，塔吉克斯坦 3 +，土库曼斯坦 1 分，乌兹别克斯坦 1 分。金融制度方面，银行改革和利率自由化的转型指数得分情况是：哈萨克斯坦 2 +，吉尔吉斯斯坦 2 +，塔吉克斯坦 1 分，土库曼斯坦 1 分，乌兹别克斯坦 2 -。上述各项指数最高得分为 4 +，均为中东欧国家。[①]

在转变经济运行体系和机制的过程中，经过痛苦的震荡过程，中亚国家已初步实现了经济结构的调整，在国内生产总值构成中，工业和服务业所占的比重明显增加，农业所占的比重不断下降，工业出现了恢复增长的积极态势。此外，中亚国家经济结构单一、畸形的情况也有所好转，通过发展私有经济、引进外资等措施循序建立起新的经济部门，这些国家内部逐渐建立起较为完善的经济体系和结构，为确保国家经济独立、安全乃至稳定奠定了重要的基础。

此外，这些国家也基本完成了政府经济职能的转变、政府角色的转换，新的市场经济的管理机构得以建立。中亚各国依据自身的条件和国情建立起一套新的大同小异的经济管理机构。各国政府均设立了主管经济的部门，主要有财政部、工业部、农业部、对外经贸部、商业部、环保部、社会保障部、交通和邮电通讯部、劳动部、税务总局、国家统计局、国有资产管理委员会、国家银行等。[②] 市场化的经济运行体系和机制建立起来。

从前面的各项指标看，中亚五国的市场化进展程度不同，其中哈萨克斯坦、吉尔吉斯斯坦的情况较好，乌兹别克斯坦居中，相对落后的是土库曼斯坦和塔吉克斯坦，而且在中亚大多数国家里，政府控制及垄断现象还

① 《欧洲复兴开发银行 2000 年转型报告》。

② 李静杰总主编、赵常庆主编：《十年巨变——中亚和外高加索卷》，中共党史出版社 2004 年版，第 149 页。

很普遍。影响塔吉克斯坦市场化转轨进程的主要因素是其独立后的内乱和社会失序。而土库曼斯坦的改革滞后，一方面是由于其自身发展条件差，另一方面也与政府的主导思想有关。土库曼斯坦政府在市场化改革方面比较保守，缺乏像哈萨克斯坦总统纳扎尔巴耶夫等领导人的改革锐气，这对国家的改革政策和发展导向产生了重要的影响。此外，历史的原因，比如长期受到苏联集中计划经济体制的根深蒂固的影响等，都是促使中亚国家转型进程不同于中东欧国家乃至其他独联体国家的因素之一。当然，经济条件是决定中亚各国选择转轨方式和发展模式的根本性因素，中亚国家地处亚洲内陆，不便的地理位置使它们成为世界的孤独角落，经济发展相当落后，靠着苏联时期集中的计划分工和分配，中亚国家的日子过得相当不错。但在苏联解体、俄罗斯自身难保的情况下，这些国家的发展面临着原材料、资金以及人力等各方面资源的严重不足，而各国也只能依靠自身的比较优势发展经济，所以中亚国家独立以及经济转轨后，都建立起具有本国比较优势特征的发展模式，如哈萨克斯坦和土库曼斯坦形成的能源密集型的出口发展模式等。其市场化改革中的不足也是明显的，特别是经济结构的单一化、畸形化仍然没有得到实质性的解决。同时，这些国家内部，无论是政府还是民众，对市场经济的观念和认识还有待深化，政府垄断的成分还很高，腐败盛行。当然，由于这些国家的发展对外部的依赖和需求相比中东欧国家和俄罗斯要弱，所以，外部环境的风吹草动对这些国家的经济的影响也相对不明显。但是，总体上，这些国家的经济发展受俄罗斯的影响和对俄罗斯经济的依赖仍然比较突出。

综上可见，中亚各国尽管在体制转型和国家发展过程中受到各种国际、国内因素影响，面临国内外的各种巨大压力，但民主政治的原则已经确立，市场经济的框架已经构建。从中亚各国最初十年的发展局势看，"除塔吉克斯坦外，其他四国既没有出现当初人们担心的政治和社会混乱，也没有出现西方化和伊斯兰化，从而使各族民众避免了战乱之苦，中亚成为独联体国家中最为稳定的地区，国家已得到广大民众的逐步认同，出现稳定和发展之势"。①

① 李静杰总主编、赵常庆主编：《十年巨变——中亚和外高加索卷》，东方出版社2003年版，第67页。

演进历程与绩效评价

转型是改变制度基础的过程，是彻底抛弃旧制度引入新制度、以新制度代替旧制度的过程，因此说，转型是制度变迁的过程。"从不同社会的制度演变的历史轨迹来看，制度可以是自然形成的，也可以是有意识设计和建构的。无论是哪种情况，任何制度并不是一开始便会表现出有效的治理功能，总是随着社会的变迁而不断发生变化"①。制度变迁的过程是从无序到有序、从制度确立到制度巩固、从观念形成到观念固化的过程。转型能否成功，与转型目标、转型方案和策略选择相关，但更重要的是新秩序的合法性和适应性，即能否建立起适合转型国家的制度规范以确保新秩序的运作。由于转型不是简单的线性发展，会出现阶段性演进的状态。因此，我们有必要对中亚各国转型的阶段性演进与绩效进行综合评价，以期对中亚转型有更深入的认识。

3.1 "一波三折"的民主化进程

民主是一个名词，民主化则是一个动词。民主界定的是一个国家政体的性质，而民主化说明的是一个政权变迁的过程及程度。《现代汉语词典》中对"化"的解释是："后缀。加在名词或形容词之后构成动词，表示转变成某种性质或状态。"民主化指的是民主的程度、绩效及发展历程。"民主化意味着个人在社会和政治生活中的身份的根本改变，从臣民变成了公民，把以前被排斥在外的社会成员纳入到社会的政治生活中，这意味着要

---

① 唐贤兴：《民主与现代国家的成长》，复旦大学出版社 2008 年版，第 65~66 页。

把过去的那种排斥性的制度架构转变成包容性的制度架构。在任何一个社会中，个人都是基本的成员，但是只有在民主国家，他们才是真正意义上的公民。"① "民主进程的结果是未知的，实现无法确定；是民众以及为增进自身利益与价值而互相竞争的政治力量决定着民主的结果。"② 在经济全球化和政治民主化迅速发展的国际形势下，一国的民主化问题既受到国内诸多因素的左右，也受到外部势力的制约。尤其是在没有建国经验和民主传统、民族问题复杂、大国争夺激烈的中亚各国，民主化进程更是一波三折，艰难行进。

3.1.1 始于第三波民主化浪潮的中亚民主化

中亚五国民主化始于苏联解体前的政治体制改革，对其产生决定性影响的是兴起于 20 世纪 70 年代的第三波民主化浪潮。

第三波民主化浪潮③开始于 1974 年的葡萄牙军事政变，其余波一直延续至今。此次民主化浪潮的特点是：第一，波及面广。席卷欧洲、非洲、亚洲和拉丁美洲；第二，情况比较复杂。既有结束本国独裁统治而建立的民主国家，也有推翻殖民统治建立的民主国家，又有因原社会主义的裂变而建立的民主国家。第三，数量众多。到 1990 年为止，共有 62 个国家跨入到民主国家行列。

20 世纪 80 年代末 90 年代初的苏东剧变与第三波民主化浪潮相吻合，或曰苏东国家的民主转型是第三波民主化浪潮的重要组成部分。按照拉里·戴蒙德在《民主政治的三个悖论》中的说法，1990 年的世界以民主革命为先导，民主化风潮"冲击到世界上最不可能发生变革、最被人遗忘的地方，如缅甸、蒙古、尼泊尔、扎伊尔，甚至阿尔巴尼亚。从后共产主义的东欧到后官僚威权的拉丁美洲国家，从最贫穷的赤道非洲到新富的、

---

① 刘军宁编：《民主与民主化》，商务印书馆 1999 年版，第 7 页。

② 陈尧：《新权威主义政权的民主转型》，上海人民出版社 2006 年版，第 189 页。

③ 从美国革命和法国革命到 20 世纪 70 年代，在近两个世纪的时间里，民主化浪潮前后三次席卷世界。第一波民主化浪潮产生于 1828～1926 年。起源于美国革命和法国革命，到 19 世纪才出现国家层次上的民主制度，在"约一百年的时间内，总共有 33 个国家建立了至少是最低限度的全国性民主制度。"第二波民主化浪潮发生在 1943～1962 年。民主制度首先在西德、意大利、奥地利、日本等战败国建立。"二战"后，伴随着殖民体系的崩溃，一大批新的国家的产生，民主制度在一些国家中确立起来，如印度、斯里兰卡、菲律宾、以色列、尼日利亚等。在第二次民主化浪潮不到二十年的短波中，有 51 个国家建立了民主制度。参见：[美] 塞缪尔·亨廷顿著：《第三波——20 世纪后期民主化浪潮》，上海三联书店 1998 年版，第 16 页。

正在工业化的东亚，都踏上了通向民主的征程。在人类历史上，从来没有这么多独立国家在期盼、建设和实践着民主政治。在人类历史上，为民主而进行的民众斗争的意识从来没有越过国界传播得如此之快，如此之广"①。中亚五国是因原苏联社会主义裂变而建立的民主国家，其民主化进程同样发端于第三波民主化浪潮。

塞缪尔·亨廷顿（Samuel Huntinton）在《第三波——20世纪后期的民主化浪潮》中用一节的篇幅来阐述民主化的示范效应。亨廷顿认为："示范效应向一个社会中的领袖和社会团体示范了另一个社会中的领袖和社会团体在结束威权体制方面和建立民主体制方面的能力。他们的示范表明这一点能够做到，这样大概就激发了在另一个社会中的那些领袖和社会团体去做出这样的尝试，来模仿第一个社会中的领袖和社会团体的作为。"②

示范效应既是第三波民主化浪潮的推动力，也是导致中亚五国开启民主化进程的重要因素。"一个国家成功地实现民主化，这会鼓励其他国家的民主化，要么是因为这些国家也面临着同样的问题，要么是因为其他地方成功的民主化意味着民主化可以治疗它们所面临的问题而不管这些问题是什么，或是因为已经民主化的国家十分强大，可以被当作是政治或文化典范。阿尔蒙德和蒙特在其《危机、选择与变迁》（Crisis, Choice and Change）的研究中发现，示范效应在他们分析的五项环境因素肇因中起着一定的重要作用。对政变和其他政治现象的统计研究表明，至少在某些环境中民主化是相互传染的。"③

作为全球性运动，民主化浪潮之汹涌、作用力之大非常人所能想象。第三波民主化浪潮从南欧开始，掠过大西洋，在拉丁美洲登陆。之后，横渡太平洋，来到亚洲，直抵欧亚大陆的中心地带——东欧④。东欧国家历史上出现过民主政权，因此，"最戏剧性的滚雪球效应发生在东欧。一旦苏联默认、也许甚至鼓励非共产党人士1989年8月在波兰掌权，民主化的浪潮就一下子横扫了整个东欧，先是9月份涌入匈牙利，10月份到了东

---

① 刘军宁编：《民主与民主化》，商务印书馆1999年版，第122页。

② ［美］亨廷顿：《第三波——20世纪后期民主化浪潮》，上海三联书店1998年版，第113～114页。

③ 同上，第113页。

④ 根据地缘政治学理论陆权说的代表人物、英国学者哈·麦金德的"心脏地带"理论：谁统治东欧，谁就能主宰心脏地带；谁统治心脏地带，谁就能主宰世界岛；谁统治世界岛，谁就能主宰全世界。参见［英］哈·麦金德：《历史的地理枢纽》，商务印书馆1985年版，第13页。

德，11 月份到了捷克斯洛伐克和保加利亚，12 月份到了罗马尼亚。""一些国家的民主化也激发了其邻国的自尊心"①，这些国家都不甘示弱，争先恐后地开启了民主化进程。1989 年的中东欧民主化浪潮证明，"任何一个国家的成功转型将会改变其他国家可认识到的政治抉择范围"，而"国家扩散效应几乎在一夜之间可以改变精英的政治期望、群众行为、政体内的权力关系"②。事实证明，"示范效应在第三波民主化中比在前两波民主化中或者说比 20 世纪任何一次政治波浪的重要性都大得多"。③

需要特别指出的是，这次民主化浪潮影响力之大是无法估量的，因为，即使是在民主经验微乎其微，或者根本没有民主经验的国家也掀起了民主的波浪。而民主化的示范效应在地理位置相邻、社会制度相同、文化传统相近的苏东国家最为明显。

第三波民主化浪潮袭来之后，苏东国家的共产党顷刻间失去领导地位，政治体制发生彻底改变，而且一国之事态尚未稳定，民主化已经在另一国家开始。东欧和独联体国家有如多米诺骨牌一般顺势向民主化方向倾倒，示范作用在升温、发酵，直至政权完全蜕变。以 1988 年匈牙利向多党制过渡为开端，民主化风暴席卷了苏联、波罗的海地区、波兰、捷克斯洛伐克等国。1989 年苏联产生了具有决定性意义的国民议会，1990 年放弃了共产党的执政地位。在 1988～1990 年，苏东国家的共产党都失去了领导权，多党制在这些国家建立。一些国家还进行了竞争性的选举，民主从这里起步。而从苏联分离出来的中亚五国，成为多米诺骨牌的一部分，而且是紧密相连的一部分。

对于从未建立过独立的民族国家的中亚五国来说，什么是民主化？如何开启和推进民主？如何进行国家的制度安排？这一切的经验都要靠外部输送。因此，第三波民主化的助推和示范作用在中亚比较明显。俄罗斯、乌克兰、格鲁吉亚以及匈牙利、波兰等国的政权变迁，都为中亚提供了样板。

不可否认，中亚各国在总统制共和国政体的建立、三权分立制度的实

---

① ［美］亨廷顿：《第三波——20 世纪后期民主化浪潮》，上海三联书店 1998 年版，第117 页。

② ［美］胡安·J·林茨、阿尔弗莱德·斯泰潘：《民主转型与巩固的问题：南欧、南美和后共产主义欧洲》，浙江人民出版社 2008 年版，第 81 页。

③ ［美］亨廷顿：《第三波——20 世纪后期民主化浪潮》，上海三联书店 1998 年版，第114 页。

施、多党制原则的确认等方面和俄罗斯、中东欧国家一样，无不受到西方国家的影响，宪制上的民主与西方民主政治原则已很相似，由社会主义政治体制转向西方资本主义政治体制已成不可逆转之势，但中亚的民主化进程却与中东欧国家存在较大差别。亨廷顿在强调民主化的示范效应时已注意到，"尽管外部的影响常常是第三波民主化的重要原因，但是民主的进程却主要靠自身"。[①] 对于刚刚建国、百业待兴的中亚来说，当务之急是要想方设法维护国家的独立，发展经济，稳定本国来之不易的安定局面。实现民主是目标，而不是现实任务。

中亚各国在宪法上都明确提出建立民主政体的目标和方向，与此同时，各国领导人也都强调实现民主化需要一个过程。哈萨克斯坦总统努·纳扎尔巴耶夫认为："民主化是一个没有终止的长期过程，这是不间断地解决社会和人民生活问题的综合任务；法令不能建立民主，民主需要逐步培植，目前不可能仿效西方民主，更不能进口西方民主；民主应当就地生根，成为生活方式，成为领袖和群众的政治思维方式；政治民主要有一系列条件，其中不仅要有社会条件，尤其需要社会精英阶层的赞同，而且要有经济上的中产阶级，要有开始扎根的法制文化，要有对话和妥协的传统和习惯，如果这些因素缺少或发展不充分，那么民主社会的根基就不牢。"[②] 基于这样的认识，哈萨克斯坦提出要逐步发展和完善现代民主和法治国家。

土库曼斯坦的做法与哈萨克斯坦相似。总统萨·阿·尼亚佐夫在其发表的《10 年顺遂——统一、安宁、稳定》的讲话中说，"我们选择了民主国家的道路。我们准备分阶段地推行民主制来达到这个目标"[③]。一位美国参议员认为美国虽然在民主制度下生活了 200 年，但却不能说建成了民主社会，"但是一些人却向我们、一个在专制制度下生活了 70 年的年仅一岁的国家要求理想化的民主。在实际生活中，在从社会主义制度向市场制度、从专制制度向民主制度过渡的时期，要求在一天里、在一年或五年时间里确立理想化的民主，还是真正的冒险。当人民还没有准备好，当必要

---

① ［美］亨廷顿：《第三波——20 世纪后期民主化浪潮》，上海三联书店 1998 年版，第 141 页。

② ［哈］努·纳扎尔巴耶夫：《站在 21 世纪的门槛上》，时事出版社 1997 年版，第 106、120~121 页。

③ ［土库曼］萨·阿·尼亚佐夫：《永久中立　世代安宁》，东方出版社 1996 年版，第 12~13 页。

的条件还未成熟，企图建立一个民主社会，这不仅是一种冒险，而且可能把土库曼人民拉回到无政府主义的专政中去，导致内战和部族纷争，除了人民损失外，土库曼人民还面临丢掉独立国家的危险"①。对土库曼人民来说，国家的独立稳定最为重要，因此要"不惜高昂的代价珍惜获得的国家独立，就像爱护自己的眼珠一样"。

乌兹别克斯坦总统卡里莫夫则认为，"民主是一种社会价值，因此不能一蹴而就；社会民主化需要有一个相当长的教育和适应过程，对某些国家来说，这需要几代人的努力"。由此得出的结论就是，"乌兹别克斯坦要逐步向民主社会和法治国家过渡，以确保社会稳定"②。

中亚五国在建国最初的10余年里，一直致力于政治体制的转型，沿着西方民主化道路迈进，也取得了一些令西方国家满意的进步。在中亚，一直致力于推进西方式民主政治、力图把吉尔吉斯斯坦建设成开放自由的民主国家的总统阿·阿卡耶夫，就被美国人誉为"中亚地区开明民主领袖的典范"③、"民主宠儿"。阿卡耶夫是中亚国家中唯一一位没有为延长总统任期而修宪的总统。

但从整体来看，由于独立初期以及独立后相当长的时间里，在政治体制和政治制度方面留有许多苏联体制的痕迹，原有的社会政治制度、管理体制和思维方式在各国都不同程度地存在，加之总统和议会围绕权力分配进行激励的权力争夺，给中亚各国的政治转型带来困难和阻碍，导致民主建设只能是循序渐进、缓慢进行。

3.1.2　"颜色革命"对中亚民主化的反作用力

"颜色革命"一词源于西方，是21世纪的最新词汇。特指从原苏联分离出来的独联体国家或原共产党人执政国家的反对派，利用本国总统或议会选举的机会，在以美国为首的西方势力的操纵和支持下，采用非暴力的形式，在街头聚众，反对政府当局的统治，谋求建立亲西方的新政权。因聚集在一起的群众都以同一颜色为标记，或穿同一颜色的服装，或戴同一

---

① ［土库曼］萨·阿·尼亚佐夫：《永久中立　世代安宁》，东方出版社1996年版，第33页。
② ［乌兹别克斯坦］伊·卡里莫夫：《临近21世纪的乌兹别克斯坦：安全的威胁、进步的条件和保障》，国际文化出版公司1997年版，第143页。
③ 《阿卡耶夫掌权15年：学术有建树人称"心太软"》，新华网，2005年4月4日，http://news.xinhuanet.com/world/2005-04/04/content_2784527.htm.

颜色的头巾，或手持同一颜色的旗帜，或拿着同一品种的鲜花，因此得名为"颜色革命"。

"颜色革命"始于格鲁吉亚。2003 年 11 月，格鲁吉亚举行议会选举，支持总统谢瓦尔德纳泽的政党获胜。以萨卡什维利为首的反对派在以美国为首的西方势力支持下，以选举存在舞弊行为为由，不承认大选结果，发动群众举行大规模的抗议活动。由于每次活动时参与者大多手持玫瑰，因此被称为"玫瑰革命"。"玫瑰革命"的结果是，在随后的总统选举中，萨卡什维利当选为格鲁吉亚新总统，建立起一个亲西方的政府。

近乎同样的情况时隔一年之后在乌克兰上演。2004 年 11 月，在乌克兰总统选举中，原共产领导人、亲俄派现任总理亚努科维奇获胜，反对派领导人尤先科指责选举存在舞弊行为，发动大规模示威游行，拒绝接受选举结果。在西方势力干预下，乌克兰被迫重新举行总统选举，亲西方的尤先科获胜。因反对派阵营以橙色为标志，此次事件被称为"橙色革命"。又因橙色的栗子花是乌克兰首都基辅市的市花，此次事件又被称为"栗子花革命"。

总结"玫瑰革命"和"橙色革命"的共同点可以发现，所谓颜色革命，都具备如下几个基本条件："革命"中有必不可少的反对派的存在、原政权的领导者都是苏联时期共产党的高官、在西方的全力支持下、反对派以议会或总统竞选等重大事件为契机、以选举中存在舞弊行为为借口、采取群众大规模示威游行的方式、实现推翻原政权和建立亲西方政权的目标。

美国对"颜色革命"给予高度评价，布什总统称赞"玫瑰革命"是"和平民主的伟大典范"，"是全世界的自由灯塔"。西方国家为此欢呼雀跃，将此种方式视为推进民主化进程、压缩俄罗斯战略空间的最佳手段。在乌克兰选举的硝烟尚未散尽之时，已经瞄准了下一个目标——吉尔吉斯斯坦。

就在乌克兰"橙色革命"发生不足百日的 2005 年 2 月 27 日，被美国誉为中亚民主岛的吉尔吉斯斯坦举行议会选举。吉尔吉斯斯坦政府鉴于"玫瑰革命"和"橙色革命"的前车之鉴，对选举工作的安排格外认真。为表明选举的公正性，吉尔吉斯斯坦邀请了由国内各党派、团体以及来自独联体、上海合作组织、欧盟、美国和中国等各个地区组织和国家的 553 名国际观察员，观察和监督选举的全过程。选举程序由欧盟制定，选举设备由欧盟提供，选举过程公开透明。此次议会选举应选出 75 名议员，在 2

月 27 日和 3 月 13 日进行的两轮选举中，累计产生 71 名议员，其中，亲总统的力量有 63 名议员胜出，亲西方的反对派只有 8 人当选。国际观察员对这两轮选举是认可的。上合组织、独联体和中国观察团都对选举的公正性给予了积极评价，欧盟观察团也认为整个选举过程基本符合民主国家的要求。就在第二轮选举结束后，吉尔吉斯斯坦南部贾拉拉巴德州和奥什市的反对派发表声明，称选举存在严重的舞弊行为，并进行规模不大的示威游行活动。3 月 19 日，示威者占领州政府大楼；3 月 20 日，警方与示威人群发生冲突，当地局势失控，发生打砸抢；3 月 21 日，骚乱扩大，集会人数增多，要求总统阿卡耶夫下台；3 月 24 日，南部骚乱扩展到首都比什凯克，示威者占领了总统府、政府大楼、国家电视台等重要部门，发生大规模的打砸抢烧，事态扩大，阿卡耶夫离开吉尔吉斯斯坦；3 月 25 日，反对派领导人巴基耶夫代行总统职务。此次事件发生在吉尔吉斯斯坦黄色的迎春花开放的季节，因此被称作"黄色革命"或"柠檬革命"，因郁金香是吉尔吉斯斯坦的国花，又被称为"郁金香革命"。

对吉尔吉斯斯坦的所谓"郁金香革命"，国际社会的看法不一。有学者认为，"郁金香革命"和"玫瑰革命"、"橙色革命"一样，属于"颜色革命"；也有学者认为，吉尔吉斯斯坦事件只是具有一些"颜色革命"的表现，但与"颜色革命"有本质区别：它不是以和平方式，而是以暴力方式；它没有改变原来的选举结果，而是承认选举的合法性①；它没有建立亲西方政权，而是建立了一个更加亲俄的政权；它没有改变国家的对外政策，只是改变了当权者。"3·24 事件"实质上就是吉尔吉斯斯坦国内政治派别争夺权力和谋取利益的暴力事件。

"3·24 事件"发生后，一向对吉尔吉斯斯坦选举寄予厚望、一心想借此打造中亚样板的美国，认识到吉尔吉斯斯坦的反对派是以非法的暴力形式夺取政权，与西方国家一向宣扬的民主法制背道而驰。因此，美国并没有像"玫瑰革命"和"橙色革命"发生时那样高调颂扬，既没有向反对派领导人发贺信，也没有进行大势的舆论宣传，而是出言谨慎。美国一方面否认布什政府是"3·24 事件"的幕后支持者，另一方面表示非常关注吉尔吉斯斯坦的稳定和民主成功。

---

① "3·24 事件"后，最高法院宣布新议会选举无效，而新议会宣称自己合法，于是吉尔吉斯斯坦出现了新、老两届议会并存的局面。3 月 27 日，经过两届议会协商，中央选举委员会新任主席宣布承认新议会合法，新一届议会的 54 名议员再次宣誓就职。

在接下来发生的乌兹别克斯坦"安集延事件"①中，美国的态度比较纠结。一方面担心被武装分子从监狱中放出的囚犯中有"乌伊运"的恐怖分子，这些恐怖分子会对地区安全造成威胁。毕竟"9·11 事件"后，反对国际恐怖主义是美国对外战略，尤其是大中亚地区战略的重要组成部分。另一方面，美国表示对乌兹别克斯坦的人权情况十分关注，对乌兹别克斯坦政府以武力平息武装分子骚乱深感不安。要求乌兹别克斯坦实行民主化和开放政策，改革政治体制。美国还以制裁乌兹别克斯坦、拒绝交纳租借军用基地费用和停止提供经济和军事援助相要挟。

2005 年是中亚各国选举比较集中的一年，也是"颜色革命"达到顶峰的一年。以美国为首的西方通过在格鲁吉亚、乌克兰、吉尔吉斯斯坦大选中的尝试，已将通过投票箱和温和抵抗制造民主，发展成一种在其他国家赢得选举的模式。瑞典斯德哥尔摩国际和平研究所指出，这是美国的创举，带有西方印记的妙计。②美国政府为此感到兴奋。时任美国国务卿赖斯于 2005 年 6 月 8 日在共和国俱乐部发表的演讲中称："当前，我们面临的挑战就是创造合适的外部环境以鼓励培育各国内部的民主改革"，"我们正在走向成功，玫瑰革命、橙色革命、紫色革命、郁金香革命、雪松革命，众多富有活力的民主改革纷呈乍现，我们在促进世界民主进程上所获

---

① 关于"安集延事件"，乌兹别克斯坦的报道与西方国家的报道不同。乌兹别克斯坦媒体的描述是：2005 年 5 月 12 日晚，乌兹别克斯坦东部城市安集延市的一些警察和部队营房的武器弹药被一群武装分子抢走。手持武器的武装分子冲进安集延监狱，放走了一批在押犯。之后，武装分子冲击州政府大楼和安全局，次日，武装骚乱演变成大规模抗议活动。示威者聚集在市中心广场，要求总统下台，要求进行民主改革，扩大就业。乌兹别克斯坦总统在事件发生后，就飞抵现场，指挥军警，出动装甲车和直升机，与武装分子展开激烈交火，政府很快控制了局面。在这一事件中有 100 余人死亡。乌兹别克斯坦政府宣称，这起事件是宗教极端组织"伊斯兰解放党"策划的。国外媒体的报道是："安集延事件"由乌兹别克斯坦安全部门于 2004 年逮捕安集延市有名的年轻企业家引发。2005 年 5 月，法院要对被关押者作出宣判，被关押者的亲友抢夺了安全部门人员的武器，实施了袭击行动。5 月 13 日，示威者聚集在市中心广场，要求政府进行民主改革，扩大就业机会。一些武装分子在广场四周负责警戒。乌兹别克斯坦政府镇压了民众起义，有数百人牺牲。关于死亡人数，国外媒体报道数据不一致。英国皇家国际问题研究所研究人员称死亡人数接近政府的估计，低于 200 人；战略与和平研究所称死亡人数可能达到 750 人；还有媒体报道称死亡人数达 1000 人，甚至更多。关于事件发起人，国外媒体观点也不一致：国际危机组织认为，事件的发起者就是被捕企业家的亲友，与"伊斯兰解放党"无关；英国皇家国际问题研究所研究者认为，行动发起者是一些受过训练的武装暴徒，其中一些人来自乌兹别克斯坦境外。

② ［瑞典］斯德哥尔摩国际和平研究所：《SIPRI 年鉴 2005：军备、裁军和国际安全》，时事出版社 2006 年版，第 92 页。

得的成就让世人惊叹"①。在吉尔吉斯斯坦"3·24事件"之后，国际社会曾预言，"颜色革命"之风将吹向2005年12月举行总统选举的哈萨克斯坦，因为这是以美国为首的西方国家策划的"颜色革命"的关键一站。早在哈萨克斯坦大选之前，西方国家已就其选举做好了舆论铺垫。

哈萨克斯坦总统努·纳扎尔巴耶夫曾是苏共中央政治局和苏共中央委员会委员，哈萨克斯坦共和国第一书记，是哈萨克斯坦共和国首任总统。西方媒体认为纳扎尔巴耶夫是一个想抓住所有权力的独裁者，而哈萨克斯坦共和国则是一个缺乏民主的极权国家。选举之前，西方媒体担心，"如果纳扎尔巴耶夫得到顺利连任，将会使美国在独联体地区的民主化进程陷入停滞"。从哈萨克斯坦在中亚乃至国际社会的影响力来看，"哈萨克斯坦政权的归属，在美国推行的民主化进程中具有战略意义"②。因此，美国跃跃欲试，想在哈萨克斯坦的总统选举中阻止纳扎尔巴耶夫连任。"美国司法部门曾因'哈萨克门'行贿案起诉过纳扎尔巴耶夫，并于2004年将其列入禁止入境的黑名单。"③

美国为何对中亚国家的换届选举如此关注？为何要在中亚策动"颜色革命"？

美国一向认为自己是上帝的选民，肩负着教化世界的神圣使命，传播、推广西方民主价值观是其理应承担的任务。因此，"二战"结束后，伴随着对德、日的军事占领，美国对德、日的民主改造也得以实现。德、日民主化的实现给美国推行民主价值观以动力，于是，输出民主在美国的对外战略中愈发占有重要的地位。

早在20世纪80年代，美国即已在共产党执政的国家推行"和平演变"政策。苏东国家在剧变后实行的民主转型给美国以莫大鼓舞，美国将是否实行民主作为承认中亚国家独立主权的先决条件。"9·11事件"后，美国更加坚信民主对反对恐怖主义的重要性。因此，美国总统乔治·布什在第二任期一开始，就将推广民主提升到国家外交战略的高度。2002年9月，美国的《国家安全战略》报告指出，"美国要比以往任何时候都更加积

---

① 《赖斯在旧金山共和俱乐部的演讲》，http：//www. ah-n-tax. gov. cn/sypd/tbtj/t20060417_194968. htm.

② 赵常庆主编：《"颜色革命"在中亚——兼论与执政能力的关系》，社会科学文献出版社2011年版，第148页。

③ 孙长栋、赵汉臣：《在大国夹缝生存，中亚强人选择不同发展道路》，新华网，2006年12月27日。http：//news. xinhuanet. com/world/2006 - 12/27/content_5535747. htm.

极地致力于穆斯林世界的民主发展"。2005 年，美国国务院在《〈2004 ~
2005 年度美国支持人权与民主的记录〉——美国促进人权和民主的战略》
的报告中写道："美国以促进民主为对外政策的基石。我们促进民主与人
权的政策来源于美国的理念和我国的国家利益。"美国国会更是将世界上
的国家分为三类——完全民主、部分民主和非民主。所谓部分民主是指
"正在向民主化方向转变或者虚假地进行民主化的国家，这些国家都建立
了相对固定的选举程序，表面上允许有反对党、公民社团和新闻自由，然
而受到许多限制"。按照美国的标准，中亚五国属于部分民主国家，既有
宪法意义上的共和制政体，又有现实生活中的全民公决和地方代表制的选
举程序。但是中亚国家从苏联继承下来的集权制的政治遗产，在中亚的民
主化过程中发挥了重要作用，中亚各国的总统权力相对都比较集中，"大
总统、弱政府、小议会"的政治结构普遍存在，包括独立之初被誉为"民
主岛"的吉尔吉斯斯坦也不例外。于是，中亚就成为美国民主输出地和民
主改造的对象国。其改造方式就是利用非政府组织来介入独联体国家的选
举，制造"颜色革命"。

美国在格鲁吉亚的"玫瑰革命"和乌克兰的"橙色革命"中小试牛
刀之后，政治目的得到部分实现。于是迫不及待地在吉尔吉斯斯坦的选举
中再次使用同样的手段。但事与愿违，在乌克兰、格鲁吉亚取得成功的
"颜色革命"到吉尔吉斯斯坦却失去了革命的意味而变成了暴乱，亦如中
国古语所云，"橘生淮南则为橘，生于淮北则为枳"。不仅如此，吉尔吉斯
暴乱发生后，引起了中亚各国的高度重视，乌兹别克斯坦成功化解了"安
集延事件"，使得已经开始倾倒的多米诺骨牌在中亚戏剧般地停止了，并
产生了副作用。一向亲美的乌兹别克斯坦重新倒向了俄罗斯，而通过政变
上台的吉尔吉斯斯坦反对派，比前任更加亲俄。中亚各国为预防可能发生
的"颜色革命"，都不同程度地加强了总统控制权。事实证明，"颜色革
命"后中亚的民主化进程非但没有加速，反而更加缓慢。"颜色革命"对
中亚民主化进程的反作用力凸显，主要表现在以下几个方面：

第一，中亚各国政权趋向保守化，民主化进程更加迟缓。

"3·24 事件"之后，中亚国家开始意识到"颜色革命"的危害性，
也意识到西方衡量中亚民主的所谓标准就是美国的国家利益。政治民主已
经演变为美国干涉中亚内部事务的软实力，是美国用来干涉中亚内部事务
的工具。从阿卡耶夫的教训来看，民主榜样和独裁者角色的转换可能就在
一夜之间。因此，各国对打着民主旗号大搞"颜色革命"的美国越来越反

感，对西方民主价值观和民主政治产生抵触心理。

中亚国家领导人一致认为，格鲁吉亚、乌克兰和吉尔吉斯斯坦发生"颜色革命"，并非选举中存在舞弊行为，而是由于独立建国之后，这些国家经济落后，政治动荡，社会秩序混乱，官员腐败严重，民族或部族矛盾尖锐，引发反对派和民众的不满，在大选的关键时刻，由西方势力策动，导致政权易主。而在导致"颜色革命"爆发的原因中，内因是根本，外因是内因的发酵剂。乌兹别克斯坦总统伊·卡里莫夫在"安集延事件"发生后举行的新闻发布会上强调，"对于格鲁吉亚或是对乌克兰的情况我已经重复过多次的看法：所谓的外部干涉，只有当首要的两个原因显现的时候才会有效：第一个原因，正如我已经说过的——居民不满、社会无序和没有出路。人们开始明白，他们无处申诉。第二个原因——政府只会许诺而实际上什么也不做，沉陷于腐败之中，缺乏明晰的政策"。在谈到吉尔吉斯斯坦"3·24事件"时，卡里莫夫认为，"在吉尔吉斯斯坦发生的一切是完全合乎规律的，要我说，从逻辑的角度也是可以解释清楚的"[1]。吉尔吉斯斯坦长期积蓄的居民不满情绪、贪污腐败、派系之间利益争夺、政府软弱等，必然会导致这样的结果。吉尔吉斯斯坦独立之后，经济发展一直十分落后，到2003年都未能恢复到独立之前的水平，更无法与周边经济发展较快的国家相比[2]。经济形势的恶化导致失业问题严重、贩毒和犯罪案件频发，三股恶势力活动猖獗。加之吉尔吉斯斯坦南北发展不平衡，亲总统的北方和南部地区差距很大，民族和部族矛盾交织在一起，错综复杂，带来国内政治的动荡。

为避免"颜色革命"的悲剧在其他国家，尤其是即将进行选举的哈萨克斯坦、乌兹别克斯坦、塔吉克斯坦等国上演，各国在宣称坚持民主化道路的同时，采取一系列措施加强防范，有些措施与西方民主化的要求背道而驰。

一是强调根据本国国情发展民主政治的重要性。中亚各国在独立初期虽然出现了"一切向西看"的倾向，也将西方价值观的核心内容为自己所

---

[1]　［乌兹别克］伊·卡里莫夫：《乌兹别克斯坦人民从来不依赖任何人》，时事出版社2006年版，第47页。

[2]　有一组数据能充分说明吉尔吉斯斯坦的经济发展状况。以2003年和独立前相比较：2003年，吉尔吉斯斯坦人均国内生产总值是377美元，独立前是1119美元。以同是中亚国家的吉尔吉斯斯坦和哈萨克斯坦相比较：1990年吉尔吉斯斯坦人均国内生产总值是哈萨克斯坦的60%，两国相差不到一倍。到2003年，吉尔吉斯斯坦与哈萨克斯坦的人均国内生产总值相差5.3倍，吉尔吉斯斯坦是377美元，哈萨克斯坦是1996美元。

用，实行总统制、三权分立和市场经济等。即便如此，中亚国家领导人还是反复强调要建立符合本国国情的发展道路。"颜色革命"之后，中亚国家再次把根据本国国情进行民主建设提到战略高度。哈萨克斯坦总统努·纳扎尔巴耶夫在 2005 年 2 月的国情咨文中，特别强调"稳定优先"、"特殊国情"和"逐步改革"的重要性。他表示，在进行国家政治经济改革时必须要考虑本国的特点，不会完全照搬西方国家的价值观。因为，在他看来，激进的政治改革只能导致社会不稳定，破坏民主进程。乌兹别克斯坦总统在"安集延事件"后，顶住外部压力，坚持独立自主的原则，坚持本国事务决不允许外国干涉。卡里莫夫强调：民主既不能输出也不能输入。"在发展民主和建设公民社会方面我们当然也应该仿效欧盟的标准。这是我所坚持的。欧盟内在的那些民主的有价之物——教育体系、社会保障和居民的社会权利等完全适用于我们。当然，我不是说盲目地'拷贝'这些体系，我们有自己的社会思潮，自己的问题，这些我们也要考虑到"①。这样的主张同样出现在塔吉克斯坦。在 2006 年塔吉克斯坦总统大选中，面对西方对选举的指责，拉赫蒙总统不卑不亢，强硬地表达本国的诉求："我们不能依据欧安组织所谓的国际标准行事。在塔吉克斯坦 99%的人口是穆斯林，因此国际惯例在此行不通，我们有自己的道路"②。中亚各国的道路就是在保证国家稳定的前提下，分步走、渐进式地进行体制改革，而不是如西方国家所愿，大踏步地向民主化迈进。

二是强调民主化进程的长期性和复杂性。关于民主化的进程，中亚国家领导人认识到，"构建公民社会和民主自觉还需要一个长期的政治社会化的演进过程，而非依靠外力强行推进而成"③。民主的实现需要一定的土壤和一步步坚实地走过来。乌兹别克斯坦总统伊·卡里莫夫在《没人能使我们在选择的道路上偏离方向》中指出："我坚决反对任何革命，我赞成演进的发展道路。也就是说一切事件应当依据世界存在的客观规律而发展。"④ 卡里莫夫还引用布热津斯基的观点，"警告那些加快推进自由与民主进程的人，不要事与愿违。当盲目地照搬所谓的普遍的民主模式，当忘

---

① ［乌兹别克］伊·卡里莫夫：《乌兹别克斯坦人民从来不依赖任何人》，时事出版社 2006 年版，第 74 页。

② 赵常庆主编：《"颜色革命"在中亚——兼论与执政能力的关系》，社会科学文献出版社 2011 年版，第 87 页。

③ 同上，第 76 页。

④ ［乌兹别克］伊·卡里莫夫：《乌兹别克斯坦人民从来不依赖任何人》，时事出版社 2006 年版，第 49 页。

却了这个在欧洲国家深入人心几百年的模式，当试图用不到 10 年的时间来实现这一模式——这是非常愚蠢的、目光短浅的"①。"在那些由于一定的历史条件造成现在还远远达不到民主标准的国家里所进行的发展民主的尝试，加速强化民主进程，人为地灌输民主思想的做法只能导致相反的结果——导致被第三种力量所利用的状况的发生。而第三种力量就是激进的伊斯兰主义"②。哈萨克斯坦总统努·纳扎尔巴耶夫认为，民主化是一个没有终止的长期过程，民主文化需要在社会各阶层逐渐培养，需要几代人的努力。

三是增强国家行政职权的威慑力，以防止国家爆发"革命"。在吉尔吉斯斯坦"3·24 事件"之后，哈萨克斯坦采取措施加强警备力量。哈萨克斯坦军方在 2005 年 6 月向警方调拨了 1.7 万支手枪、2500 支自动冲锋枪以及 30 挺机枪，以加强国家警力。与此同时，哈萨克斯坦内务部要求政府拨款 3 亿坚戈（合 200 万美元）采购警务装备。③ 而乌兹别克斯坦在"安集延事件"中以武力对抗暴力保住政权后，开始借用外力对抗可能发生的"颜色革命"。2005 年 11 月 4 日，俄罗斯总统普京和乌兹别克斯坦总统卡里莫夫签署了两国联盟条约。条约规定，如果两国中的一方遭到第三国入侵，另一方可以为其提供包括军事援助在内的帮助。舆论认为，有了条约的保证，塔什干在面临可能的"颜色革命"时，就有了莫斯科这个帮手。俄乌合纵连横阻止"革命"，将尽可能地铲除"颜色革命"在乌兹别克斯坦生根的土壤。

四是加强对反对派的限制。反对派是"颜色革命"中不可或缺的重要元素，没有反对派的激进夺权活动，就不会有"颜色革命"发生。吉尔吉斯斯坦之所以会发生"3·24 事件"，原因之一是反对派势力较大。阿卡耶夫个人非常崇尚自由，而且是无政府主义的自由。在他执政期间，吉尔吉斯斯坦反对派发展迅速。"在仅有 500 多万人口的吉尔吉斯斯坦，有中亚地区数量最多的反对党。反对党的电视台、广播和报纸，甚至西方非政府组织可以在吉尔吉斯斯坦毫无约束地'高效运转'，而总统却没有自己

---

① ［乌兹别克］伊·卡里莫夫：《乌兹别克斯坦人民从来不依赖任何人》，时事出版社 2006 年版，第 93 页。

② 同上，第 54 页。

③ 谭武军：《独联体"未变色"国家：拿什么防止政权"变色"》，载《青年参考》，2005 年 7 月 6 日。

强有力的亲总统党和威力强大的强力机构"①。有鉴于此，中亚各国加强了对反对派的限制。

乌兹别克斯坦明令不允许破坏国家稳定和内外政策的政治反对派存在。哈萨克斯坦则对反对派势力采取了如下强硬措施。首先是取缔了反对党活动。2005年1月，哈萨克斯坦政府以反对党"哈萨克斯坦民主选择党"煽动民众采取不合作行动为由，取缔了该党；其次是查封反对派报纸《共和国报》；第三是对反对派重要的领导人萨尔森巴耶夫和反对派政治家努尔卡迪洛夫提出起诉。第四是对反对派采取分化行动。哈萨克斯坦最主要的两个反对党是"光明之路党"和"哈萨克共产党"。为削弱反对派的势力，纳扎尔巴耶夫成功地分解了这两个党，暗中支持"光明之路党"。"光明之路党"在2002～2006年议会下院选举中，通过政党比例代表制仅获得了一个席位。在经历了2004年议会选举失利之后，"光明之路党"分裂为两派，即"彻底的反对派"和"建设性的反对派"。哈萨克斯坦反对党势力本身就较弱，经过分解和分裂之后，反对派在自身实力和民众基础上更无法与政权势力相抗衡。政府采取的对反对派的限制措施，使反对派活动的空间更加狭小，无法撼动政权根基。

五是以立法的形式加强对非政府组织的控制。在中亚，非政府组织有两种：一种是境外非政府组织，一种是国内非政府组织。无论是境外还是国内的非政府组织，都是在西方势力支持下，从事颠覆本国政权的活动。非政府组织是西方国家在中亚传播民主政治理念的有效工具。在"颜色革命"之前，非政府组织在中亚发展迅速。"据统计，截止到2005年8月15日，全球总共有2914家非政府组织在中亚注册，其中在哈萨克斯坦有699家，在吉尔吉斯斯坦有1010家，在塔吉克斯坦有595家，在土库曼斯坦有138家，在乌兹别克斯坦有472家。"② 这些非政府组织的主要任务就是"帮助中亚国家成立形形色色的政治组织，从事'基层民主工作'以及策动反政府、反总统、反对亲总统政治派别的活动"③。为此，在"3·24事件"之后，中亚国家，尤其是面临换届的国家都以修改或颁布法律

① 赵常庆主编：《"颜色革命"在中亚——兼论与执政能力的关系》，社会科学文献出版社2011年版，第82页。

② 李立凡、刘锦前：《美国中亚战略棋盘上的非政府组织》，载《国际问题研究》2005年第6期。

③ 赵常庆主编：《"颜色革命"在中亚——兼论与执政能力的关系》，社会科学文献出版社2011年版，第74页。

的形式加强对非政府组织的管理，以增强对可能发生的所谓"颜色革命"的免疫力。

哈萨克斯坦在 2005 年颁布了多项专门针对非政府组织的法律，以限制非政府组织的活动。在《非政府组织法》中规定，"非政府组织必须在国家宪法和现行法律框架内活动。外国势力无权干涉哈萨克斯坦国家政治生活，禁止任何外国政党和社会组织在选举期间资助候选人"①。《保障国家安全法》修正案中则要求外国公民对资助哈萨克政党以及帮助某个候选人竞选的活动负责。一旦有违法行为，外国人将在接受经济处罚后被驱逐出境，获取外国资金的政党将在交纳巨额罚款后被取缔。法案还规定，禁止哈萨克斯坦报纸和电视台的负责人由外国人担任。在《国际非商业组织在哈萨克斯坦分支机构与代表处法》、《非商业组织法律细则补充和修改法》及《国家安全问题法律细则的修改法》等法案中明确规定，在哈萨克斯坦活动的非政府组织需要向地方执行权力机关通报其在哈的活动情况及财务运行情况；非政府组织的资助需要得到地方执行权力机关的许可；禁止外国人领导哈萨克斯坦的非政府组织。

在加强立法控制的同时，对非政府组织的活动也采取了强硬的制裁措施。根据哈萨克斯坦议会通过的《反极端主义法》的规定，哈萨克斯坦检察机关有权认定哈境内各个国内外组织为极端组织。"截至 2005 年 6 月，先后有 12 个国内外非政府组织被判定为恐怖主义组织或极端主义组织，并禁止其在境内活动，其中包括穆斯林兄弟组织、塔利班组织、社会改革协会、'纯洁之军'组织、伊斯兰解放党等。"② 与此同时，"哈萨克斯坦金融警察还以防止偷税为名，对近 5000 个非政府组织进行了检查，并特别加强了对有西方背景的组织的检查，其中有 30 多个美国与其他国际组织在哈境内的活动受到限制"③。

无独有偶，中亚其他国家也对境内的非政府组织活动采取多种措施加以限制或取缔。"塔吉克斯坦当局也注意到西方非政府组织对民众思想的破坏作用。为制止反对派的蛊惑宣传，以逃税为名将印刷反对派报刊的印刷厂关闭。"④

中亚国家限制非政府组织的措施，在一定程度上控制或是斩断了西方国家在中亚进行民主改造的"抓手"，不仅对预防"颜色革命"有积极的

①②③ 赵常庆主编：《"颜色革命"在中亚——兼论与执政能力的关系》，社会科学文献出版社 2011 年版，第 135 页。

④ 同上，第 222 页。

意义，对西方国家的民主输出同样起到了制约作用。

六是进一步夯实亲总统党的力量基础。中亚国家政治转型的一个突出特点是宪法规定实行多党制，但国家政治生活中却没有执政党。中亚五国中除土库曼斯坦是一党制之外，其余四国都有多个政党。但这些政党都不是传统意义上的执政党，因此，中亚国家的政党不是以执政党和反对党来区分，而是以亲总统党和反对党来划分。

所谓亲总统党，就是总统拥有支持自己的政党，总统"将党内管理与行政任命联系在一起，使亲总统党成为其官僚体系的一部分。多数中亚国家的亲总统党在一定意义上是总统意志的执行者"①，是总统统治的政权基础。亲总统党势力强大，拥有反对派无法匹敌的资源，在议会党团中占有绝大多数议席。相比之下，反对党势力十分弱小，在国家政治生活中无足轻重。在中亚，拥有亲总统党的政权相对而言都比较稳固。在土库曼斯坦，人民会议全部由总统领导的土库曼民主党组成；在乌兹别克斯坦，总统卡里莫夫领导的人民民主党控制了议会，可谓权倾天下；在哈萨克斯坦，亲总统党"祖国之光党"在议会中占有 2/3 以上的议席；在塔吉克斯坦，总统拉赫莫诺夫领导的人民民主党同样占有议会 2/3 以上的议席。中亚五国中，只有崇尚民主、自由的吉尔吉斯斯坦总统阿·阿卡耶夫没有自己的亲总统党，结果就是政权被推翻。

"颜色革命"后，中亚各国在原有政党体制的基础上，构建了更加强大的亲总统党的基础。"各国都意识到，阿卡耶夫政权的垮台与他缺乏有力的政党支持有一定的关系，总统必须有坚定的政党支持"②。于是，哈萨克斯坦总统改变了之前游离于政党之外、只做"精神领袖"的做法，不仅将三个支持总统的政党——祖国党、阿萨尔党和农业党整合为统一的"祖国之光党"，而且成为该党的实际领导人；乌兹别克斯坦总统卡里莫夫则是以总统党——人民民主党提名的总统候选人的身份参加总统选举；土库曼斯坦新任总统别尔德穆哈梅多夫则继承了前任总统尼亚佐夫的传统，担任土库曼民主党的主席，就连有着中亚民主岛美誉的吉尔吉斯斯坦，在反对派领导人巴基耶夫上台之后，也成立了亲总统党——祖国之路党。这些政党基础的夯实，有助于总统的统治和政权的稳定。

综上可以得出结论："颜色革命"之后，为了抵御可能发生的"革

---

① 赵常庆主编：《"颜色革命"在中亚——兼论与执政能力的关系》，社会科学文献出版社 2011 年版，第 69 页。

② 同上，第 223 页。

命"风暴，中亚各国在政权建设方面采取了一系列的措施。这些措施的制定和实施，在一定程度上增强了中亚抵御颜色革命的能力。与此同时，也使民主政治赖以存在和发展的基础越来越薄弱。为预防"颜色革命"，各国将国家稳定放在首要位置，而将民主化建设作为一个长远目标，并重申实现政治民主的方式必须符合本国国情，走自己的道路。而中亚各国国情就是缺乏民主传统，在政权体制中尚有许多旧政权的痕迹，而这些痕迹的存在是不利于民主发展的。为巩固现政权，各国都加强了对反对派的限制，使反对派的势力较"颜色革命"之前更弱，活动空间更小。与此同时，亲总统党力量的加强，使总统集权倾向更加明显。加之有国家政权机器的保障以及俄罗斯的保驾护航，中亚地区本来已经十分缓慢的民主化进程继续减速，民主化的目标更加遥遥无期。

第二，俄罗斯的强硬立场助推了"颜色革命"的反作用力。

"颜色革命"冲击乌兹别克斯坦之时，俄罗斯挺身而出。不仅对西方策划"颜色革命"的行为进行舆论谴责，而且采取实际行动帮助乌兹别克斯坦抵御"颜色革命"风暴。俄罗斯对以美国为首的西方国家强行推行所谓的民主革命的做法坚决抵制，使"颜色革命"在中亚的反作用力进一步增强。

美国策动"颜色革命"的目的是要将中亚国家全部西化，建立亲西方政权，进一步压缩俄罗斯的战略空间，实现美国利益最大化。而中亚历来被俄罗斯视为后院，是俄罗斯安全的保障和利益攸关区。在北约不断东扩，乌克兰、格鲁吉亚等相继宣布要加入北约的局势下，美国在中亚的做法已经触及了俄罗斯的核心利益，超越了俄罗斯对美国所能承受和忍耐的底线，迫使普京政府开始调整对美政策。俄罗斯对美国的反击从中亚地区开始。俄罗斯对"颜色革命"的态度非常坚决，决不允许西方借中亚各国选举之机插手其内部事务。普京总统明确表示，俄罗斯"不允许中亚成为第二个阿富汗，中亚不需要革命，需要发展"。普京所说的"革命"，明显就是指"颜色革命"，而他说的发展，有两层含义：一是指中亚国家的政治发展，即要捍卫自己国家主权、具有防御"颜色革命"的能力；二是指经济发展，构建防御"颜色革命"的经济基础。① 面对"颜色革命"愈演愈烈之势，俄罗斯对美国发起反击。

---

① 赵常庆主编：《"颜色革命"在中亚——兼论与执政能力的关系》，社会科学文献出版社2011年版，第224～225页。

　　2005 年 12 月,俄罗斯杜马通过了《监督非政府组织法》。该法令直指"颜色革命"的幕后策划者美国和西方政府。2007 年 1 月,第 43 届慕尼黑安全政策会议召开。普京在会议发言中批评美国政府"在国际关系中无所节制地使用武力",导致无人会有安全感,并奉劝美国人在教导他人民主之前自己要先"学会民主"。①

　　俄罗斯在向世人宣告自己立场的同时,采取具体措施,加强与中亚国家的合作,共同抵御"颜色革命"的侵袭。主要做法如下:

　　一是加强军事合作,增强联合抵御能力。2005 年 10 月 13 日,俄罗斯《新消息报》报道,独联体集体安全条约组织成员国俄罗斯、哈萨克斯坦、吉尔吉斯斯坦和塔吉克斯坦四国将在中亚建立一支强大的军队来保护该地区的安全,以免受外来军事威胁。这支部队规模庞大,目的明确,就是要"在出现军事冲突的威胁时从各个方向捍卫集体安全条约组织成员国的主权"。在爆发大规模战争的情况下,这四个成员国将把自己的武装力量交由该部队指挥。有分析认为,这支联合部队相当于是由俄罗斯主导的四国军事联盟,其主要目的有两点:一是防止在中亚地区爆发"颜色革命";二是与美国相抗衡。与此同时,俄罗斯在中亚的驻军依然保留,俄罗斯与集体安全条约组织成员国还举行联合军演,并在演习方案中增加了武力对抗"颜色革命"的科目,即"当国际恐怖组织利用民众对选举结果不满,煽动群众闹事,企图夺取政权的时候,如何用武力去平息'颜色革命'"②。

　　二是改善和加强与中亚国家的关系。中亚五国独立后,由于地缘政治格局的变化,俄美在中亚的争夺日益加剧,中亚的外交政策也不断变化。独立初期,由于美国的步步紧逼和俄罗斯的"甩包袱"战略,中亚各国的外交一度向美国倾斜,尤其是"9·11 事件"后,出于反恐需要以及受经济利益驱使,一些中亚国家向美国提供军事基地,而美国以各国实行政治民主为条件,向中亚提供经济援助。美国在中亚的影响力暂时处于领先地位。中亚国家与美国的关系比较融洽,而乌兹别克斯坦与美国的关系更加紧密。1996~2003 年,乌兹别克斯坦外交政策的重点就是向西方倾斜,与美国交往甚密。1999 年乌兹别克斯坦宣布退出独联体集体安全条约组织,

---

　　① 赵常庆主编:《"颜色革命"在中亚——兼论与执政能力的关系》,社会科学文献出版社 2011 年版,第 228 页。

　　② 傅宝安、吴才焕、丁晓强主编:《"颜色革命":挑战与启示》,江西人民出版社 2006 年版,第 251 页。

"9·11事件"后，加入到美国领导的反恐联盟中，并向美军提供汗纳巴德军事基地。但"颜色革命"却成为美国与中亚甜蜜关系的终止符。风暴吹醒了中亚国家领导人，他们与美国渐行渐远的同时，扑向了俄罗斯的怀抱。以俄乌关系为例：在"安集延事件"发生后，俄罗斯不仅在第一时间表态谴责恐怖分子的暴行，且对乌兹别克斯坦政府的做法给予肯定。之后，俄罗斯又将潜逃到俄罗斯的骚乱分子遣返回乌兹别克斯坦。曾经亲美疏俄的乌兹别克斯坦外交政策发生转折性的变化，开始亲俄疏美，与俄罗斯结成政治联盟。就在2005年，乌兹别克斯坦在驱赶美军，要求其撤出汗纳巴德军事基地的同时，与俄罗斯达成在乌部署10个军事基地的协议；乌兹别克斯坦重返独联体集体安全条约组织，还加入了欧亚经济共同体。

三是利用上海合作组织打压美国势力。上海合作组织成立于2001年，俄罗斯和中国是该组织的共同领导者，上海合作组织峰会每年召开一次。2005年，接连在吉尔吉斯斯坦和乌兹别克斯坦发生的骚乱事件成为这一年上海合作组织峰会讨论的重点内容之一。同年7月，上海合作组织元首峰会在阿斯塔纳举行。乌兹别克斯坦和俄罗斯率先提出美军在中亚驻军期限问题，得到与会成员国的响应，并写入上海合作组织《元首宣言》中。上海合作组织发表了让美国撤走在中亚地区的军事基地的声明，要求美军制定从中亚撤军的最后期限，表达该组织对维护地区安全的决心。继乌兹别克斯坦要求美军撤军后，吉尔吉斯斯坦也表达了要求美军撤军的意愿。与此同时，吉尔吉斯斯坦却同意俄罗斯在其境内距离美军基地不远处修建坎特军事基地，塔吉克斯坦根据新协议允许俄罗斯将驻塔部队改建成永久军事基地。不仅如此，上海合作组织成员国多次举行军事演习，显示该组织在反恐方面的威慑力。上海合作组织成员国态度的转变，使美俄的军事力量对比发生了变化。

俄罗斯的强硬立场令中亚国家刮目相看，就连通过"3·24事件"上台执政的吉尔吉斯斯坦反对派总统巴基耶夫在担任总统之后，也实行比前任更加亲俄的政策。俄罗斯对"颜色革命"的态度，普京对西方民主政治的立场，增强了中亚各国依靠俄罗斯抵御"颜色革命"的信心。"对于转型时期的中亚国家来讲，同俄罗斯的合作是保障地区稳定的重要条件，因此，中亚各国的领导人大多选择亲俄立场"。其政治改革举措也越来越趋同于俄罗斯，与西方民主政治距离越来越大。

第三，美国的中亚战略调整使民主化进程更加漫长。

美国在中亚制造"颜色革命"的目的，是要在中亚建立亲美政权。但事与愿违，美国是赔了夫人又折兵。"3·24事件"和"安集延事件"之后，中亚各国与美国的关系渐行渐远。不仅包括吉尔吉斯斯坦巴基耶夫新政权在内的中亚五国全部倒向俄罗斯的怀抱，而且连原来的阵地也丧失了。乌兹别克斯坦在2005年6月就要求美国从该国的军事基地撤出，上海合作组织2005年峰会也提出要求美军撤出中亚的动议，吉尔吉斯斯坦也有类似的想法。在众叛亲离之后，美国不得不调整在中亚的政策，以现实政治替代"民主使命"。

美国调整中亚战略主要是出于国家战略的考量。对美国而言，在经济利益与推进中亚的民主政治之间，经济利益处于优先地位。中亚的能源是美国不可丧失的战略资源，美国在中亚，尤其是在哈萨克斯坦有着重要的经济利益；美国惧怕俄罗斯在中亚独占鳌头，在美乌关系恶化、吉尔吉斯斯坦反对派巴基耶夫就任总统后亲俄的情势下，美国在中亚的战略受挫，急于寻找新的战略合作伙伴；美国希望中亚国家实现西方化，最担心的是这些国家被伊斯兰化。中亚各国都是伊斯兰国家，穆斯林在各国居民中的比例极大。"在中亚地区，至少80%的居民信仰伊斯兰教。这种状况为各类货色的极端分子及所谓的伊斯兰教徒提供了最合适的机会。"[1] 中亚周边国家如伊朗、土耳其、阿富汗等都希望中亚伊斯兰化。而中亚的极端宗教势力非常活跃，成立了许多宗教组织。这些宗教组织致力于建立伊斯兰国家的努力。而伊斯兰文明与西方文明的冲突近年来愈演愈烈，"9·11事件"就是最好的例证。美国担心，如果强行在中亚推进民主进程，中亚的世俗政权一旦被推翻，将有出现政教合一的伊斯兰国家的可能。美国白宫发言人麦克莱伦的话代表了美国的担心。在谈到"安集延事件"时，麦克莱伦说："我们关心那里的人权状况，但我们也关心由此引发的暴力，特别是一些恐怖分子。这些恐怖分子，很多就是从阿富汗逃过来的死硬分子，他们是乌兹别克斯坦的敌人，更是美国的敌人。"[2] 因此，美国不敢过分地推行挤压政策，担心世俗政权一旦被推翻，伊斯兰势力掌管政权，对美国更加不利。

美国在权衡利弊后得出的结论是，如果"继续在'民主改造'方面对中亚国家施压，只能引起这些国家更大的反感，并把他们完全推向俄罗

---

① ［乌兹别克］伊·卡里莫夫：《乌兹别克斯坦人民从来不依赖任何人》，时事出版社2006年版，第55页。

② 赵常庆主编：《"颜色革命"在中亚——兼论与执政能力的关系》，社会科学文献出版社2011年版，第85页。

斯怀抱，美国将有可能被挤出这一地区，最终失去已经在这一战略要地获得的空间，失去这一地区的石油资源。故此，美决定暂时'退兵'"①。"退兵"意即暂时放弃民主改造中亚战略。美国对中亚民主政策的转变主要体现在对待哈萨克斯坦大选的态度上。

如前所述，美国对哈萨克斯坦的民主现状不满，认为总统纳扎尔巴耶夫是"独裁总统"，担心纳扎尔巴耶夫的连任会导致独联体民主化进程陷入停滞。然而，在 2005 年哈萨克斯坦总统换届选举前，美国对纳扎尔巴耶夫的态度却出现了大逆转。时任美国国务卿赖斯称赞"哈萨克斯坦是中亚民主改革的典范"，称赞纳扎尔巴耶夫是中亚地区具有潜力的领导者和领头羊，"相信纳扎尔巴耶夫总统可以运用自己的领导才能和广泛的民众支持，带领哈萨克斯坦进入新的发展阶段"②，希望同哈萨克斯坦在各个领域的合作。在赖斯看来，哈萨克斯坦是美国在国际舞台上当之无愧的伙伴。因此，美国承认哈萨克斯坦在实现民主化方面在走自己特殊的道路。所谓特殊的道路，就是中亚国家强调的根据本国国情、具有本国特色的道路，就是在民主化进程中分步走、渐进式的道路。

美国中亚战略调整的结果就是："颜色革命"风潮并未席卷哈萨克斯坦，纳扎尔巴耶夫在大选中获得连任。"哈萨克斯坦政权的稳定符合美国石油投资者以及美国政府的利益。美国的民主战略也让位于经济利益"。③2006 年，纳扎尔巴耶夫在美国主导的连接格鲁吉亚、土耳其和阿塞拜疆三个国家的"巴库—第比利斯—杰伊汉"石油管道协议上签字，宣布正式加入该管道，算是对美国助选的回报。美国在中亚战略的调整应了中国一句古话："鱼和熊掌不能兼得"。美国保住了在中亚地区部分经济利益，却不得不暂时放下"民主使命"。其政策改变的客观效果就是使中亚布满荆棘的民主化之路失去了外在的推动力，发展更加缓慢。

"颜色革命"至今已近 8 年的时间，但"颜色革命综合征"在中亚地区尚未完全消失。出于对"颜色革命"的恐慌和防范，中亚各国对反对派的限制并未取消，各国反对派的势力都无法与总统势力相抗衡，中亚各国总统集权的现象并未有明显的改善，政党政治也未见较大的发展。总之，

---

① 刘明主编：《街头政治与"颜色革命"》，中国传媒大学出版社 2006 年版，第 249 页。

② 许涛：《哈萨克斯坦绕过"颜色革命"》，新华网，2005 年 12 月 6 日。http://www.cn5c.com/new/article.php? articleid＝53751.

③ 赵常庆主编：《"颜色革命"在中亚——兼论与执政能力关系》，社会科学文献出版社 2011 年版，第 147 页。

中亚的民主化依然没有实现，各国尚处于民主化进程中，而从目前各国发展情况来预判，民主化之路依然漫长。

3.1.3　中亚威权化民主模式的确立

中亚自苏联解体时开始的体制转型迄今已有二十余年，从中亚各国目前的政权形态来看，具备新威权主义的某些基本特征。如果将其民主模式进行归类，应属于以总统集权制为特征的威权化民主模式。

从政治学的角度来分析，绝大多数学者把民主化转型之前的政权统称为权威主义政权，而将"二战"后发展中国家出现的一种新的政权类型称之为新权威主义。按照《布莱克威尔政治学百科全书》的解释，权威主义是"一种统治形式，或者拥护这种形式的哲学。在这种统治形式下，统治者把他们的价值观强加给社会。……这一术语意味着一系列为数众多的政府体制，它包括专制政治、暴政、法西斯主义、纳粹以及极权主义"[1]。而"新权威主义是指一种政治权力集中于少数寡头集团，借助代议制形式以及其他国家工具严格控制各种利益表达和政治参与，如政党活动、利益集团的活动、社会运动，以现代化和经济发展为主要目标的意识形态或政权状态"[2]。

新权威主义与权威主义最明显的区别在于，新权威主义具有强烈的现代化倾向，是在现代化进程中、民众已经被普遍动员的基础上，依据法律，以宪制民主的形式实行统治的政权状态；而权威主义则是在传统经济发展模式之下、民众未被社会动员的基础之上，法律体系缺失，以君主制、苏丹制等集权主义形式实行统治的政权状态。

以此来衡量，中亚各国在苏联时期的政权形式当属于权威主义，而经过民主转型之后的政权则具有一些新权威主义的特征。众所周知，中亚国家独立后明确宣布要建立民主、法治、世俗的国家，为何在转型过程中出现新权威主义特征？新权威主义政权的特点是什么？这是我们不得不思考和回答的问题。

新权威主义作为"二战"后出现的一种特殊的政权形式，其本身并不是发展中国家政治发展和政治文明进程中的目标，而是现代化进程的伴生物，其政权形态具有三重性：过渡性、局限性和必然性。新权威主义政权

---

① 见《布莱克威尔政治学百科全书》中译本中"独裁主义"词条，转引自陈尧：《新权威主义政权的民主转型》，上海人民出版社2006年版，第23页。

② 陈尧：《新权威主义政权的民主转型》，上海人民出版社2006年版，第27~28页。

主要有以下几个方面的特点：

（1）政治权力集中，很少受到选举和法律的约束；

（2）由军人、官僚集团或政党控制社会，但民众在经济领域享有较广泛的自由；

（3）政权控制思想、舆论，对媒体实行较为严格的管制；

（4）政权利用各种手段干预经济活动，主观上力图推动社会经济增长；

（5）社会中的政治参与受到严格限制，利益集团的活动十分有限；

（6）民众的利益难以得到保证，权利很少受到尊重。[①]

新权威主义政权既是发展中国家在摆脱传统体制、选择新的体制（多元民主、社会主义、寡头体制或军人体制）不断"试错"的结果，也是在社会变迁过程中集权主义政治文化占主导地位、大众政治权力缺失的结果，在消除旧体制、建立新体制的过程中出现了总统集权的现象。在新权威主义的政权专制结构中，行政首脑具有十分优越的地位。这不仅是因为这类政权体制通常具有行政集权的历史，还因为"这些国家的正式制度如宪法，往往规定总统或总理享有很大的权力，因而在形式上通常以总统制、一党制为主要的制度形态。在新权威主义政权中，总统或总理往往被比作古代帝王、苏丹，享有远比西方民主国家的总统或总理大得多的权力。在立法—行政—司法权力体系中，行政明显优越于其他两者，并且由于这些国家中宪政体制遭到破坏、制度权威得不到尊重，故而又增加了行政权力的影响范围，使总统或总理成了名副其实的'专制者'，很少受到其他权力的约束。总统除了制度规定的行使作为行政首脑、武装力量的首领、国家元首的权力外，还行使着国家紧急状态下的紧急处置权，可以要求修改宪法甚至取消宪法而以行政命令治理国家。行政首脑成为国家终极权力的所有者和各种权力的来源，是国家生活的核心"[②]。

以中亚各国现政权与新权威主义的特征相对照，我们发现，新权威主义的某些特点在中亚现政权中有明显体现。换言之，虽然中亚各国政治体制转型的目标是西方式的民主化，但在民主化、市场化、现代化的进程中，受制于国内外各种因素，制度变迁的路径已发生变化。在制度转型过程中，出现了总统集权制的现象。

作为脱胎于苏联母体的中亚，不仅有着沙俄时期的殖民地历史，而且

---

① 陈尧：《新权威主义政权的民主转型》，上海人民出版社2006年版，第42页。

② 同上，第109～110页。

苏联时期高度集权的专制统治对其影响深远，以至于在转型初期，无论是在社会政治制度、管理体制还是思维方式上，都留有苏联体制的深刻印记。在中亚独立初期，鉴于巩固国家稳定的需要，在发展政治民主的过程之中，各国始终把加强领导力量，尤其是加强总统在政府决策和国家治理方面的权力作为核心任务，总统权力逐渐加强。

中亚各国总统的权力首先体现在宪法条文上。以乌兹别克斯坦为例。宪法第八十九条规定：乌兹别克斯坦总统是国家元首和乌兹别克共和国执行权首脑。乌兹别克斯坦共和国总统同时是内阁主席。《宪法》第九十三条对总统权力做了详尽规定，总统有权任命和解除总理、第一副总理、副总理、乌兹别克斯坦共和国内阁成员、乌兹别克斯坦共和国总检察长及副总检察长的职务并随后提交议会批准；向乌兹别克斯坦共和国议会提出宪法法院院长和成员、最高法院院长和成员、高等经济法院院长和成员、乌兹别克斯坦共和国中央银行行长和乌兹别克斯坦共和国环境保护国家委员会主席职务的人选；总统是共和国武装力量最高统帅，可以任命和解除武装力量高级指挥官的职务，授予高级军衔。不仅如此，乌兹别克斯坦不设副总统，没有继任制；总统不仅拥有更多的行政权，而且拥有制约立法机关的权力。总统在任期间不受弹劾，卸任后终身担任宪法法院法官职务。从宪法条文规定来看，乌兹别克斯坦总统不仅拥有西方总统制国家总统享有的一切权力，而且集国家大权于一身。

其次是体现在政权结构上。中亚五国宪法都规定，国家权力建立在立法、执行和司法三权分立的原则之上，它们独立行为，相互制衡。但在实际运作中，立法和司法权也由总统掌握，形成了"强总统、弱议会"或称为"大总统、中政府、小议会"的权力格局。以土库曼斯坦为例：在中亚五国中，土库曼斯坦总统的权力最大。土库曼斯坦《宪法》第三章第五十四条规定，土库曼斯坦总统是国家和执行权力的首脑、土库曼斯坦最高官员，是民族独立、领土完整、遵守宪法和国际协定的保障者。第五十七条规定，总统是武装力量的最高统帅，发布关于总动员或部分动员、动用武装力量的命令，并随即将这些行动提交人民委员会批准，任命武装力量的高级指挥官。与此同时，土库曼斯坦总统还享有立法权。土库曼斯坦《宪法》第六十六条规定：议会可将就某些问题颁布法律的权力转给总统，但必须随即交由议会批准。土库曼斯坦宪法虽规定国家的司法独立，但同时又规定由总统任命最高法院院长、最高经济法院院长、总检察长和所有法官，而且司法部门要向总统报告工作。因此，司法工作在相当程度上受总统的影响和制约。不仅如此，与中亚其他国家不同的是，土库曼斯坦的总统在全国各地都设有总统代表。这些代表是常设的，在各州、市、政府各部、共和国各委员会和局下属的各地方权力机构都有，而且权力大于所在机构的领导的权力。他们代表总统负责检查宪法和法律、总统和政府命令的执行情况，全面领导有关行政管理机关公务人员的工作。政府所属的地方管理机构虽然可以独立处理自己承担的工作任务，但在必要时，应与总统在当地的代表共同协商。①

在中亚，各国尽管在宪法条文中赋予议会极大的权力，议会可以弹劾总统（乌兹别克斯坦除外），但经过独立初期总统与议会的较量之后，"弱议会"的局面出现。议会在中亚国家政权中的角色只是国家体系的有机组成部分，是总统的附属机构。从中亚议会力量构成来看，各国议会中至少2/3以上的议席属于亲总统势力。换言之，议会处在总统直接掌控和领导之下。

最后是体现在总统任期上。中亚各国无一例外都以宪法的形式对总统任期做了明确规定：同一人连任总统不得超过两届，每届任期5年。但实际上中亚国家的总统执政时间都超过10年，有些国家自独立至今只有一位总统。中亚国家或通过全民公决，或通过修改宪法的形式延长总统任期。乌兹别克斯坦总统伊·卡里莫夫1991年当选国家独立后的第一任总统，1999年通过全民公决的形式延长总统任期，2000年获得连任，2002年再次通过全民公决的形式延长总统任期，并将总统任期由5年改为7年。2007年通过选举再次连任。土库曼斯坦总统萨·阿·尼亚佐夫1992年当选为国家独立后的首任总统，1999年12月，土库曼斯坦人民委员会和议会联合通过决议，授权尼亚佐夫"无限期行使总统权力"。2002年8月8日，出席土库曼斯坦人民委员会第12次会议的2000名代表一致推举尼亚佐夫为土库曼斯坦"终身总统"。尼亚佐夫虽然拒绝了"终身总统"的头衔，但他表示仍将按照人民委员会和议会授权他"无限期行使总统权力"的决议，继续履行自己的职责。直至2006年12月病逝。2007年，土库曼斯坦进行了独立以来的第一次总统选举。哈萨克斯坦和塔吉克斯坦的情况与乌兹别克斯坦情况相似。即使是号称中亚民主之岛的吉尔吉斯斯坦，首任总统阿卡耶夫也执政到2005年。尽管吉尔吉斯斯坦没有通过修改宪法来延长总统任期，但阿卡耶夫本人也试图谋求连任，"3·24事件"的发生提前结束了阿卡耶夫的总统任期，打破了阿卡耶夫连任总统的梦

---

① 在本节中涉及的有关中亚五国宪法的内容和具体条款皆出自任允正、于洪君：《独联体国家宪法比较研究》，中国社会科学出版社2001年版。

想。尽管中亚各国的总统是由选举产生的，但总统任期制的延长，仍然是中亚总统集权制的一个突出表现。

综上可见，中亚总统集权制的政治体制已经形成。这种政治体制不同于西方政体，也有别于苏联时期的极权体制，它是中亚各国在发展民主政治的过程中出现的、带有较浓郁的新权威主义政权色彩的过渡性体制。如果按照民主模式来区分，可将其称为威权化民主模式。

3.2　经济转型深化及一体化进程推进

随着市场化改革实践的深入，中亚国家对市场经济的认识不断加深，加之经济形势逐渐稳定并趋好，中亚各国建立由政府主导的社会市场经济的具体目标更加明确。与此同时，中亚国家利用自身丰富的自然资源，迅速开展对外经贸合作，特别是加强区域一体化的合作进程，以此加强地区资源优势互补，这些国家也从独立初期的无助和盲目，不断走向更加自主和独立。

3.2.1　经济转型的基本进程与市场化改革的深入

中亚各国的经济转型经历了一个逐步深化的过程。根据各国经济体制改革方针、经济发展状况和市场经济体系确立的情况来划分，其经济转轨进程大致可以分为三个阶段，即转型初始时期、市场经济改革深化时期和经济稳定发展的新时期。①

---

①　关于中亚经济转型基本进程，多数学者赞成划分为三个阶段。但在具体的时间期限和名称界定上存在差异。杨恕教授在《转型的中亚和中国》一书中指出，中亚国家经济转型大致经历了三个阶段：1991 年独立前后至 1994 年退出卢布区为转型初始阶段，这一阶段的重点是明确转型的基本原则，奠定市场经济的法律基础；从 1994 年底至 20 世纪 90 年代末为转型的稳定发展时期，经济转型已成为不可逆转之势；从 90 年代末起为新的发展时期，各国都制定了新的发展战略（参见杨恕：《转型的中国和中亚》，北京大学出版社 2005 年版，第 126 页）。吴宏伟教授在与于树一合写的《中亚地区经济特点及与世界经济的比较研究》一文中，将中亚国家的市场经济发展进程也分为三个阶段：第一个阶段是独立开始至 1995 年，中亚国家开始打破旧制度，从计划经济向市场经济转变，并逐步建立了市场经济体系。第二个阶段是从 1996～2000 年，中亚国家的市场经济体制得到进一步的巩固与发展。第三个阶段是从 2001 年至今，中亚国家开始积极参与国际合作，其经济发展从区域内转向区域外，与国际接轨的程度越来越高［参见吴宏伟、于树一：《中亚地区经济特点及与世界经济的比较研究》，载《新疆大学学报》（哲学社会科学版），2009 年第 30 卷第 3 期］。

经济转轨的第一个阶段：转型初始时期，从 1991 年独立前后至 1995 年底。这一时期是中亚各国确立经济发展基本原则，探索经济发展模式，确立经济转轨方式，构建市场经济基础的时期①，也是中亚各国经济发展最为困难的时期。以独立前后作为这一时期的起点，一是因为中亚各国的经济体制改革始于苏联解体前的经济体制改革，戈尔巴乔夫时期推行的改革计划直接作用于各加盟共和国；二是因为各国经济转型的开端并非同一时间点。需要指出的是，中亚各国尽管对这一时期的改革方针在界定上有所不同，但时间大致相当，任务基本相同。土库曼斯坦就将 1991 ~ 1995 年确定为经济转型期，在该国总统看来，这一时期，属于经济改革最困难的时期。

转型初始阶段，导致中亚经济改革困难的最主要的原因是中亚各国经济对外依赖性强，缺乏独立性。独立伊始，由于俄罗斯将独联体视为"文明离婚俱乐部"，醉心于继承苏联的遗产，加上 1992 年初，俄罗斯实行激进的经济改革，推行"休克疗法"，突然放开物价，使独联体各国的经济受到严重冲击，中亚各国与俄罗斯之间的经济联系被迫中断，苏联范围内经济结构的完整性被破坏。俄罗斯的这一做法为中亚各国带来了灾难性的影响，导致在原苏联时代业已出现的经济危机进一步加深，生产大幅度下降，中亚经济持续下滑，通货膨胀严重，经济形势不断恶化。这一时期，"中亚各国经济下降的总幅度超过独联体的平均水平，其中，哈萨克斯坦、吉尔吉斯斯坦下降约为 50%，土库曼斯坦约为 40%，塔吉克斯坦约为 70%"②。经济下滑，加上商品奇缺，导致中亚各国物价飞涨。"1992 年与 1991 年相比，哈萨克斯坦工业品批发价上涨 23.7 倍，电能价格上涨 47.2 倍，石油价格上涨 39.8 倍，食品价格上涨更快，其他中亚各国也都出现类似情况"③。1992 ~ 1994 年，中亚多数国家通货膨胀率达到 4 位数，人民生活非常困难。

尽管这一时期经济发展和人民生活都遭遇了极大的困难，但值得肯定的是，各国在确定由计划经济转向市场经济的大方向之后，根据本国具体情况选择了转轨方式，构建起发展市场经济的法律基础，建立了比较完整的经济管理机构，通过实行严厉的宏观调控政策和社会保障措施，不仅渡过了危机，还实现了经济独立。

中亚各国经济独立的突出表现就是发行本国货币。苏联解体后，原加盟

---

① 在第 2 章第 2.3 节中已经阐述，此处不再赘述。

② 刘庚岑：《独立后的吉尔吉斯斯坦》，载《东欧中亚研究》1995 年第 2 期。

③ 杨恕：《转型的中国和中亚》，北京大学出版社 2005 年版，第 126 页。

共和国大部分仍留在卢布区。鉴于独立初期的经济困局，中亚国家希望保持与俄罗斯传统的经济联系，继续留在卢布区内，以双边协议方式把它们的货币政策与俄罗斯挂靠。1993 年 7 月 26 日，俄罗斯在未与卢布区国家协商情况下，发行新版卢布，同时单方面宣布 1961～1992 年版卢布停止在俄罗斯境内流通，这一举措给中亚各国（吉尔吉斯斯坦除外）造成极大混乱。同年 10 月，在就建立统一卢布区进行谈判时，俄罗斯提出苛刻条件，要求中亚国家如果想要留在卢布区，就必须将黄金外汇储备和外贸活动置于俄罗斯中央银行的控制之下。这将意味着，中亚国家要接受俄罗斯的利率和通货膨胀，并与俄罗斯中央银行国内信贷政策相一致，各国的中央银行实际上将成为俄罗斯中央银行的分支机构。在此情况下，中亚各国被迫退出卢布区。

中亚五国中，最早退出卢布区的是吉尔吉斯斯坦。吉尔吉斯斯坦选择发行独立货币的原因：一是出于控制本国通货膨胀的考虑。1993 年第一季度，吉尔吉斯斯坦的通货膨胀率居中亚各国之首，达到 36%。吉尔吉斯斯坦总统阿·阿卡耶夫意识到，对于资源短缺的吉尔吉斯斯坦而言，一旦俄罗斯提高能源供应价格，其经济将受到更大冲击。在严峻的形势之下，发行本国货币，退出卢布区，实行独立的经济政策，是吉尔吉斯斯坦摆脱困境和避免财政崩溃的唯一出路。二是为满足国际货币基金组织的要求。吉尔吉斯斯坦外部资金的主要来源是国际货币基金组织。1993 年 5 月 12 日，国际货币基金组织给吉尔吉斯斯坦提供了 2.6 亿美元贷款，贷款条件之一是吉尔吉斯斯坦必须发行自己的货币。三是苏联加盟共和国的示范效应。苏联解体后，在卢布区货币严重短缺、工资和津贴的支付发生严重困难、钞票的印制无力赶上通货膨胀速度等一片混乱的情况下，为控制本国通货膨胀状况，割断与俄罗斯中央银行联系，波罗的海沿岸国家和乌克兰将退出卢布区、发行自己货币视为通向货币稳定的必由之路。实践证明，发行独立的本国货币对抑制通货膨胀确实有效。有资料显示，至 1992 年底，拉脱维亚的月通货膨胀率已经降至 3% 以下，而同期卢布区国家月通货膨胀率为 25%～30%。在爱沙尼亚、拉脱维亚、立陶宛和乌克兰发行自己的货币之后，吉尔吉斯斯坦选择了发行独立货币的做法①。1993 年 5 月 3

---

　　①　1992 年 6 月 20 日爱沙尼亚发行本国货币克隆（kroon）；7 月 20 日拉脱维亚宣布拉脱维亚卢布为唯一合法货币；10 月 1 日立陶宛宣布，在启用新货币立塔（litas）以前，以前发行的代币券塔龙那（talonas）将成为唯一的合法货币，塔龙那也将实行浮动汇率；11 月 12 日乌克兰宣布，代币券（取新名为卡博万（karbovanets））将成为唯一合法货币，并在商业银行间竞争性招标的基础上方可兑换为美元。卡博万最终将被全国通用货币赫莱（hryvnia）取代。

日，吉尔吉斯共和国最高苏维埃通过决议，决定吉尔吉斯斯坦退出卢布区，并从同年5月7日起发行本国货币"索姆"。同一天，吉尔吉斯斯坦议会投票赞成以索姆作为唯一合法货币，并将实行浮动汇率。

继吉尔吉斯斯坦之后，土库曼斯坦第二个宣布退出卢布区。1993年11月1日，土库曼斯坦正式发行本国货币——土库曼马纳特，并宣布马纳特是土国内唯一的支付手段。由于独立初期马纳特面额过大、币值较低以及实行汇率双轨制等原因，对国内经济统计和对外招商引资等工作产生阻碍，进而影响到经济的持续健康发展。有鉴于此，总统别尔德穆哈梅多夫执政后于2007年底实行币制改革。此次币制改革从汇率改革入手，政府以行政命令的形式同时对官方汇率和商业汇率进行调整，官方汇率和商业汇率的比值由原来的1:4.5降为1:3.2，通过三次汇率调整，最终实现了汇率并轨，并从2009年1月1日起在全国范围内发行新币。①

1993年11月15日，哈萨克斯坦和乌兹别克斯坦同时发行本国货币。哈萨克斯坦和大多数独联体国家一样，独立后生产即陷入停滞，商品出现短缺，价格飞涨。1992年，哈萨克斯坦通胀率达到250%，经济环境极不稳定。1993年7月，在俄罗斯发行新卢布后，哈萨克斯坦仍希望与俄罗斯建立新型卢布区。因俄罗斯提出的条件严重损害了哈萨克斯坦的权益，哈萨克斯坦最终放弃了与俄罗斯实行统一货币的想法。1993年11月12日，哈萨克斯坦总统纳扎尔巴耶夫发表电视讲话，宣布从1993年11月15日起，在哈萨克斯坦全境发行本国货币——坚戈，并以1:500的比率取代俄罗斯卢布流通，同时退出卢布区。

乌兹别克斯坦的情况与中亚其他国家有所不同。受严重的通货膨胀和卢布币值下跌因素的影响，在俄罗斯发行新卢布之后，一段时期内，乌兹别克斯坦政府允许新老卢布并用。乌兹别克斯坦本国货币发行的方式和时间与哈萨克斯坦相同，同样是在1993年11月12日，同样是以总统发表电视讲话的形式，宣布从1993年11月15日起发行本国过渡性货币——索姆（也作"索姆—库邦"），取代俄罗斯卢布。为稳定货币流通，提高

---

① 独立初期土库曼斯坦独立货币的面值较大，最大面额为10000马纳特，10000马纳特按现行汇率折合仅约0.7美元，按照当时双轨制的兑换方法，官方汇率是1美元:5200马纳特，商业汇率约1美元:23600马纳特。别尔德穆哈梅多夫就任土库曼斯坦总统后，着手实行汇改。从2008年1月1日起美元兑马纳特的官方汇率调整为1:6250，商业汇率改为不超过1:20000。2008年5月1日，宣布汇率并轨，并轨后汇率为1美元:14250马纳特。2009年1月1日起在全国范围内改革币制、发行新币。新币名称为新马纳特，1新马纳特等值于5000马纳特。

索姆的购买力以及为增加黄金外汇储备创造必要的条件。1994 年 4 月 15 日起，乌兹别克斯坦中央银行禁止在其领土上流通和接收所有法人和自然人支付的任何俄罗斯钞票。

塔吉克斯坦因战乱和资源匮乏，使其成为中亚五国中经济发展水平最为落后的国家。俄罗斯新卢布的发行和旧卢布的作废，给塔吉克斯坦带来了相当大的经济动荡。措手不及的塔吉克斯坦无法在短期内发行本国货币，只好继续旧版俄罗斯卢布，直至 1994 年 1 月 8 日。1995 年 5 月 6 日，塔吉克斯坦政府宣布从 5 月 10 日起发行本国货币——塔吉克卢布，成为中亚最后一个发行本国独立货币的国家，也是最后一个退出卢布区的国家。

中亚各国独立货币的发行是各国谋求经济独立的标志性事件，是国家经济独立的象征，也是各国在经济独立道路上迈出的成功的一步。币制改革对巩固独立成果、抑制和降低通货膨胀、发展经济起到了重要作用。与此同时，独立货币的发行也为市场经济体系和国民经济体系的建立奠定了基础。从 1996 年开始，中亚各国经济进入了市场经济改革的深化期。

经济转轨的第二个阶段：市场经济改革深化时期，从 1996 年初到 1999 年底。这个时期的划分不仅考虑到各国经济发展的实际情况，也与各国制定的经济发展战略相符。以塔吉克斯坦为例，塔吉克斯坦议会在 1995 年 11 月通过的经济改革纲要中，规定了塔吉克斯坦实施改革的三个阶段："第一阶段从 1995 年到 1997 年，是克服经济危机的阶段。从 1998 年到 1999 年为第二个阶段。在这一阶段结束结构改革，通过在工业、金融和银行部门推行市场改革，建立有效的信贷体制和征税体制，完成大型企业的私有化等措施。第三阶段从 2000 年到 2003 年。在这一阶段，依靠国内积累和扩大同外部世界的联系实施国民经济现代化，实行广泛的经济和社会纲要。"[①] 在转型初期各项改革措施的基础上，这一时期，各国继续将经济改革推向深入。不仅实现了价格自由化，而且实现了企业经济活动的自由化。所有制改革走向深入，非国有化和私有化的改革进程已由初期的中小企业私有化发展到大企业私有化的层面。各国外贸自由化较独立初期有了较大的进步，尽管政府仍旧保留了对一些行业外贸活动的控制权，但在 1995 年和 1996 年都先后取消了出口许可制度，对征税的产品种类也只局限于几种。各国进出口税率的调整对外贸制度改革起到了辅助作用。这一

---

① ［塔吉克］д·卡里莫夫：《塔吉克斯坦的经济改革及国际合作潜力》，载《东欧中亚市场研究》2001 年第 12 期。

时期值得特别强调的是，经济结构改造取得了一定的成就。

经济结构改造包括产业结构和所有制结构。中亚各国的发展历史注定了其经济结构的单一性。这既是中亚经济的特点，也是其致命弱点。经济结构的单一性和畸形直接影响到独立的国民经济体系的构建。因此，在中亚独立初期，各国已将改造不合理的经济结构作为一项系统工程。经济结构的改造不仅需要政策、决心，更需要大量的资金。在独立初期经济不断下滑的情势之下，经济结构改造进展缓慢。进入市场经济改革深化期之后，经济形势的好转，外资的不断注入等，为经济结构改造创造了条件。到1999年，经济结构改造已经取得了一定的进展。

中亚各国产业结构的畸形主要表现在产业结构比例存在三个失调：一是重工业和轻工业比例失调；二是原材料生产与加工工业比例失调；三是农牧业生产与农牧业加工工业比例失调。经过独立以来的不断调整，到20世纪90年代末已经有了明显的变化。在苏联时期处于优势的农业和能源产业原材料生产地位得到巩固的同时，加工工业的比重在不断提高。以哈萨克斯坦为例，1990年哈萨克斯坦的工业和服务业在国内生产总值中的比重分别为20.5%和15.9%，到1998年分别增长为25.8%和60%。而工业产值的增加主要是加工工业创造的。在1999年哈萨克斯坦工业产值构成中，采掘工业占22%，加工工业已占到55%以上。

中亚各国的所有制结构发生了重大变化。尽管各国的具体做法有些不同，但结果是相似的，即私有制成分大幅度提高。哈萨克斯坦、吉尔吉斯斯坦和土库曼斯坦按照企业规模分为"小私有化"和"大私有化"两个阶段，而乌兹别克斯坦不是按照企业的规模，而是按照行业推进私有化，殊途同归的是，国有大型企业私有化都安排在所有制改造的最后阶段。

这一时期，随着市场经济改革的深化，中亚某些国家个别行业的产品产量已恢复到独立前的水平。如哈萨克斯坦和乌兹别克斯坦的油气产业和哈萨克斯坦的电机产业，以及多数国家的粮食种植业。乌兹别克斯坦和土库曼斯坦粮食产量都有显著提高。1991年两国粮食产量仅为190.8万吨和51.6万吨，1999年达到432.1万吨和124万吨，基本实现自给。

在市场经济改革深化期，各国经济已有相当程度的改善，但基础尚不稳固。受1998年的亚洲金融危机和俄罗斯金融危机的冲击，刚刚回暖的中亚经济形势再度恶化。1999年中亚经济再度回升。2000年中亚经济进入了稳定发展的新时期。

经济转轨的第三个阶段：经济稳定发展的新时期，从2000年至今。

经历了转轨初期的制度变革之后，中亚各国都将实现社会稳定与发展作为改革的主要任务和目标。此时，中亚国家的经济也开始慢慢恢复，在良好的经济发展条件下，市场化改革得以继续和深入。在市场化水平不断提高、价格继续自由化和金融制度改革取得进展的同时，随着经济的复苏，中亚各国的财政状况有所好转，其基础设施建设也随之恢复，并取得了一定成效。

为了更加清晰地看到中亚国家市场化改革的进展程度，本文使用了欧洲复兴开发银行的转型进展指数。表 3 - 1 显示的是哈萨克斯坦市场化改革的进展情况，1998 ~ 2000 年，私有化进一步深入，私有经济部门占GDP 的份额增加了 5% ，达到了 60% ；但是外贸与外汇制度改革却从 4 退到了 3 + ，这主要是因为金融危机期间政府加强了对外贸和外汇的管制的结果。此后，哈萨克斯坦的私有化进程得以继续，2000 年私有经济部门占GDP 的份额又增加了 5% 。2002 ~ 2004 年，价格自由化指数由 3 升至 4，以此说明价格得以进一步放开和市场化。此外，基础设施建设的情况也有所改进，由 2 升至 2 + ，由此可以说明，随着经济恢复增长、财政状况的好转，政府向基础设施建设方面的投入也必然随之加强。2004 ~ 2006 年，市场化的步伐进一步加快，主要表现在贸易与外汇制度改革取得进展，从3 + 升至 4 - ；此外，证券市场与非银行金融制度和基础设施两项指标均有所好转，都从 2 + 升至 3 - 。2006 ~ 2008 年，哈萨克斯坦的私有化进一步推进，私有经济占 GDP 的比重增加了 5% ，升至 70% 。

表 3 - 1　　　　　哈萨克斯坦 1998 ~ 2008 年经济转型进展

年份	私有经济部门占 GDP 之比（%）	大规模私有化	小规模私有化	治理与产权重组	价格自由化	贸易与外汇制度	竞争政策	银行改革与利率自由化	证券市场与非银行金融制度	基础设施
1998	55	3	4	2	3	4	2	2 +	2	—
2000	60	3	4	2	3	3 +	2	2 +	2 +	—
2002	65	3	4	2	3	3 +	2	3 -	2 +	2
2004	65	3	4	2	4	3 +	2	3	2 +	2 +
2006	65	3	4	2	4	4 -	2	3	3 - ↑	3 - ↑
2008	70	3	4	2	4	4 -	2	3	3 -	3 -

资料来源：1998、2000、2002、2004、2006、2008 年度欧洲复兴开发银行转型报告。http：// www.ebrd.com.

从表 3 - 2 看出，在 1998 ~ 2004 年，吉尔吉斯斯坦的私有化进程得以继续，私有部门占 GDP 的份额从 60% 迅速上升至 75%。贸易自由化方面，吉尔吉斯斯坦表现出中亚国家少有的好成绩，从 2004 年起，这两个方面均达到最高值 4 +。但竞争政策方面的表现较差，垄断特征仍然很明显。基础设施建设方面进展较快，2002 ~ 2008 年，基础设施指数从 1 + 上升至 3 -，其进步速度十分显著。

表 3 - 2 　　　　　　吉尔吉斯斯坦 1998 ~ 2008 年的经济转型进展

年份	私有经济部门占 GDP 之比（%）	大规模私有化	小规模私有化	治理与产权重组	价格自由化	贸易与外汇制度	竞争政策	银行改革与利率自由化	证券市场与非银行金融制度	基础设施
1998	60	3	4	2	3	4	2	3 -	2	—
2000	60	3	4	2	3	4	2	2 +	2	—
2002	60	3	4	2	3	4	2	2 +	2	1 +
2004	75 ↑	4 - ↑↑	4	2	4 +	4 +	2	2 +	2	2 - ↑
2006	75	4 -	4	2	4 +	4 +	2	2 +	2	3 - ↑
2008	75	4 -	4	2	4 +	4 +	2	2 +	2	3 -

资料来源：1998、2000、2002、2004、2006、2008 年度欧洲复兴开发银行转型报告。http: // www.ebrd.com.

表 3 - 3 显示了塔吉克斯坦 1998 ~ 2008 年经济转型进展。塔吉克斯坦的市场化进展及水平明显要低于哈萨克斯坦和吉尔吉斯斯坦两国。1998 ~ 2000 年，私有化改革得以继续，私有经济占 GDP 的份额从 30% 提高至 40%；外贸自由化方面也有所进展，从 3 - 提高至 3 +。总体看，吉尔吉斯斯坦的市场化改革进展缓慢，截至 2008 年，其私有经济部门占 GDP 的份额也仅为 55%。除价格自由化方面的指标较好（4 -）之外，其他经济转轨指数也都较低，如贸易与外汇制度、竞争政策，特别是证券市场与非银行金融制度的市场化程度仅为 1，是转轨国家中分值最低的国家之一。同时，基础设施建设一项进展也很缓慢，同样为 1，这表明塔吉克斯坦基础设施的落后。

表 3 - 3　　　　　　塔吉克斯坦 1998 ~ 2008 年的经济转型进展

年份	私有经济部门占 GDP 之比（%）	大规模私有化	小规模私有化	治理与产权重组	价格自由化	贸易与外汇制度	竞争政策	银行改革与利率自由化	证券市场与非银行金融制度	基础设施
1998	30	2	2 +	2 -	3	3 -	1	1	1	—
2000	40	2 +	3 +	2 -	3	3 +	2 -	1	1	—
2002	50	2 +	4 -	2 -	3	3 +	2 -	2 -	1	1 +
2004	50 ↑	2 +	4 -	2 -	4 -	3 +	2 -	2 ↑	1	1 +
2006	55	2 +	4	2 -	4 -	3 +	2 -	2 + ↑	1	1 +
2008	55	2 +	4	2 -	4 -	3 +	2 -	2 +	1	1

资料来源：1998、2000、2002、2004、2006、2008 年度欧洲复兴开发银行转型报告。http://www. ebrd. com.

表 3 - 4 显示出，1998 ~ 2008 年土库曼斯坦的市场化进展情况。显然，无论是私有化程度，还是经济自由化程度，乃至证券市场建立、基础设施建设等诸多方面，土库曼斯坦都是中亚国家转轨进展最慢的国家之一，无从谈及市场化改革的继续和深化，只是价格自由化方面有些进展，2004 年起，价格自由化指数从 2 上升至 3 - 。

表 3 - 4　　　　　　土库曼斯坦 1998 ~ 2008 年的经济转型进展

年份	私有经济部门占 GDP 之比（%）	大规模私有化	小规模私有化	治理与产权重组	价格自由化	贸易与外汇制度	竞争政策	银行改革与利率自由化	证券市场与非银行金融制度	基础设施
1998	25	2 -	2	2 -	2	1	1	1	1	—
2000	25	2 -	2	1	2	1	1	1	1	1
2002	25	1	2	1	2	1	1	1	1	1
2004	25	1	2	1	3 -	1	1	1	1	1
2006	25	1	2	1	3 -	1	1	1	1	1
2008	25	1	1	1	3 -	1	1	1	1	1

资料来源：1998、2000、2002、2004、2006、2008 年度欧洲复兴开发银行转型报告。http://www. ebrd. com.

从表 3 - 5 可以看出，乌兹别克斯坦在 1998 ~ 2000 年期间，市场化改革表现出一些倒退的迹象，例如企业治理与产权重组方面，其转轨指数从

2 降为 2 - ；贸易与外汇制度进展指数也从 2 - 降为 1。该国的私有化水平不高，截至 2008 年，私有经济部门占 GDP 的份额还没有过半，其他制度改革也乏善可陈，存在着较严重的垄断和价格管制。

表 3 - 5　　　　　　乌兹别克斯坦 1998 ~ 2008 年的经济转型进展

年份	私有经济部门占 GDP 之比（%）	大规模私有化	小规模私有化	治理与产权重组	价格自由化	贸易与外汇制度	竞争政策	银行改革与利率自由化	证券市场与非银行金融制度	基础设施
1998	45	3 -	3	2	2	2 -	2	2 -	2	—
2000	45	3 -	3	2 -	2	1	2	2 -	2	—
2002	45	3 -	3	2 -	2	2 -	2	2 -	2	2 -
2004	45	3 -	3	2 -	3 -	2	2	2 -	2	2 -
2006	45	3 -	3 + ↑	2 -	3 -	2	2	2 -	2	2 -
2008	45	3 -	3 +	2 -	3 -	2	2 -	2	2	2 -

资料来源：1998、2000、2002、2004、2006、2008 年度欧洲复兴开发银行转型报告。http：// www. ebrd. com.

　　总体看来，中亚国家市场化改革的推进速度较慢，哈萨克斯坦、吉尔吉斯斯坦和塔吉克斯坦在私有化方面的进展明显，其他方面则进展缓慢，而土库曼斯坦和乌兹别克斯坦的改革更加保守，甚至可以认为是止步不前。与转轨初期的情形有所不同的是，进入 21 世纪之后，采取激进方式转轨的哈萨克斯坦和吉尔吉斯斯坦的市场化改革进展以及经济发展的各项指标已经显示出明显的优势，尤其在基础设施建设方面更是有显著的进步。

3.2.2　对外开放与区域经济一体化的深入

　　中亚国家主权独立、体制转轨与谋求发展的过程是在全球经济自由化、世界各国经济联系日益紧密、世界范围内的劳动分工逐步形成的国际背景下展开的，因此，在加紧建立市场经济体制和运行机制的同时，中亚国家也利用其自身的比较优势，积极融入世界经济一体化进程中，特别是积极参与区域经济一体化。对于处在经济体制市场化转轨中且经济发展方式和水平均十分落后的中亚国家而言，建立和发展与世界各国的经济合作，不仅意味着经济增长动力的提升，更重要的是对其市场化改革的积极推动。正因为如此，中亚国家加大了改革开放的力度，拓宽了贸易渠道，多管齐下，除了继续加强与俄罗斯等传统贸易伙伴的合作之外，中亚各国还迅速与西方和欧洲发达国家以及亚洲国家建立了对外经贸关系。

在独立初期，对于大多数中亚国家来说，与俄罗斯等独联体国家的贸易占主导地位。苏联高度集中的计划经济体制，造就了中亚各国与俄罗斯在经济领域的难以割断的紧密联系。众所周知，中亚资源丰富。"中亚地区每年出产大约 3300 万吨石油、870 亿立方米的天然气、8700 万吨煤、6.75 亿立方米的布匹、590 万吨籽棉，还有大量的谷物、肉类和蔬菜。"俄罗斯在中亚有着巨大的经济利益存在。在苏联时期，中亚就是主要的原料产地。"俄罗斯从独联体国家的进口中，中亚国家占 29% 的比重。中亚国家是俄罗斯棉花、汞、铜、锌、铅、钨、钼传统而稳定的供应地，这里的天然气、石油、煤和水力资源对俄罗斯同样重要。"① 乌兹别克的棉花、土库曼的天然气、哈萨克的石油以及中亚的一些其他资源都是冷战时期苏联与美国争霸、抗衡的物质基础。同时，中亚也是俄罗斯传统的产品销售市场和重要的贸易伙伴。中亚国家石油需经俄的管道输出，中亚的农产品供应对俄罗斯必不可少。而俄罗斯的工业产品和武器装备也大量销往中亚。从地缘经济的角度来看，中亚各国与俄罗斯经济的发展是互为依赖。

在中亚五国中，俄罗斯与哈萨克斯坦间的贸易往来最为密切。俄罗斯是哈萨克斯坦最大的贸易伙伴。在独立初期，哈萨克斯坦消费的 67% 的石油、29% 的石油制品、2/3 的木材及其制品、90% 的机器制造产品、60% 的日用消费品来自俄罗斯。而哈萨克斯坦丰富的铁矿石、有色金属、农产品等也为俄罗斯所需要。在哈萨克斯坦的进出口贸易中，俄罗斯都占第一位。下面一组数据非常清楚地反映出俄、哈两国的贸易情况：1994～1999 年俄罗斯在哈萨克斯坦贸易出口额中的比例分别为：44.5%、45.1%、42%、35.2%、29.6%、19.8%；在哈萨克斯坦的进口额中俄罗斯的比例分别为：36.3%、49.9%、54.8%、45.8%、39.4%、36.7%。此外，俄罗斯还积极参加中亚国家的资源开发、管道建设及经济建设。双方经济合作的结果是：在推动经济发展的同时，也确立了俄罗斯在中亚经济领域的主导地位。

中亚五国与独联体国家的贸易往来迅猛增长。据统计，哈萨克斯坦 1993 年的外贸总额中与独联体国家的进出口贸易占比为 72.15%，吉尔吉

---

① 孙壮志：《中亚新格局与地区安全》，中国社会科学出版社 2001 年版，第 240 页。

斯斯坦 1994 年的外贸总额中，与独联体国家的贸易额占 66.6%，塔吉克斯坦作为中亚最落后和最贫穷的国家，在独立时更是主要依靠与俄罗斯等独联体国家的贸易联系。

在与俄罗斯及独联体国家保持传统经济联系的同时，中亚国家逐步加大了改革开放的力度。一个显著的特点就是各国对外贸易关系的发展以及外贸的地区结构发生了明显改变，即与独联体其他国家的贸易占其对外贸易总额的比重明显下降，而与非独联体国家的贸易占比乃至与非转轨国家贸易的占比明显递增（见表 3 - 6）。

表 3 - 6   1995 ~ 2002 年中亚国家与非转轨国家的贸易占比的变化   单位：%

年份	1995	1996	1998	2000	2001	2002	2005	2006	2007
哈萨克斯坦	39.9	41.7	47.3	64.2	57.3	61.8	64.7	65.0	66.5
吉尔吉斯斯坦	17.6	19.4	57.7	56.9	52.5	53.8	64.7	65.0	66.5
塔吉克斯坦	58.9	52.7	47.9	33.4	38.3	32.7	64.7	65.0	66.5
乌兹别克斯坦	34.9	47.3	47.4	45.3	48.4	48.6	43.2	46.6	48.8
土库曼斯坦	31.8	32.4	72.8	51.3	59.5	54.7	43.2	46.6	48.8

资料来源：2003 年、2008 年度欧洲复兴开发银行转型报告。Transition Report 2003、2008. http：//www. ebrd. com.

到 1999 年，哈萨克斯坦外贸总额达到了 113.06 亿美元，其中与独联体国家的外贸进出口总额为 40.57 亿美元，占其外贸总额的 35.8%，与非转轨国家的贸易额迅速地从 1995 年的 39.9%升至 2000 年的 64.2%。1999 年，乌兹别克斯坦与非独联体国家的贸易额占其外贸总额的比重迅速升至 71.8%，而与独联体国家的贸易仅占 28.2%，与非转轨国家的贸易占比也从 1995 年的 34.9%提高至 2000 年 45.3%，此后仍有所提高。土库曼斯坦 1999 年的外贸总额为 26.65 亿美元，其中与独联体国家的进出口贸易额占其外贸总额的 37%，与非独联体国家的贸易额占 63%，1995 ~ 2000 年，土库曼斯坦与非转轨国家的贸易额占其外贸总额的比重也从 31.8%升至 51.3%，提高了 20 个百分点。1999 年吉尔吉斯斯坦的外贸总额中，与独联体国家的贸易额占 42%，与非独联体国家的贸易额占 58%，1995 ~ 2000 年，吉尔吉斯斯坦与非转轨国家的贸易额的占比迅速上升，从 17.6%升至 56.9%，此后继续上升，至 2007 年，已经达到了 66.5%，哈萨克斯坦和塔吉克斯坦也同样在 2007 年达到了这个指标（66.5%）（见表 3 - 7）。

表 3 - 7　　　　　　　1995 ~ 2007 年中亚国家贸易占 GDP 的比重　　　　单位：%

年份	1995	1996	1998	2000	2001	2002	2005	2006	2007
哈萨克斯坦	64.9	61.8	56.9	88.3	74.7	73.3	81.0	77.6	78.5
吉尔吉斯斯坦	63.0	72.1	78.4	74.3	60.2	74.3	81.0	77.6	78.5
塔吉克斯坦	241.8	147.8	99.4	163.7	135.7	73.3	81.0	77.6	78.5
乌兹别克斯坦	73.2	62.1	55.7	79.8	83.3	59.6	97.3	95.0	101.2
土库曼斯坦	137.2	140.9	68.1	162.2	154.9	132.7	97.3	95.0	101.2

资料来源：2003 年、2008 年度欧洲复兴开发银行转型报告。Transition Report 2003、2008. http：//www. ebrd. com.

　　中亚国家的贸易伙伴国不断丰富，除了独联体国家之外，中亚各国的贸易伙伴扩展至欧盟国家、中国等亚洲国家以及土耳其、伊朗等近邻。贸易产品主要是以出口能源原材料为主，中亚国家多属于原料出口型国家。其中，哈萨克斯坦、土库曼斯坦以石油和天然气出口为主，乌兹别克斯坦以出口棉花等农产品原料为主，吉尔吉斯斯坦以出口矿产品原料为主，而塔吉克斯坦以少量的煤炭和石油出口为主。哈萨克斯坦因其丰富的能源原材料储藏而成为中亚国家中最具出口竞争力的国家。

　　伴随着贸易地区结构发生转变，中亚国家的贸易总量迅速增加。哈萨克斯坦 1995 ~ 2007 年，贸易占 GDP 的比重从 64.5% 升至 78.5%，吉尔吉斯斯坦从 63.0% 升至 78.5%，乌兹别克斯坦从 73.2% 升至 101.2%。塔吉克斯坦与土库曼斯坦却出现了贸易占 GDP 的比重下降的趋势，前者从 1995 年 241.8% 降至 2007 年的 78.5%，后者则从 137.2% 降至 101.2%（见表 3 - 7）。导致这一变化的主要原因是独立前这两个国家的绝大部分工业消费品和日用消费品均依靠从其他苏联加盟共和国调入，独立后也主要依赖进口，对外经济依赖十分严重。

　　在吸引外资方面，中亚国家明显出现一边倒倾向，积极发展与西方国家的经济联系，力图依赖西方国家的资金援助，摆脱独立后资金严重短缺的局面。哈萨克斯坦从 1993 年到 1998 年间从美国、英国、韩国、土耳其、法国、德国等多个国家引进外资，其中美国投资 19.61 亿美元，占第一位。不仅如此，哈萨克斯坦独立之初就与美国签订了经贸合作协定，并在经济合作、贸易、金融等方面获得了最惠国待遇。吉尔吉斯斯坦则从国际货币基金组织、世界银行等国际组织，瑞士、日本、荷兰等国家获得了投资、商贷和无偿贷款。美国、瑞士等西方国家的投资同样没有忽略中亚具有特殊性的两个国家，一个是中立国土库曼斯坦，美国进出口银行在

1998年给予土库曼斯坦9600万美元贷款；一个是独立后即陷入战乱的塔吉克斯坦，瑞士是塔吉克斯坦的最大进口国，在塔吉克斯坦的全部贸易额中，瑞士的进口量占52.9%。

中亚国家同伊斯兰国家的经济往来主要是以中亚西亚十国经济合作组织为载体。该组织的前身是伊朗、巴基斯坦和土耳其三国于1985年建立的经济合作组织。由于独立初期俄罗斯的"甩包袱"政策，使刚刚独立的中亚国家出现权力真空状况，以土耳其为代表的伊斯兰国家抓住机遇，填补真空。1992年11月，中亚五国和阿塞拜疆、阿富汗一道加入这个组织，使经济合作组织的成员由3个猛增至10个。在该组织于1993年召开的第二次首脑会议上通过的《经济合作组织远景规划》和发表的《联合公报》中提出，要实现本地区的重建、稳定和经济发展，只能依靠经济合作组织各成员国自己的努力和相互间的合作。会议决定采取具体措施来加强和促进成员国之间的经济合作。中亚国家对经济合作组织给予了厚望，甚至提出要在这个组织基础上最终建立穆斯林共同市场的计划。在经济合作组织内部，各成员国之间的贸易往来关系并不一样。土耳其与该组织原来的成员国伊朗和土库曼斯坦的经贸关系都十分密切。在土库曼斯坦的主要贸易伙伴中，伊朗位列第三，土耳其位列第四①。以2000年为例，土库曼斯坦对土耳其的贸易总额为4.1亿美元，其中，进口额1.66亿美元，出口额2.44亿美元。贸易顺差是0.78亿美元。据统计，土耳其当时在土库曼斯坦的投资项目约有80个。这就是时称的土耳其模式。尽管如此，中亚国家在经济发展和对外交往中，一方面发现经济合作组织成员国的经济实力不足以满足各国经济发展的需要；另一方面为预防泛伊斯兰主义和泛突厥主义的影响，中亚各国纷纷放弃了土耳其模式。

在不断扩大和加强对外经济联系的同时，中亚国家也积极建立区域经济合作机制，以推动区域经济一体化。中亚国家在对外经济发展战略实施过程中参加和建立的一体化经济组织有：独联体国家一体化、中亚四国一体化、中亚西亚十国经济合作组织（ECO）、突厥语国家一体化（哈萨克斯坦、吉尔吉斯斯坦、乌兹别克斯坦、土库曼斯坦、阿塞拜疆、土耳其六国）、古阿姆（GUUAM）联盟（格鲁吉亚、乌克兰、乌兹别克斯坦、阿塞拜疆、摩尔多瓦五国组成）、欧亚经济共同体（俄罗斯、白俄罗斯、哈

---

① 这一时期，土库曼斯坦的贸易伙伴排名是：俄罗斯、意大利、伊朗、土耳其、乌克兰、瑞士、英国、阿联酋。参见韩维：《土库曼斯坦2000年经济发展状况及问题》，载《东欧中亚市场研究》2001年第10期。

萨克斯坦、吉尔吉斯斯坦、塔吉克斯坦）等。

　　独联体国家之间的区域经济一体化以欧亚经济共同体影响最大。1993年在独联体首脑峰会期间，独联体国家签订了"建立经济同盟条约"的框架协议。在此基础上，俄、白俄、哈、吉四国于1996年签署了"海关联盟协定"和"关于加深经济和人文领域一体化条约"。条约的签订使四国间的多边经济合作由贸易合作向财政金融和技术合作方面扩展，并取得了一定的成效。1999年，塔吉克斯坦加入到经济合作的阵营中，五国在莫斯科签署了"关税同盟协定"。"关税同盟协定"的签订加深了五国经济合作的力度，有力地推动了经济一体化进程。到2000年，五国在阿斯塔纳签署了"欧亚经济共同体"条约，经济合作向统一关税税率和统一非关税调节的方向发展。2001年欧亚经济共同体宣告成立。哈萨克斯坦总统努·纳扎尔巴耶夫当选为共同体跨国理事会主席。欧亚经济共同体成员国就建立统一的交通和通信体系、建立共同的支付体系、相互兑换货币等问题达成了一致。该共同体的建立是俄罗斯与中亚之间区域经济合作的新的里程碑。2005年"安集延事件"之后，乌兹别克斯坦也加入到欧亚经济共同体中。

　　中亚五国之间的经济一体化以中亚经济共同体为代表。1994年4月，哈萨克斯坦、吉尔吉斯斯坦、乌兹别克斯坦三国签署了《统一经济空间条约》，奠定了中亚地区经济一体化的重要基础，哈、吉、乌建立的合作机制被称作"中亚三国联盟"。[①] 1998年塔吉克斯坦加入该组织，"中亚三国联盟"更名为"中亚经济共同体"。然而，中亚经济一体化进程并没有随着其成员扩大而有所推进，各国间的贸易不但没有明显增加，反而逐年减少，而且，国家之间的贸易竞争、贸易战也呈现加剧的态势。阻碍中亚国家实现经济一体化的主要原因在于其经济发展水平以及生产条件的极度不平衡。在中亚经济共同体四国国内生产总值中，各国所占的比例为：乌兹别克斯坦占48%，哈萨克斯坦占46%，吉尔吉斯斯坦和塔吉克斯坦仅占3%。[②] 此外，这些国家的市场化转轨进度也不尽相同，实行激进式转轨的哈萨克斯坦与吉尔吉斯斯坦在市场经济制度建设、法律法规建立等方面，都要比乌兹别克斯坦以及塔吉克斯坦占优，制度条件的不对称影响和制约了中亚经济共同体国家间的合作。

---

① 王志远：《中亚国家区域一体化进程评估》，载《俄罗斯中亚东欧研究》2010年第5期。
② 秦放鸣：《中亚经济一体化发展评析》，载《东欧中亚研究》2002年第1期，第77页。

2002 年，中亚经济共同体改为中亚合作组织。随后，俄罗斯在 2004年加入中亚合作组织，因其成员国与欧亚经济共同体的成员国基本相同，2005 年，中亚经济共同体与欧亚经济共同体合并。2009 年，哈萨克斯坦与俄罗斯以及白俄罗斯组成关税同盟，三国还计划到 2015 年建立欧亚经济联盟。由此可以看出，俄罗斯在推动和决定中亚地区经济一体化方面的影响和作用极为重要。

中亚国家区域合作的另一个载体就是上海合作组织。2001 年中国、俄罗斯、哈萨克斯坦、吉尔吉斯斯坦、塔吉克斯坦以及乌兹别克斯坦六国成立了上海合作组织。此外，2002 年，在亚洲开发银行的建议下，中、哈、吉、塔、乌等国家成立了亚洲开发银行中亚区域经济合作机制。这些合作组织和机制的建立大大促进了中亚国家对外贸易的多元化发展，也为中亚各国的经济增长带来了新的动力。有学者研究显示，一国经济一体化的对象对本国的经济体制、发展模式乃至发展成果都有重要的影响[1]，中亚国家强化与俄罗斯乃至与中国的一体化合作，对其经济发展模式、制度建设等诸多方面都产生了重要的影响。

3.2.3　多元化经济发展模式的确立

中亚国家因其发展条件存在差异，在经济转型之初选择的发展模式不同，导致最终建立的市场经济模式也存在较大差异。

中亚经济发展模式有两种：一种是分阶段逐步向市场经济过渡的渐进式发展模式，目标是建立社会市场经济。乌兹别克斯坦和土库曼斯坦属于这种发展模式。其特点是在政府主导下，进行全面的经济改革，以稳定为第一诉求。在进行宏观和微观经济体制改革的同时，保留了大量的计划经济元素，在社会保障方面下大力气，从而确保经济衰退程度低，社会阵痛小，在短时期内即可实现经济稳定，推动经济改革的深化。在经济改革过程中，实行经济优先原则，在制定对外经济政策和选择合作伙伴时，不被意识形态所左右。在政府控制和主导下，经济体制改革逐步向纵深推进。

一种是全面推行自由市场经济，仿效俄罗斯实行"休克疗法"。哈萨克斯坦、吉尔吉斯斯坦和塔吉克斯坦属于这种模式。独立之初，哈萨克斯

---

[1]　Александр Либман, Анастасия Обыденкова. Международное измерение недемократических режимов: количественный анализ. Москва, Институт экономики 2010 г.

坦选择的"是一条以明晰产权、强调市场自由化，大幅度减少政府预算和补贴，对先前的国有部门实行私有化，提高利息，对外开放国内市场，扩大原材料和劳动密集型产品的出口的改革道路"①。实行自由市场经济的微观基础是经济多元化。对刚刚独立建国、国内局势动荡的中亚国家而言，"休克疗法"使原有的经济体系和经济联系被打破，出现了严重的经济危机，经济处于崩溃边缘。

尽管从长远来讲，渐进式改革模式由于政府控制过多，且留存计划经济因素，会严重限制经济发展；而"休克疗法"因破坏力较大，导致改革也比较彻底。但从现实出发，"休克疗法"更适合有着较长发展历史的国家，而渐进式改革对刚刚独立建国，首要任务是维护国家独立与稳定，促进经济发展的国家比较适合。因此，中亚各国在相继制定了本国经济发展战略之后，对经济转轨方式、转轨路线也进行了调整。"哈、吉、塔三国也基本上认识到社会稳定与经济自由化同等重要，随着总统权力的加强，逐渐放弃了完全自由化的经济改革路线，开始重视国家在经济运行中的调控作用，实行具有稳定导向的宏观经济政策，在财政、社会保障等方面作出相应安排"②。

在谈及中亚国家经济发展模式时，有学者认为，"哈萨克斯坦独立初期曾经受到俄罗斯的影响，后来采取了一种渐进的方式，有可能采取以土耳其模式为基础兼备东方一些国家特点的市场经济模式；而吉尔吉斯斯坦总统宣称要为吉尔吉斯斯坦摸索出一条第三条道路，即资本主义社会的市场经济与社会主义社会的社会保障、社会保护、社会公正等长处相结合"③。土库曼斯坦选择的是分阶段逐步改革现行体制的方针。土库曼斯坦总统提出经济改革的"目标是建立具有强有力社会保障的市场经济，即社会市场经济"。而乌兹别克斯坦则通过全面发展出口导向型经济部门；利用本国产品替代出口、减少对国外产品的依赖；发展合资企业；加快发展机械制造业；优先进行基础设施建设等多项措施，增强向国际市场出口产品的能力，以期通过出口换取资金来保证混合型市场经济的

---

①　陈江生：《中亚的转轨：哈萨克斯坦的经济变革与发展》，载《中共石家庄市委党校学报》2007 年第 1 期。

②　吴宏伟、于树一：《中亚地区经济特点及与世界经济的比较研究》，载《新疆师范大学学报（哲学社会科学版）》2009 年第 30 卷第 3 期。

③　高永久、徐亚清：《独立后的中亚五国经济体制改革》，载《新疆大学学报（哲学社会科学版）》2003 年第 3 期。

建立。①

　　总体来看，哈萨克斯坦和吉尔吉斯斯坦的市场化水平相对较高，向自由竞争的市场经济的转型也比较彻底，故而，哈萨克斯坦是中亚国家中吸引外资最多的国家，也被看做是中亚国家引资政策比较明晰和投资环境最好的国家。1993~2010 年哈萨克斯坦累计引进外国直接投资 1266.44 亿美元，年均增幅达 30.1%。乌兹别克斯坦和土库曼斯坦是奉行政府主导型模式进行改革的国家，塔吉克斯坦则实行的是介于上述两种发展模式之间的经济发展道路。

3.3　转型的综合评价

　　"转型是一场重要的社会变革，当一种社会制度深深地并且是以激进的方式被改变时，转型就发生了。"在当代，"转型"主要是指在 20 世纪以苏联模式为特征的社会主义国家，经过苏东剧变之后，对原有的社会主义制度和苏联模式进行反省和改革、选择了一条新的发展道路的过程。有些学者用"后社会主义"② 来概括这一过程。在后社会主义研究中，转型（transformation）、转轨（transition）和改革（change）是三个高频词，往往被交叉使用或混用。丹麦社会学家米米·拉尔松（Mimi Larsson）对"转型"和"转轨"进行了区分。他认为，"转型"和"转轨"可以替换使用，但仍有差别。"'转轨'一词在概念上被理解为一种直线的演进过程，它更强调政治和经济制度改革进程的结果，是一种向着已知的和确定的目标的改革，比如这个目标被确定为'民主化'或者'市场化'。而'转型'则意味着这样一种理解：改革的进程，特别是后社会主义改革的进程，不是直线的和可以预测的，而是一种向着崭新的和未知的目标的改

---

　　① 王国英、孙壮志：《乌兹别克斯坦的经济体制改革》，载《东欧中亚市场研究》2002 年第 2 期。

　　② 美国杜克大学历史学教授，著名汉学家，左派学者阿里夫·德里克被认为是提出"后社会主义"概念的第一人。他的"后社会主义"概念被广泛认同和使用，泛指前社会主义国家（主要在欧洲和亚洲）在政治及经济上的一段过渡时期，具体来说，是指那些前社会主义国家的改革和转型进程。从社会主义到后社会主义的转型，被许多西方学者认为是自 20 世纪 80 年代以来全球政治经济的一个最重要特点。

革"①。对中亚国家转型绩效的评价主要考核的就是转型进程及转型结果。

3.3.1 政治转型绩效评价

中亚国家的政治转型是指从苏联时期的集权政治向独立后西方民主政治的转变。中亚各国独立后，都将建立民主、法治、世俗的国家，走西方民主化道路作为政治转型目标。因此，政治转型绩效评价主要是考察民主化是否实现，民主参与政治的程度如何，转型后国家政治是否稳定，等等。

中亚的政治民主化问题，既是一个很有争议的理论问题，又是一个复杂而紧迫的现实问题，近年来受到举世关注。学者们在中亚五国是否是民主国家这个问题上看法不一。有些学者提出，中亚五国在其立国之初还有些民主的迹象，但随着政治体制改革的深入，宪法的修订，总统权力的扩大，已经再也找不到民主的影子了。中亚五国独立后，虽然实现了总统制，但实际上依然是极权主义国家，总统的权力过于集中。持相反观点的学者认为，尽管中亚各国的政治现实是"大总统、弱政府、小议会"，但无论是宪法的明文规定，还是现实中的选举，即便是按照西方学者以评价西方民主国家的标准为判断，也可以得出这样的结论：中亚的民主化进程从建国之时即已开始，经过20年的发展，几经周折，形式上的民主已经实现。

可以肯定地说，到目前为止，中亚五国的社会转型仍在继续，但政治民主是确确实实存在的，只是程度高低而已。尽管中亚五国立国时间很短，但历史证明，一个国家建国时间的长短与其是否民主化不一定成正比。有些国家在建国之初就已开始了民主化进程，如美国；一个国家是否是民主国家与其所处的经济发展阶段也没有必然的关联。美国、法国和瑞典在建立民主制度时，经济发展水平都还相当低。诚然，经济高度发达，对民主政权的巩固和稳定有利。而经济衰退、充满危机则会导致政体的崩溃——无论是专制政体还是民主政体。

"民主"是一个老生常谈的话题。"不同的时代民主有着不同的命运。

---

① Mimitation Larsson, Political Action in a Post-Socialist Society, http://www. anthrobase. com/ Txt/L/Larsson_M_02. htm. 转引自苑洁主编：《后社会主义》，中央编译出版社2007年版，第8～9页。

民主是 18 世纪的理想，19 世纪的追求，20 世纪的问题"①。可以说，世界上没有十全十美的民主，看待一个国家是否是民主国家，要从实际出发，充分考虑其社会历史背景，进行纵向比较。而不能使之与已经有了上百年历史的民主国家横向比较。况且，世界上"最健全、最稳固的民主国家都是通过几个世纪缓慢的生长过程才逐具规模的，他们有几个世纪的自治经验的支持"②。

在评价中亚国家政治转型绩效时，不得不面对一个突出的矛盾：一方面我们强调民主模式应该是多元的，世界上不仅仅，也不应该只有西方民主一种模式；另一方面人们又往往不自觉地以西方的民主化标准来衡量现实社会中的国家是否是民主国家。这不仅因为有关民主的定义、评价民主的标准等绝大多数民主理论都是西方的，西方国家掌控着有关民主问题的话语权，还因为发展中国家实现政治转型的过程尚未完全完成，许多发展中国家的政治民主化尚处于探索之中。因此，在评价中亚国家的民主转型问题时，根据其转型目标（西方的民主化），只能暂且采用西方的标准来衡量。

西方社会科学家用四种方法对民主进行定义，即宪制民主、实质民主、程序民主和过程民主。宪制民主是通过政权制定的有关政治活动的法律条文来判断一个政权的性质是寡头制、君主制还是共和制；实质民主是根据政治实践的结果来判断一个政权的性质，强调的是这个政权是否促进了人民的福利、个人自由、安全、平等及其他；程序民主将是否举行自由竞争选举作为评价民主的重要甚至是唯一的标准③；过程民主注重动态地观察民主或定义民主④。以此来评价中亚五国的政治转型绩效，可以简单概括为：中亚五国正处于民主化进程的起步阶段，从中亚五国的宪法、选举等方面来看，制度和形式上的民主已经实现。但如果从民主化实现的程

---

① 陈尧：《新权威主义政权的民主转型》，上海人民出版社 2006 年版，第 264 页。

② ［美］科恩：《论民主》，商务印书馆 1988 年版，第 10 页。

③ 在有关民主问题的研究中，程序民主为许多学者所关注，并作为定义和评价民主的重要参考。最具权威性和代表性的就是约瑟夫·熊彼特和罗伯特·达尔。熊彼特在《资本主义、社会主义与民主》一书中，将民主定义为：民主方法就是那种为做出政治行动而实行的制度安排，在这种安排中，某些人通过争取人民选票取得作决定的权力（参见约瑟夫·熊彼特：《资本主义、社会主义与民主》，商务印书馆 2000 年版，第 359、395~396 页）。罗伯特·达尔则列举了更加详细的有关民主的程序性标准，并于 1998 年改进为众所周知的评价民主的五个标准。

④ 有代表性的观点就是蒂利有关民主的定义：一个政体是否是民主取决于，国家及其公民之间政治关系所具有的广泛的、平等的、受保护的和相互约束的协商程度。参见谢岳：《社会抗争与民主转型：20 世纪 70 年代以来的威权主义政治》，上海人民出版社 2008 年版，第 24 页。

度和公民实际享有的权利来看，距离实质上的民主尚有很大的差距，需要经过漫长的发展历程。

首先，制度安排上已体现出民主政体的某些特点。中亚各国独立之初的政治体制与苏联时期的高度集权体制相比是进步的、开放的、民主的。中亚五国政治体制的共同特点是：国家性质为民主、法制、世俗的国家。国体为共和国制。政体为总统制，同时实行立法、司法、行政三权分立制、多党制和普选制。这在中亚五国的宪法中有明显的体现。以哈萨克斯坦宪法为例：哈萨克斯坦宪法的第一篇第一条就规定："哈萨克斯坦共和国确认自己是民主、世俗、法治和社会的国家，它的最高价值是人、人的生命、权利和自由"。国体与国家的性质跃然纸上，清晰可见。宪法的第二条对政体作了明确的表述："哈萨克斯坦共和国是总统制政体的单一制国家"。《宪法》的第三条对上述规定进行进一步的说明："人民是国家权力的唯一源泉"。"人民通过共和国公决和自由选举直接行使权力，也可授权政府机构实现自己的权力"。"共和国的国家权力是统一的，它的行使以宪法和法律为基础，遵循权力分立为立法权、执行权、司法权并利用制衡机制而相互协作的原则"。宪法还规定："在哈萨克斯坦共和国承认意识形态和政治的多样化"，"各社会团体在法律面前人人平等"。其他四个中亚国家在宪法中对国体和政体也都做了类似的明文规定。中亚各国的制度安排是宪制民主的体现。

其次，选举形式上已具备民主成分。从事民主问题研究的学者普遍认为，选举最能反映一个国家的民主化程度。因此，无论是熊彼特还是达尔，都将选举作为界定民主的标准，乃至选举民主理论在现代生活中占有十分重要的地位。选举的最重要原则是充分体现选举人的意志，主要有两种形式：直接选举和间接选举。相对而言，由选举人直接投票把得票最多的候选人推举到当选者的位置上来的直接选举最能体现选举人的意志。列宁指出："只有普遍的、直接的、平等的选举才可以说是民主的选举。只有根据普选法，由全体居民选出的委员会才是民主的委员会"①。在中亚各国政治生活中，直接选举和间接选举的方式都已普遍使用，可以说程序民主在中亚已部分实现。

全民公决是中亚各国现实生活中形式民主的最佳体现。全民公决的选举形式在苏联时期已普遍使用，包括戈尔巴乔夫时期对是否保留苏维埃联

---

① 《列宁全集》人民出版社 1959 年版，第十八卷，第 273 页。

盟，也是在全苏联范围内采用全民公决的形式来征求民意。"苏联解体后，全民公决作为直接民主形式载入独联体各国宪法。""公民参与国家权力机关或地方自治机构的选举，按平等竞争原则选入上述机关，同样是最重要的直接民主形式"。在中亚五国，"当原有的社会制度不复存在，以自由、民主、人权为基础的'公民社会'逐渐形成时，由公民组成的人民必须直接或间接地参与管理国家，以体现他们作为国家主权'所有者'和'唯一源泉'的地位与权利。"五国的宪法和法律都规定，凡是年满18岁的公民都有权参加选举。每个公民投票的机会是平等的，只有一次投票权。公民参加选举是自愿的，任何人和任何机构都无权强迫。

为了解决国家和社会的最重大问题，比如总统任期延长、修改宪法等问题，中亚五国的宪法规定，可以进行全民公决和地区性公决，有选举权的公民都有资格参加。全民公决采用普遍、平等、直接选举制和无记名投票方式进行。有关废除公决所通过的文件问题也只能在全民公决中解决。而这一宪法条文在实践中也得到了充分的运用。1994年1月至1996年初，土库曼斯坦、乌兹别克斯坦、哈萨克斯坦和吉尔吉斯斯坦分别就延长总统任期、修改宪法等问题举行了全民公决。各国公民踊跃参加，在登记在册的公民中，90%以上的公民参加了投票，各国总统获得连任的票数都达到了参加投票人数的94.5%以上，在乌兹别克斯坦和土库曼斯坦得票率分别达到99.6%和99.5%。进入21世纪后，全民公决这种形式依然在中亚各国的政治生活中发挥着重要作用，民众乐于接受。全民公决成为中亚政治民主最直接的表现形式。

中亚五国民主形式的另一个体现就是地区代表制选举。之所以将代表制作为考察中亚政治民主形式的一个条件是因为：第一，代表制作为实现民主的手段在民主国家中被广为利用。"民主是通过普遍参与进行管理；代表制则有助于实现这一参与……一个大型的民主社会，首先需要一个公正的、其目的在于充分而且准确地反映人民意志的代表制度"①。第二，代表制可以在两方面发挥作用：一是选举；二是听取人民意见。很久以来，选举制度都被政治家和学者视为衡量一个国家是否是民主国家的标准之一。在考察一个国家的民主模式时更是以选举方式作为判断尺度。在民主国家，选举必须是经常性的。在多数民主国家采用的是比例代表制，而有些国家实行的则是最高票当选制。

---

① ［美］科恩：《论民主》，商务印书馆1988年版，第81页。

比例代表制是老牌民主国家中最常见的选举制度。目的是使在党派获得的总票数比例与其立法机构议席比例相当。比例代表制的设计是为了实现公平，所以许多民主国家都采用这种选举制度。最高票当选制则不然。在这种制度安排中，赢得选票最多的党派，它的议席会大幅度增加。最高票当选制不仅有助于维护两党制，而且能使获胜的党派在立法机构中的多数优势更加放大，地位更加突出，从而使政府达到效率标准，所以，一些国家选择了最高票当选制。但究竟哪一种制度最符合公正的标准，迄今仍无定论。

美国密执安大学哲学教授卡尔·科恩（Carl Cohen）在《论民主》中指出，"民主国家中为代表制奠立基础时，有两种解决方法最占优势。……一种是地区的代表制，即一定数目的各地区（镇、县、州）各选出一定数目的代表。另一种是比例代表制，"科恩在分析了这两种代表制的利弊后认为："各种代表制——地区的、比例的和其他的都是社会人口太多时，以实现公民参与为目的的一种手段，使每个人在重大问题上有直接发言权。这样的制度，没有一种是十全十美的"①。

对中亚五国而言，比例代表制和最高票当选制对独立初期的中亚都不适合。因为这两种选举制都是以多党制为前提，政党在国家政权中发挥着重要的作用。虽然，中亚五国在政治上都实行多党制，并将其作为制度规范载入宪法中。例如，在哈萨克斯坦，宪法规定共和国内的公民可以建立不同派别的政党和社会政治组织，并允许其通过竞选的方式参与国家的政权体系。哈萨克斯坦有大小上百个党派，议会也由不同派别的政党组成。而在乌兹别克斯坦、土库曼斯坦和塔吉克斯坦的宪法中也都规定公民有权建立政党和其他社会团体，通过其民主选举的政党代表可以参加组织国家政权。但实际上中亚各国的多党制还只是停留在宪法条文中，各国的政党组织很难得到公平竞争，发挥应有的作用。包括被西方称为中亚民主模式样板的哈萨克斯坦共和国，由于多党制在运作过程中暴露出种种问题，纳扎尔巴耶夫总统对多党制的态度也逐渐发生了变化，明显地不倾向于允许建立人数众多的和有能力的政治力量。在乌兹别克斯坦、塔吉克斯坦和土库曼斯坦，由于宪法中已对政党和社会组织的活动进行了限制，使政治反对派组织在法律允许的范围内活动的余地比较小，在现实的社会和政治生活中生存就更加困难，根本无力与执政党的力量相抗衡。在乌兹别克斯

---

① ［美］科恩：《论民主》，商务印书馆1988年版，第88、90页。

坦，执政党——人民民主党的地位十分稳固。而在土库曼斯坦，虽然存在土库曼斯坦民主党、土库曼斯坦工会、马赫图姆库里青年联盟、元老会、土库曼世界人文协会等政党和社会团体，但民主党是国内唯一合法的党。换句话说，土库曼斯坦实行的是一党制。造成这种情况的原因主要是由于中亚五国独立的时间尚短，当前各国的首要任务是维护国家的独立与稳定，促进经济的发展，还不具备广泛推行多党制的条件。要使各国的政党在国家政治生活中真正发挥作用尚需时日。在这种政局下，比例代表制和最高票当选制皆无法推行。

鉴于中亚五国多党制的运行状况，中亚各国在向民主化发展的进程中，其选举制采用的是地区代表制。这在中亚五国的宪法和实践中都有所表现。中亚五国皆实行普选制。年满 18 岁的国内公民皆有选举权。按照旧的苏维埃区或以州、区、市为基础，将全国划分为人数大致相等的几十个选区，各选区选出一名代表组成议会。以吉尔吉斯共和国为例，"在吉尔吉斯斯坦，1995 年 2 月根据宪法和选举法进行两院制新议会选举时，全国共划出 35 个立法会议选区，各选 1 名立法会议议员，同时划出 70 个人民代表会议选区，各选 1 名人民代表会议议员"①。

随着中亚民主化进程的推进，中亚国家的选举制度也在不断改进。各国在保留以全民公决的形式选举总统的同时，对议会选举形式进行调整，由独立初期单一的地区代表制选举发展为同时采用地区代表制与比例代表制两种选举形式。以塔吉克斯坦为例。塔吉克斯坦规定议会任期 5 年，为职业化两院制议会。上院共有 33 个议席，其中 3/4 的席位由 5 个行政主体的地方议会各派出 5 人组成，其余 8 名上院议员由总统直接任命。下院 63 个议席中，41 个议席按照选区选举制产生，其余 22 个议席由得票率超过 5% 的党派按比例分配。吉尔吉斯斯坦在 2003 年通过的新宪法中规定，吉尔吉斯斯坦实行一院制，由 75 名议员组成，议员全部由单一的选区选举制产生。"3·24 事件"后，在反对派的压力下，2006 年通过的新宪法规定，吉尔吉斯斯坦将于 2010 年起实行议会—总统制政体，议会席位将从 75 席扩大到 90 席，按照政党比例制和选区选举制分别选出半数议员组成新议会。

从中亚各国的选举情况来看，已经基本达到了美国政治学家、耶鲁大

---

① 任允正、于洪君：《独联体国家宪法比较研究》，中国社会科学出版社 2001 年版，第 193 页。

学教授罗伯特·达尔（Robert Alan Dahl）关于民主体制必须符合的五项标准：有效的参与；投票的平等；充分的知情；对议程的最终控制；成年人的公民资格。罗伯特·达尔认为，一个符合了这五项标准的体制，就是充分的民主体制①。由此可见，中亚已部分实现了程序民主和过程民主，民主参与程度也在不断提高。

当然，在对中亚政治转型进行绩效评估时，我们也应该看到，尽管中亚各国已具备一定程度的形式上的民主，但当我们以中亚五国独立以来的政治实践来检验其政治民主化进程时也不能不指出，这些国家到目前为止还没有达到真正意义上的民主，即让人民充分享有民主权力的民主。不仅如此，中亚各国在实现总统制共和政体的过程中，总统集权制倾向愈加明显，极权主义有抬头之势。众所周知，中亚各国都实行总统制，但与真正民主国家的总统制却有着很大的差别。由于中亚各国独立的时间很短，各国都面临着巩固国家独立、发展国民经济的艰巨任务；加之苏联长期高度集权的政治体制的影响；中亚地区固有的宗教和民族文化的影响；以及近年来三股恶势力对国家政权的威胁等，使得中亚各国逐渐形成了"大总统、弱议会、小政府"的政治格局。"颜色革命"之后，哈萨克斯坦、乌兹别克斯坦等国政府都加强了对国内局势的控制力度。为防止"颜色革命"的发生，乌兹别克斯坦和哈萨克斯坦等国注重加强总统的权力，清除政府中的反对派。对党派活动加以限制，对威胁到国家政治体制的反对派采取制裁措施。虽然有些国家在宪法中规定实行多党制，但对非执政党的活动限制很严格。西方一些学者将其称为民主化回潮。但从中亚各国宪法修正和总统选举来看，民主化进程并未中断，只是民主化进程与中东欧国家相比，比较缓慢。总统的权力不断扩大，议会和政府的权力在逐渐缩小。

从政治稳定性来考察中亚各国的转型绩效，基本保证了国家的稳定发展。尽管在独立建国之后，一些国家或者发生内战，或者出现政权更迭，或者三股势力异常活跃，但总体而言，各国政府在维护国家独立、稳定和发展方面都取得了一定的成就。

3.3.2　经济转型绩效评价

中亚国家20年的市场化转型经历震荡、曲折，其结果已经显现。中

---

① ［美］罗伯特·达尔：《论民主》，商务印书馆1999年版，第43页。

亚国家是属于政治改革先于经济改革的转轨国家，即民主化先行抑或是民主化与市场化同步转轨的国家之一。中亚各国在否定苏联奉行的共产主义价值观并接受西方价值观的同时，已经明确了建立市场经济的原则和方向，正如哈萨克斯坦总统纳扎尔巴耶夫所讲的，"在当今世界，已经没有必要去尝试在经济战略上独辟蹊径"①。但是，选择怎样的方式实现经济转型的发展战略，与这些国家当时的政治环境以及经济条件有着直接或间接的关系。例如，在启动经济转轨时哈萨克斯坦和吉尔吉斯斯坦采取了激进式，而其他国家则采取了渐进式。但中亚各国都采取了私有化优先，而自由化和稳定化则被推迟其后的转轨步骤，这与俄罗斯等其他原苏联国家是一致的。其次，中亚国家都经历了一段比中东欧国家持续时间更长、程度更严重的通货膨胀期。转轨期间，中亚国家的基尼系数总体看均优于俄罗斯、爱沙尼亚、摩尔多瓦等原苏联国家，但劣于中东欧国家。这在一定程度上体现了这些国家建立社会市场经济的改革方向，当然，也与其改革滞后有关，平均主义仍然盛行，市场的活力并没有得到充分调动。

具体看，中亚国家是经济转轨启动后国内生产总值下降年数较长的地区，其中塔吉克斯坦、土库曼斯坦为 7 年，仅次于乌克兰，吉尔吉斯斯坦和乌兹别克斯坦为 5 年，哈萨克斯坦为 6 年，超过除马其顿之外的所有中东欧国家。相应地，其经济总量恢复的速度也较慢，截至 1997 年，当绝大多数中东欧国家的 GDP 已经恢复到或者接近转轨初期的水平时，中亚国家仅有乌兹别克斯坦达到了87%，接近中东欧国家的水平，而塔吉克斯坦、土库曼斯坦的 GDP 还不到转轨时 1989 年的一半，吉尔吉斯斯坦和哈萨克斯坦刚刚超过60%。此外，财政预算盈余的指标方面中亚国家也明显比中东欧国家及俄罗斯差。

进入 20 世纪 90 年代后半期，特别是 21 世纪之后，中亚各国的经济开始走上复苏的轨道，普遍出现较快的经济增长，各项经济指标也逐渐趋好。

尽管如此，世界银行、欧盟以及欧洲复兴开发银行等国际组织对中亚转型进行的长期跟踪研究的结果显示，与俄罗斯特别是中东欧绝大多数中东欧国家相比较，中亚国家的经济转型绩效总体上最差。根据欧洲复兴开发银行的指标和世界银行的分类，中亚国家在政治发展程度方面的指标是最低的地区，从塔吉克斯坦（1.2）到吉尔吉斯斯坦（1.7），大大低于中

① 李静杰总主编、赵常庆主编：《十年剧变——中亚和外高加索卷》，中共党史出版社 2004 年版，第 29 页。

东欧国家——斯洛文尼亚、捷克共和国、匈牙利（3.5），也低于俄罗斯
（2.1）。从世界银行的分类（从 4 到 1 分别表示改革领先到改革进展缓慢，
0 表示受区域冲突影响的国家）来看，中亚国家的改革进展程度也明显低
于中东欧国家，乌兹别克斯坦、土库曼斯坦为 1，吉尔吉斯斯坦、哈萨克
斯坦为 2，塔吉克斯坦为 0，而波兰、斯洛文尼亚、捷克共和国、斯洛伐
克、匈牙利则为 4，俄罗斯为 2，显然，中亚国家是原苏东地区转轨绩效
最差的。

　　总体看，中亚国家建立的是政府主导下的市场经济模式，国有经济的
占比普遍较高，政府垄断是普遍现象，也存在着严重的腐败和社会不公。
中亚国家建立的均是总统制，总统作为政治权力的核心，其执政能力很大
程度上决定了国家的命运。哈萨克斯坦经济转轨后经济得到迅速发展，而
且保持了政治的相对稳定，这与其总统纳扎尔巴耶夫的执政能力有着重要
的关联，而一些中亚国家尽管总统权力稳定而且强势，但其治理国家的能
力较弱，因而对其经济发展形成了阻碍。在中亚这些资源相对贫乏、经济
发展比较落后、国家规模较小的国家，政治领导人的影响尤为突出。

　　中亚各国由于经济发展条件以及政府治理能力的不同，各国经济发展
水平也存在较大的差异，其中哈萨克斯坦和土库曼斯坦的经济规模相对较
大，而吉尔吉斯斯坦和塔吉克斯坦的经济规模相对较小，乌兹别克斯坦介
于前两者之间。塔吉克斯坦是中亚地区收入水平最低的国家，根据国际货
币基金组织（IMF）2012 年 4 月 17 日发布的 2011 年各国人均 GDP 情况，
2011 年，塔吉克斯坦人均 GDP 为 831 美元，世界排名第 155 位，仅为收
入最高的哈萨克斯坦的 7.77%。哈萨克斯坦是中亚五国中经济规模最大、
经济增长速度最为显著的国家。而且哈萨克斯坦也是中亚最为富裕的国
家，哈萨克斯坦人均 GDP 为 10694 美元，世界排名第 59 位，超过中国和
亚洲的平均水平。[①] 值得注意的是，哈萨克斯坦相对良好的经济情况主要
是源于其丰富的油气资源，但对外开放的改革政策显然对此起到了积极的
促进作用。随着中亚国家经济转型的深入发展，其对出口贸易和国际市场
的依赖程度日益加重，相比其他转型国家，深入亚洲内陆的中亚各国对外
部经济的依赖度相对较低，对俄罗斯的市场依赖是主要的。

---

　　① 中亚其他三个国家 2011 年人均 GDP 和世界排名情况是：土库曼斯坦 4658 美元，世界排
名第 96 位；乌兹别克斯坦 1572 美元，世界排名第 131 位；吉尔吉斯斯坦 1070 美元，世界排名第
148 位。参见：国际货币基金组织 IMF 发布的 2011 年各国人均 GDP 排名情况（2012 年 4 月 17 日
发布）。http：//wenku. baidu. com/view/4b84418702d276a200292eb8. html。

　　造成中亚国家经济转轨指标相对差的原因是非常复杂的。诺格德分析了中亚国家转型的初始条件对其经济转轨绩效的影响。初始条件主要包括现代化水平（包括四个变量：基础设施的发展水平、大众受教育的程度、民众与领导层的沟通媒介和职业特征）和"畸形"程度（包括五个变量：垄断程度、经互会地区内部间贸易份额、中央计划经济下的年数、受抑制的通胀）。根据这些初始条件中亚国家是属于发展水平低且畸形程度明显的地区，换言之，这是转型初始条件最不利的地区，这对其经济转型绩效产生了最直接的影响。同时，诺格德认为，先行或者说早熟的政治民主对政府的经济决策产生了重要约束，出于政治原因，消费被人为地维持在高水平上，而这导致了大规模的经济失衡和通货膨胀。[①] 波兰经济学家格泽戈尔兹·科勒德克分析了中亚国家以及其他原苏东国家的转型指标，总体来看，中亚国家的经济转型受到了外部环境的影响，主要是来自俄罗斯的影响。[②] 从地缘政治经济因素看，中亚国家不是对欧盟有重要利益的区域也不是欧盟对外战略的优先方向，在欧盟的独联体政策中，俄罗斯位居首位，其次是乌克兰、白俄罗斯和外高加索，而中亚是排在末位。可以看出，中亚国家在经济转轨的进程中无法像中东欧国家那样获得来自欧盟等外部的经济援助和支持，这不可避免地对其经济转轨的结果产生作用和影响。但是，转轨期间欧盟对中亚国家的投资对其市场化转型仍然产生了重要的影响，这在哈萨克斯坦表现得比较突出。

　　中亚国家深处亚洲内陆，除了部分国家拥有丰富的能源之外，大都属于资源稀缺的国家，而且国家规模也较小，在世界经济的劳动分工中，中亚国家的地位及影响并不突出，换言之，其具有的比较优势和竞争优势有限。从历史的经验看，中亚国家在发展过程中不免要借助某个大国的力量，或者是在大国之间寻求国家利益的最大化。无论是历史的还是现实的因素，俄罗斯都是对中亚最具影响力的国家，其政治经济发展方向、国家治理模式乃至发展的结果都直接或间接地影响到中亚国家的走向及发展趋势。此外，中国对中亚的影响力也越来越大，中亚国家欲借中国发展的快帆实现经济增长的现实需要，促使这些国家积极寻求同中国进行经济乃至政治合作，上海合作组织框架内的合作机制为此创造了良好的基础。2011年，中国成为哈萨克斯坦第一大贸易伙伴和第一大出口国和第二大进口

---

　　① ［丹］奥勒·诺格德：《经济制度与民主改革》，上海世纪出版集团2007年版，第100页。

　　② ［波］格泽戈尔兹·科勒德克：《从休克到治疗：后社会主义转轨的政治经济》，上海远东出版社2000年版，第52页。

国，俄罗斯为其第一大进口国。在吸引外国投资方面，欧洲仍然保持着对中亚国家的吸引力，德国、英国、荷兰、瑞典等国家为中亚国家的主要外资特别是外国直接投资的来源地。但是，国际金融危机很大程度上改变了这种格局，中国对该地区的投资及影响力在逐步增强，2011 年中国已经成为乌兹别克斯坦的最大投资伙伴，之后为俄罗斯、日本、德国和土耳其。

对中亚国家经济转型做出合理的评价，并不是一个简单的问题。这些国家实施从计划经济向市场经济的体制转型以来，发生的变化是进步还是倒退，就是生活在这里的人们也感受和评价不一。至今仍然有相当多数的人对于苏联时期有保障的、稳定的、均等化的生活感到留恋。但对于大多数中亚国家来说，作为主权国家的民族独立更值得欣慰。中亚国家的转轨与发展经验再次证明，民主与经济增长的关系绝不是单纯的正相关。哈萨克斯坦在转型过程中保持了相当的社会稳定并有过傲人的经济绩效，特别是在养老金制度改革方面的成功尝试，似乎为中亚威权政治注入了合理性及合法性；与此同时，中亚国家在市场化转型绩效方面的落差，相对于中东欧国家转型成功的明显差距，又似乎是受其国家主义、政治集中化所拖累而致。

中亚国家与中东欧国家以及俄罗斯等原苏联国家，从一个起跑点出发，却在市场化转型方面被落在后面。从土库曼斯坦的现实情况看，市场化经济转型并没有实质上的内容，经济面貌并没有多大改观，其经济运行机制包括经济主体的观念也都没有发生根本改变。塔吉克斯坦和吉尔吉斯斯坦的证券市场实际上根本没有发育，不无夸张地说，这里并没有完成甚至是没有真正发生市场化的经济转型。即使是哈萨克斯坦这个中亚转型的佼佼者，其市场化程度也明显落后于其他苏东转型国家。更进一步地看，这些国家的经济市场化转型的方向和终点究竟在哪里？它们能否最终成为标准的市场经济国家？也许，比回答这些问题更有意义的是，探究制约和影响这些国家走向自由竞争的市场经济的特殊性是什么？这些特殊因素可能发生哪些改变以及产生怎样的影响等。

中亚转型何以至此，值得深入研究。

外部影响与内在约束

从中亚各国转型的阶段性演进和绩效来看，要完成转型还有相当遥远的距离。与其他苏东国家相比，中亚各国无论在制度构建还是发展进程上已经出现巨大差异。中亚转型何以至此？究其原因是外部势力和内在条件共同制约的结果。对中亚国家而言，转型的初始条件和外部环境等外生性结构变量，与国家改革战略的选择同样，在转型过程中起到了至关重要的作用。

4.1 大国博弈与转型目标的确定

转型是一个国家制度变迁的过程，从理论上讲，应该由转型国家本身来决定。但因制度是社会游戏的规则，在经济全球化和全球民主化的时代，制度变迁受到国际和国内双重因素制约。对于在国际社会处于弱势地位的国家而言，制度选择受到外力的影响更大。外国政府或机构的介入对转型国家产生了重要的、甚至是决定性的影响。战后的政治和经济转型经验证明①，"对于那些经历快速制度变革的体制来说，外部因素在历史上

---

① 外部势力对国家民主化的影响之大是历史已经证明的事实。"一战"后，西方盟国的胜利和帝国的解体对第一波民主化浪潮产生了重大影响；开始于"二战"当中的第二波民主化浪潮，其中的国家民主化转型同样受到了政治和军事胜利结果等外在因素的显著影响。"二战"中的反法西斯西方盟国把民主政治强加给了法西斯轴心国——意大利、日本和战后西德；而受到战争胜利的影响，希腊、土耳其、巴西、阿根廷、秘鲁、厄瓜多尔等南欧和拉丁美洲国家也开始向民主化迈进。对于"二战"后因殖民体系瓦解而走上民主化道路的国家，外部的作用力同样是最主要的因素。由此看来，外部势力在民主化浪潮中确实起到了举足轻重的作用。罗伯特·达尔在《多头政治》一书中提到，"在1970年29个民主国家中，有15个民主政权要么是在外国统治期间建立起来的，要么是从外国统治下独立后建立起来的"。

就一直具有决定性影响。对于原苏东国家来说，外部环境'……限定了动员的空间，因此也限定了转型进程的范围和选择'"①。中亚作为新独立的国家，不仅国势弱小，而且缺乏转型经验，从中亚国家20余年的转型历程来看，外部势力不仅直接影响到转型目标的确定和转轨方式的选择，而且直接作用于转型进程。

4.1.1　地缘政治博弈与中亚转型

中亚作为地理概念，有狭义和广义之分。对于狭义的中亚，世界上大多数国家的学者都主张四个半共和国说②，即土库曼斯坦、乌兹别克斯坦、塔吉克斯坦、吉尔吉斯斯坦以及哈萨克斯坦南部③。关于广义的中亚，有多种界定。中国学者较为认可的是《大英百科全书》的概念："西从里海起至中国西北地区和蒙古国，北从西伯利亚南部起，南达伊朗和阿富汗北部"④。美国国际政治学家布热津斯基认为中亚是一个地理政治区域，其"地理界限可以在欧亚大陆的地图上划成一个椭圆形。它由西向东，由亚得里亚海至巴尔干各国，一直到中国新疆地区的边界；由北向南，环绕波斯湾，包括中东部分，南面的伊朗、巴基斯坦和阿富汗，和北面的沿俄罗斯—哈萨克边界的全部中亚地区，一直到沿俄罗斯—乌克兰的边界。因此，这个长椭圆形包括东南欧部分、中东和波斯湾地区，除此之外，还有前苏联的南部地区"⑤。在他看来，这个区域是欧亚大陆地缘政治上的"激烈动荡的旋涡"。在本书中，"中亚"是一个政治地理概念，是指民族历史相近、地理位置相连、因苏联的裂变而独立的五个民族国家——哈萨克斯坦、乌兹别克斯坦、土库曼斯坦、吉尔吉斯斯坦和塔吉克斯坦。

中亚的地理位置十分重要。"中亚在人类历史上起了两种独特的，从某种程度上说是矛盾的作用。一方面，由于中亚大部分地区的干旱和缺乏

---

① ［丹］奥勒·诺格德：《经济制度与民主改革——原苏东国家的转型比较分析》，上海世纪出版集团2007年版，第21页。

② "狭义小中亚以阿姆河（奥克苏斯河）及锡尔河（亚克萨尔特河）两河流域为中心，主要为现代的中亚四个半共和国（或泛称中亚五国）地区"。参见马曼丽主编：《中亚研究——中亚与中国同源跨国民族卷》，民族出版社1995年版，第9页。

③ 严格说，哈萨克斯坦是一个欧亚国家，而不仅仅是一个中亚国家。这个国家具有欧亚国家的比较典型的特征。鉴于哈萨克斯坦与其他中亚国家有着千丝万缕的联系和许多共同点，而且哈萨克斯坦大部分领土属于中亚范围，所以多数学者将其列入"中亚国家"的范围。

④ 《大英百科全书》第3册（英文版），1980年版，第1119页。

⑤ ［美］布热津斯基著：《大失控与大混乱》，中国社会科学出版社1994年版，第176页。

交通上的自然凭借（中亚多数大河都向北流入北冰洋）的结果，中亚的主要作用是隔离开了其周围的中国、印度、伊朗、俄国等文明。但是从另一方面讲，中亚的古代商路，也为中亚周围的诸文明提供了一条细弱的，但又绵绵不绝的联系渠道"①。这两种独特的作用提升了中亚的地缘战略地位。

从世界地理角度看，中亚地处欧亚大陆的接合部，欧亚大陆是世界大陆的中心，而中亚又是欧亚大陆的中心。对中亚而言，其地缘战略价值也多次发生变化。在海路开通之前，中亚作为古代丝绸之路的必经之地，商贸繁荣，战略地位非常重要；16世纪以后，中亚一度成为"陆上孤岛"，战略地位有所下降；到19世纪中亚再次成为俄英角逐之地，地缘战略价值得以提升；沙俄入侵后，中亚作为独立地缘政治区域的功能丧失；苏联解体后，中亚的地缘政治优势再次显露出来。作为苏联解体后的地缘政治破碎地带，中亚的地缘战略地位陡升。中亚地缘战略地位的变化引发美国、俄罗斯和伊斯兰势力的地缘政治大博弈。

各种势力角逐主要受利益驱使，表现在如下几个方面：

第一是战略空间争夺。中亚地区素有"俄罗斯后院"之称。苏联时期，中亚是阻止伊斯兰势力北上进入俄罗斯的安全屏障。苏联解体后，各加盟共和国独立，作为苏联继承者，俄罗斯的战略空间较之苏联时期大大缩小。但西方国家并没有减缓对俄罗斯的战略挤压，而是以北约和欧盟东扩的形式继续压缩俄罗斯的战略空间。中亚即从俄罗斯的后院变成了俄罗斯与西方势力争夺的前哨和焦点。国际政治的现实表明，虽然冷战已经结束，但冷战思维依然存在。以美国为首的西方国家不仅没有解散北约，而且北约在俄美的战略争夺中依然发挥着十分重要的作用。冷战思维在中亚地区延续，受地缘政治利益的驱使。在中亚五国独立后，俄罗斯与美国的较量不仅没有因为苏联解体而停止，反而随着"9·11事件"的发生而愈演愈烈。

第二是地缘经济利益争夺。中亚资源富饶，拥有丰富的地下宝藏，铁、锡、银、水银、铜、铅、金、矾、锌、钨、钼、石油、焦油、绿松石、天青石、红宝石和氯化铵等各类矿藏储量大。农产品产量高，且具备专业化水平。"中亚地区每年出产大约3300万吨石油、870亿立方米的天然气、8700万吨煤、6.75亿立方米的布匹、590万吨籽棉，还有大量的谷

---

① ［英］加文·汉布里主编：《中亚史纲要》，商务印书馆1994年版，第7页。

物、肉类和蔬菜。"在中亚的产业结构中，能源和农业是中亚的优势产业，蕴藏着巨大商机，是俄罗斯和美国的经济利益所在。

早在苏联时期，中亚就是主要的原料产地。乌兹别克的棉花、土库曼的天然气、哈萨克的石油以及中亚的一些其他资源，都是冷战时期苏联与美国争霸、抗衡的物质基础。独立后，俄罗斯在中亚仍有着巨大的经济利益存在。"俄罗斯从独联体国家的进口中，中亚国家占29%的比重。中亚国家是俄罗斯棉花、汞、铜、锌、铅、钨、钼传统而稳定的供应地，这里的天然气、石油、煤和水力资源对俄罗斯同样重要"①。与此同时，中亚也是俄罗斯传统的产品销售市场和重要的贸易伙伴。中亚的资源不仅可以补充俄罗斯国内的需求，还可以弥补其外贸出口的不足。正因为如此，俄罗斯将中亚视为重要利益攸关区。

中亚的能源对美国同样有着巨大的吸引力。中亚地区石油和天然气储量巨大。据估计，里海地区石油储量约为1500亿~2000亿桶，天然气储量为7.9万亿立方米，有"21世纪第二个波斯湾"之美誉。尽管美国本身资源丰富，但作为世界上最大的能源消费国，其国内自产的石油只能满足美国的部分需求。因此，能源战略一直是美国对外战略的重要组成部分。而中亚地区蕴藏的丰富的能源，是美国将其提升为重要利益地区的主要原因之一。

美国在中亚的能源利益主要表现在两方面：一方面，美国是中亚的主要产油国哈萨克斯坦石油产业的最大投资者。自1993年至今美国在哈萨克斯坦的直接投资额达到400亿美元，占哈萨克斯坦外资总额的35%②。无论从投资、能源还是国家战略角度考虑，美国都不会轻易放弃在中亚的能源利益。与在中亚的经济利益相比，美国的现实选择是民主利益让位于经济利益，哈萨克斯坦2005年的大选结果已经证明了这一点。另一方面，在美国主导下，建设一条经由阿塞拜疆、格鲁吉亚、土耳其三国，有哈萨克斯坦和土库曼斯坦共同参加的巴库—第比利斯—杰伊汉管道，目的就是要打破俄罗斯对哈萨克斯坦石油输出的垄断。

美俄在中亚的地缘经济利益争夺从中亚独立至今，始终没有中断。在这场没有硝烟的争夺战中始终充满着浓烈的火药味道，而导火索就是中亚蕴藏的资源。

---

①　孙壮志：《中亚新格局与地区安全》，中国社会科学出版社2001年版，第240页。

②　Пресс－Конференция Президента Республикт Казахстан Н. А. Назарбвева, 5. 12. 2005, www. KISI. KZ.

　　第三是地缘政治利益争夺。地缘政治理论产生于 19 世纪末 20 世纪初。作为一种研究方法，首先被地理学家提出；作为一门学科理论，被政治家和战略家广泛应用；作为制定外交政策的依据，受到各国政府的重视。地缘政治学这一术语的创始人瑞典政治科学家鲁道夫·契伦（Rudolf Kjellen）对地缘政治学的定义是："把国家作为地理的有机体或一个空间现象来认识的科学。"① 法国著名政治学家雷蒙·阿隆（Raymond Aron）认为：地缘政治学"把外交—战略关系与对资源做出的地理—经济分析以及由于生活方式和环境（定居、游牧、农业和航海）而引起的对外交态度的解释，从地理的角度加以系统化"②。美国耶鲁大学教授斯皮克曼指出："从地理的观点上来考虑一国的安全问题，使由此得出的结论可为负责制订外交政策的政治家们直接和即时采用。"③ 由此可见，地缘政治争夺是以国家为整体、以地理为切入点、以外交政策为着眼点、以国家安全为落脚点，事关国家利益的战略较量。

　　中亚五国独立后，其政治经济转型问题被提升到全球战略的高度，美俄两国各不示弱。美国的战略目标十分明确，在中亚各国宣布独立之时，以美国为首的西方国家就态度鲜明地表示，承认中亚各国为独立国家的前提是，各国必须接受西方的民主价值观，建立民主共和制国家。美国以经济援助为诱饵和载体，以期推进中亚的民主化进程，目的是使中亚国家摆脱苏联模式和俄罗斯的影响，从而走上西方式的民主宪政之路。而俄罗斯在经过独立后短暂的"甩包袱"后，认识到中亚各国对于俄罗斯的无法替代的战略地位，努力加强与中亚各国的联系，通过政治支持、军事和经济援助等方式，来恢复对中亚地区的传统影响力。与此同时，中亚周边的伊斯兰国家同样关注中亚的发展走势，土耳其意在建立突厥斯坦共和国，而伊朗伊斯兰势力也希望对中亚国家发挥作用。外部势力千方百计加强和扩大对中亚国家的影响，以期填补因苏联解体而留下的权力真空，实现本国国家利益最大化。

　　中亚各国转型目标和转型方式的确立都与外部因素有着密不可分的关

　　① ［英］杰弗里·帕克：《二十世纪的西方地理政治思想》，解放军出版社 1992 年版，第 57 页。

　　② ［法］雷蒙·阿隆（Raymond Aron）：《和平与战争》（*Peace and War*），双日出版公司 1966 年英文版，第 191 页。转引自叶自成主编：《地缘政治与中国外交》，北京出版社 1998 年版，第 40 页。

　　③ ［美］斯皮克曼：《和平地理学》，商务印书馆 1965 年版，第 13 页。

系。苏联的轰然坍塌，苏东国家的骤然转型，使得从来没有建国历史和民主传统的中亚不得不借鉴他国的经验选择转型目标。在民主化、市场化成为苏东国家一致的发展方向时，中亚同样选择了建立总统制民主共和国政体，走西方民主宪政之路，实行市场经济。包括在市场经济种类选择上，中亚各国也对美国的自由市场经济、德国的社会市场经济、日本的政府主导型市场经济等西方国家市场经济模式进行了深入研究，充分吸收其核心内容，如非国有化和私有化、价格自由化、居民社会保障等，在结合本国国情的基础上，确立了社会市场经济发展模式。在确立转型方式和民主模式方面，外力的作用同样十分明显。哈萨克斯坦、吉尔吉斯斯坦和塔吉克斯坦在经济转轨初期就仿效俄罗斯实行"休克疗法"，选择与俄罗斯同样的转轨道路。在政治转型方面，经历了独立初期的躁动之后，中亚国家开始仿效俄罗斯的转型方式：实行总统集权制，建立亲总统党，形成"大总统、中政府、小议会"的政权结构。

以美国为首的西方国家不仅希望掌控中亚国家的发展方向，而且利用各种方式来掌控中亚国家的转型进程，希望中亚国家的转型能够服务和服从于美国的全球战略。"9·11事件"后，美国实现了几个世纪以来的梦想——进军中亚。为实现反对国际恐怖主义全球战略，美国不再把推行民主作为中亚战略的首要任务。"3·24事件"后，美国认识到如果一意孤行在中亚推进民主化进程，就有可能被挤出中亚，失去这块战略要地。在对待"颜色革命"的态度上，美国在前后不到一年的时间里发生180度的转变。从批评、指责哈萨克斯坦总统纳扎尔巴耶夫是"独裁者"、"老人政治"，到赞誉纳扎尔巴耶夫为"改革典范"、"中亚的领头羊"；由担心纳扎尔巴耶夫连任，到支持纳扎尔巴耶夫连任。从美国对哈萨克斯坦总统大选态度转变上可以看出，美国的民主战略服务和服从于美国的经济战略和反恐战略。"民主改造"只是美国争夺中亚主导权、培养亲美势力的载体和手段。

"颜色革命"后，俄罗斯实行绝地反击，以加强军事、经济合作的方式帮助中亚国家增强抵御"颜色革命"风险的能力。中亚各国，包括此前奉行亲美政策的乌兹别克斯坦和利用"3·24事件"夺取政权的吉尔吉斯斯坦反对派，无不选择亲俄路线。美俄在中亚的博弈力量发生了转变，美国在"9·11事件"后取得的优势地位渐渐失去，俄罗斯的主导作用日益增强。美俄博弈的结果导致中亚的转型进程，尤其是民主化进程更加缓慢，完成民主改造的目标变得更加遥远。

4.1.2　俄罗斯中亚战略及主权民主的示范作用

俄罗斯与中亚国家地理位置相邻或相近，历史上形成的民族、文化、经济、政治联系使得俄罗斯在中亚转型过程中所发挥的作用及产生的影响非其他国家可以相比，即便是当今世界实力最为强盛的美国。因此，在探讨影响中亚国家转型的外部因素时，必须正视俄罗斯的中亚战略及其自身实行的主权民主对中亚各国的民主化进程、发展方向、民主模式及经济转轨等产生的影响。

俄罗斯对中亚的政策经历了一个由冷转热的过程。独立初期，俄罗斯不顾一切导向西方、抛弃中亚，1992年底，俄罗斯重新调整国家的外交战略，加强同中亚各国的政治、经济、文化联系，逐步恢复和加强对中亚的影响。

独立之初，俄罗斯奉行"一边倒"的大西洋主义政策，将自己视为一个西方国家，与以美国为首的西方国家建立战略联盟，重新确立作为一个欧洲国家的国际地位。俄罗斯总统叶利钦认为："俄罗斯自古以来就和欧洲是一体，我们应该与欧洲委员会和欧洲经济共同体等欧洲机构联成一体，应该加入其政治和经济同盟"[①]。这一时期的俄罗斯外长科济列夫则认为："我们的邻国有美国（通过白令海峡）、日本和西欧各国。我们同这类国家完全不存在任何不能克服的分歧和利益冲突，但却存在同他们建立友好关系和将来建立同盟关系的各种可能性"[②]。在大西洋主义政策主导下，俄罗斯不惜在重大的国际国内问题上对西方做出重大让步，而对独联体国家采取强硬立场，视中亚为俄罗斯政治、经济和军事上的包袱，对中亚的事情漠不关心。俄罗斯采取的疏远，甚至是抛弃中亚的"甩包袱"战略，使中亚各国陷入旧世界被打破、新世界尚未建立的权力真空期，土耳其的乘虚而入，使俄罗斯错过了在中亚建立影响的绝好机遇。

俄罗斯的大西洋主义政策并没有换来西方对其的经济、技术援助。事与愿违，复兴俄罗斯的伟大计划不仅没能实现，俄罗斯的地缘战略空间反倒逐渐缩小，北约的东扩计划使俄罗斯的安全受到威胁。在此情况下，从

---

① ［俄］叶利钦：《答俄罗斯（共青团真理报）记者问》，载俄罗斯《共青团真理报》1992年5月27日。

② ［俄］安·科济列夫：《联盟给我留下了一笔糟糕的遗产》，载俄罗斯《独立报》1992年4月21日。

1992 年下半年开始，俄罗斯政府进行对外交政策调整，以兼顾东西方的"双头鹰外交"政策取代大西洋主义外交政策。"双头鹰外交"政策的实质是在保持同西方关系的同时，实行"近邻外国"① 优先的新东方政策，"重视独立以来被视为'包袱'的独联体近邻国家，采取一系列措施加强独联体组织机构建设和修复被破坏的统一战略空间"②。"在前苏联的'空间范围'内重新建立一个以莫斯科为中心的地缘政治实体，以重振'大俄国'"③。

俄罗斯的"近邻外国"政策在独联体范围内取得了一定的收效，相对而言，在中亚地区的成效最大。这是因为，在独联体国家中，乌克兰作为欧洲国家政策西倾，且与俄罗斯存在着领土争端；白俄罗斯虽与俄罗斯同为斯拉夫民族，又是俄、白、乌三国联盟的成员，但因俄罗斯的大俄罗斯主义思想作祟使两国关系并不平等；外高加索三国因民族冲突而局势动荡。格鲁吉亚因阿布哈兹问题与俄罗斯有隙，在苏联解体初期，一直游离于独联体之外；而阿塞拜疆因政权更迭退出了独联体，1993 年在俄罗斯的压力下，格、阿两国才加入到独联体中；亚美尼亚与阿塞拜疆间因纳戈尔诺——卡拉巴赫自治州问题而冲突不断。环顾四周，在原苏联的战略空间范围内，只有中亚是完整的战略地区。中亚的战略空间广阔——地区总面积约为 400 万平方公里，占独联体的 19%；人口众多，占独联体的 1/5。尤为重要的是，在俄罗斯境外的 2500 万俄罗斯族人中，有近一半生活在中亚。中亚的俄罗斯人是俄罗斯在中亚发挥影响的社会基础，而俄罗斯对在中亚各国居住的俄罗斯人的利益保障也体现了俄罗斯的政治权威；中亚的地理位置重要，中亚是俄罗斯的南大门，是俄罗斯发挥地缘政治影响力的最为有利的延伸地带，是俄罗斯恢复地缘政治大国地位的主要依托，同时又是俄罗斯与伊斯兰的隔离地带。俄罗斯国内约有 2000 万的穆斯林，他们大都居住在与中亚相距不远的南部地区。俄罗斯与中亚的关系直接关系到俄国内的政局稳定。有鉴于此，俄罗斯着力经营中亚地区，以便在西方的挤压下，保持适度的战略空间。

为重新确立在中亚国家的影响、加紧同中亚国家发展双边或多边关

---

① 这里的"外国"指的是独联体各国。由于主张"近邻外国"优先政策的人大多持激进民族主义立场，因此这一外交政策又被称为激进民族主义政策。

② 海运、李静杰总主编，学刚、姜毅主编：《叶利钦时代的俄罗斯·外交卷》，人民出版社 2001 年版，第 18 页。

③ 曹志平：《地缘政治与俄罗斯外交》，载《东欧中亚研究》1998 年第 5 期。

系，自 1992 年起，俄罗斯与中亚各国的高层互访频繁。"据不完全统计，从 1992 年到 1996 年 6 月，仅哈俄总统双边会晤即达 11 次以上，正副总理级会晤还要多些。这还不包括总统、总理等高层领导参加独联体会议或多边会议时与俄领导人的会见"①。俄罗斯与中亚其他国家的互访也较频繁，签订了多项双边或多边协定。1992 年 5 月，俄哈两国签署了《俄哈友好合作互助条约》，这是哈萨克斯坦独立以来签订的第一个确定双边关系的文件。条约规定，在签约一方受到侵略时，另一方应给予必要的包括军事上的援助。1995 年 1 月，俄哈两国总统在莫斯科签署了《俄哈扩大和加深两国关系宣言》等一系列文件，使双方关系更加密切。1998 年努·纳扎尔巴耶夫与叶利钦签署了《俄哈永久友好和面向 21 世纪条约》，将两国关系提高到一个新的水平。俄罗斯与吉尔吉斯斯坦的关系也很密切。1992 年 6 月，吉尔吉斯总统在克里姆林宫与俄罗斯签订了《友好、合作和互助条约》。到 1997 年，俄、吉已签署 130 项条约和协议。2000 年 7 月，俄、吉两国又签署了《永久友好、结盟和保持伙伴关系的宣言》。吉尔吉斯斯坦总统阿卡耶夫在《难忘的十年》中写道："俄罗斯第一次与自己的外国伙伴签订这一级别的文件。我相信，国家关系中的最高标杆就这样确立了，这一标杆将产生长期影响"②。1999 年 4 月，俄罗斯与塔吉克斯坦签订《面向 21 世纪互助同盟条约》。在中亚一向主张摆脱俄罗斯影响的乌兹别克斯坦也于 1999 年 12 月同俄罗斯建立了"永久性战略伙伴关系"。通过高层互访，签订条约，增强了俄罗斯与中亚各国的相互信任，化解了双方之间的分歧，尽管中亚五国致力于发展多边关系，以克服对俄罗斯的过分依赖，但在中亚的对外政治关系中，俄罗斯一直占有非常重要的地位。而中亚也成为俄罗斯扩大地缘政治影响的坚固基石。

俄罗斯的努力得到了各国的承认。不仅伊朗、土耳其承认俄罗斯在中亚的优势地位，而且以美国为首的西方也承认中亚是俄罗斯的势力范围。而俄罗斯本身从来都将中亚看做是自家的后院，不容他人染指。中亚各国在经济、安全等方面对俄罗斯的依赖，也是俄罗斯确立其在中亚地缘政治格局中占有主导地位的重要因素。在这一时期，伊朗、土耳其、美国等国与中亚各国之间的关系在继续发展，但没有一个国家愿意冒激怒俄罗斯的风险在中亚抢滩。于是在"9·11 事件"前，以俄罗斯为主导、多种力量

---

① 赵常庆主编：《中亚五国概论》，经济日报出版社 1999 年版，第 293 页。
② ［吉尔吉斯］阿·阿卡耶夫：《难忘的十年》，世界知识出版社 2002 年版，第 187 页。

并存的中亚地缘政治格局已经初步形成。

2001 年"9·11 事件"的发生，使美俄两国在中亚地区的地缘政治争夺态势发生了逆转。中亚各国出于反恐和经济发展的考虑，不仅允许美国军队进驻中亚，在乌兹别克斯坦、吉尔吉斯斯坦和塔吉克斯坦设立军事基地，而且加大与美国在安全和经济方面的联系。中亚国家的外交战略发生了重大变化，在实行多元外交的同时，将对外战略的天平倾向美国，以乌兹别克斯坦为代表的中亚小国开始实行"亲美冷俄"政策，把美国作为外交战略的重点。俄罗斯在中亚的主导地位被取代。

为应对美国的战略遏制，俄罗斯采取多管齐下的战略来争夺对中亚的控制权。

一是加强能源合作，牢牢抓住对中亚经济的主导权。俄罗斯将能源战略灵活自如地运用到与独联体及周边国家的关系中。俄罗斯积极参加中亚国家的资源开发、管道建设及经济建设。在经由外高加索、伊朗、中国等邻国的输油、输气管道没有正式投入使用之前，俄罗斯的油气管道是中亚国家能源输出的唯一通道。即使巴库—第比利斯—杰伊汉管道竣工、中哈输油管道、中土输气管道、连接土库曼斯坦与伊朗间的管道及其他管道都正式运营，俄罗斯的油气管道仍能为中亚各国所用。而且在石油、天然气的勘探、开采乃至价格方面，俄罗斯和中亚各国的合作空间依然很大。就在 2001 年，当美国以反对国际恐怖主义为借口进入中亚时，俄罗斯与中亚国家的能源合作进展得依然十分顺利。从 2002 年开始，俄罗斯"仅在不到两年的时间内，利用能源合作这一块敲门砖，叩响了几乎所有中亚国家的大门。它先是与哈萨克斯坦、乌兹别克斯坦、土库曼斯坦达成'四国天然气联盟'协议，而后同哈签署了长达 15 年的经俄管线输油的协定。2003 年俄在同中亚天然气大国土库曼签署了为期 25 年的供气协议后，又相继同乌兹别克斯坦、吉尔吉斯斯坦、塔吉克斯坦就发展在天然气领域的战略合作签订了类似的协定"①。到 2005 年时，俄哈已开始联手开采位于两国交界处的油田。双方经济合作的结果是：在推动经济发展的同时，也确立了俄罗斯在中亚经济领域的主导地位。

二是加强双边关系建设。普京出任俄罗斯总统后，极其重视发展同中亚国家的关系，进一步调整俄罗斯对中亚各国的外交政策，将恢复和调整与中亚国家的关系作为外交工作的首要任务。普京不仅与倾向于俄罗斯的

---

① 石泽：《美俄竞争：折射中亚形势的晴雨表》，载《现代国际关系》2005 年第 2 期。

中亚各国——哈萨克斯坦、塔吉克斯坦和吉尔吉斯斯坦继续保持密切的关系，而且加强了与俄罗斯关系较为疏远的乌兹别克斯坦和土库曼斯坦两国的联系。在乌兹别克斯坦"安集延事件"发生后，普京采取果断措施，力挺乌兹别克斯坦政府，借此机会改善与乌兹别克斯坦的关系。

三是加强在中亚国家的军事存在。在独联体集体安全条约组织和上海合作组织框架内加强与中亚的军事合作和反恐合作。俄罗斯长期将中亚五国纳入到俄罗斯的防御空间，不仅建立了维和部队，而且派驻军队。"在中亚五国驻扎的俄罗斯军队最多时有 2 万人左右，其中边防军 1.5 万人，驻塔吉克斯坦的俄 201 摩托化师，大约 5000 人。"① 在吉尔吉斯斯坦和乌兹别克斯坦都建有俄罗斯的军事基地。与此同时，还组建联合部队并举行联合军事演习。

俄罗斯的中亚战略收到了较为明显的效果。俄罗斯利用美国策划"颜色革命"的历史性机遇，实行主动介入战略，完成了"收复失地"的任务，重新掌握了在中亚的主导权。

综上所述，俄罗斯的外交政策是其制定中亚地缘战略的主要依据。不同时期的外交政策反映了俄罗斯国内对中亚问题的不同的地缘政治主张。大西洋主义导致俄罗斯全盘西化，弃中亚于不顾，使中亚的地缘政治处于真空状态；激进民族主义带领俄罗斯重返中亚舞台，与中亚各国发展友好合作关系，逐步恢复对中亚地区的影响力；新欧亚主义政策（也称双头鹰政策）促使叶利钦，尤其是普京总统对中亚给予更多的关注，将中亚视作俄罗斯的势力范围，"9·11 事件"前，俄罗斯在中亚地缘政治格局中占据主导地位。"9·11 事件"后，俄罗斯在中亚地缘政治争夺中一度处于劣势，但俄罗斯并没有就此罢手，而是苦心经营。吉尔吉斯斯坦"3·24事件"发生后，俄罗斯在中亚地缘政治中的地位回升。除去俄罗斯外交政策外，全球化条件下俄罗斯生存空间的恶化、非传统安全因素的挑战、国家利益的需要等因素，也都是俄罗斯制定中亚战略的依据。

俄罗斯对中亚各国的影响是全方位的。既包括经济上的紧密联系，军事上的共同防务，也包括政治制度方面的趋同。中亚的政治民主化是从戈尔巴乔夫在苏联推行的"多元化"和"民主化"新思维开始的，共同的历史、民族和文化联系，使独立初期的俄罗斯与中亚各国在实行政治制度变革方面出现了许多相似之处。俄罗斯的示范和引导作用明显，中亚的政

---

① 孙壮志：《中亚新格局与地区安全》，中国社会科学出版社 2001 年版，第 181 页。

治转型与俄罗斯的政治转型可谓亦步亦趋。

中亚各国在转型目标、转型模式、转型战略等方面都不自觉地效仿俄罗斯的做法。在政治转型目标上，都选择了走西方民主化道路，仿效西方的政治制度，建立民主共和国政体；在权力分配机制上，都实行立法、司法、行政三权分立的总统制；在政权结构上，都呈现出"大总统、弱议会、小政府"的权力格局，总统的权力很大，苏联时期遗留的中央集权的色彩较浓；在处理总统与议会的权力关系上，俄罗斯通过"炮打白宫"事件实现了权力向总统的转移。而中亚一些国家，如哈萨克斯坦，在总统与最高苏维埃意见相左时，总统两次解散议会，同样实现了权力向总统的集中；在干部任用上，政府中的核心职务都由苏联时期各加盟共和国的高官担任；在政党政治方面，宪法中都规定实行多党制，各国都颁布了《政党法》。现实中，《政党法》只是用来规范政党活动，利用亲总统党的势力来确立总统对议会的控制；在对待反对派态度上，都采取严格的控制措施；在对待非政府组织方面，都采用法律手段打击境内外非政府组织的活动，俄罗斯通过了《非政府组织法》，哈萨克斯坦也修订并通过了《非政府组织法》。

在民主模式选择上，俄罗斯以总统集权制为核心的"主权民主"模式已经形成，强调主权民主意味着民主应具有本国的特点，即俄罗斯"自己能决定如何生活，如何建设未来"。根据宪法，俄罗斯实行的是总统制，总统权力凌驾于议会、政府和法院之上，拥有广泛的重要权力。[①] 2004 年普京执政进入第二任期后，其总统权力进一步强化，特别是 2007 年议会选举之后，很难再看到总统与议会之间以及各党派之间权力制衡的局面。由普京担任主席的"统一俄罗斯党"占据了议会近 65% 的席位，曾经与总统权力相抗衡的反对党俄罗斯共产党，在议会中仅占 12% 的席位，其号召力已经无法真正影响到俄罗斯政局。需要强调的是，俄罗斯的主权政治思想不仅植根于俄罗斯传统的中央集权和国家权威主义思想，更是俄罗斯危机感和紧迫感的现实反映。而俄罗斯建立以总统权力为核心的主权民主

---

① 1993 年 12 月 12 日通过全民投票方式通过的俄罗斯新宪法中规定，总统是国家元首；是俄罗斯联邦宪法、人和公民的权利与自由的保障；是俄罗斯联邦武装力量最高统帅；总统拥有决定国家对内外政策基本方向、经国家杜马（议会下院）同意后任命政府总理、主持政府会议作出政府辞职决定、向国家杜马提出任命或解除中央银行行长职务的问题、确定国家杜马的选举、解散国家杜马、决定全民公投等一系列实权。参见薛君度、陆南泉：《新俄罗斯：政治经济外交》，中国社会科学出版社 1997 年版，第 59~63 页。

的过程，恰恰是这些国家由乱到治的过程。"民主倒退"很大程度上促进了国家统一及社会稳定。

俄罗斯的主权民主模式和政治绩效为中亚国家树立了样板。中亚五国独立后，面临着维护国家独立、稳定和消除三股恶势力威胁的重任，借鉴俄罗斯主权民主模式逐步形成了以总统集权制为核心的威权化民主模式。中亚各国反复强调应该根据本国国情来选择自己的发展道路的重要性。总统权力随着亲总统党力量的壮大而日趋加强。各国亲总统党在议会中所占席位都超过80%，反对派势力无法与亲总统党势力相抗衡。中亚各国总统集权制的实行在维护国家政治稳定方面发挥了重要作用。为抵御"颜色革命"，中亚各国政权日益趋向保守。

在经济转型过程中，中亚国家不仅和俄罗斯一样选择了发展市场经济的道路，而且在转轨方式上，哈萨克斯坦、吉尔吉斯斯坦和塔吉克斯坦都选择了俄罗斯的"休克疗法"。在经济发展战略上，能源产业在国家经济发展中，同样具有举足轻重的作用。在实行非国有化和私有化、价格自由化、建构金融体制等市场基础方面，都注重国家的宏观调控作用。

由此可见，俄罗斯对中亚转型的影响是内在的、深刻的、现实的，也是普遍被中亚国家所接受的，是西方国家无法替代的。对于转型时期的中亚国家来讲，同俄罗斯的合作是保障地区稳定的重要条件。同俄罗斯的关系自然处于中亚各国对外关系的首要位置。与此同时，也要清醒地认识到，独立后的中亚各国，不希望有任何一个国家凌驾于本国之上，在建国之初，就开始推行全方位多元平衡的外交战略，在这一战略中自然不会忽视发展同美国的关系。

4.1.3 美国中亚战略及民主输出

美国是一个战略意向十分明确的国家，在其对外战略中将世界划分为首要（生死攸关）利益地区、重要利益地区和一般利益地区。只要是处于重要的战略地位，并与美国的政治、经济和安全利益密切相关的国家和地区，都在美国的战略范围之内。中亚五国独立后，引起了美国的极大关注。中亚对于美国可谓远隔万水千山，从政治地理学的角度讲，不存在地缘利益冲突。可实力强大、无人能敌的美国，偏偏奉行世界上任何一个国家都是美国地缘政治上的邻国的政策。中亚特殊的地理位置、独有的地缘优势、丰富的自然资源使其具有无与伦比的地缘战略价值，令美国觊觎。

美国新中亚战略的转变对中亚各国产生了重大影响。

美国的中亚战略与美国的全球战略相关，与苏联解体后美国向中亚地区推行西方民主价值观的理念息息相关。在中亚独立后的 20 余年中，美国中亚战略发生了极大的变化，中亚在美国对外战略中的地位在短暂的时间里可谓连升三级，变得愈发重要。

中亚独立后到 20 世纪 90 年代中期，中亚是美国战略利益中的次要利益地区①。中亚地区作为欧亚大陆地缘政治的中心地带，冷战时期即是北约和华约两大军事集团争夺的前线。冷战结束初期，美国的全球战略重点虽仍在欧亚大陆东西两翼（东为日本，西为欧洲），但对中亚地区地缘政治格局出现的权力真空状态却格外关注。美国乘势加强了同中亚各国的积极接触，陆续派出当时的国务卿贝克、前国务卿基辛格、对欧亚大陆地缘政治格局颇有研究的资深外交人物布热津斯基等人穿梭于中亚各国进行访问。在此期间，美国对中亚各国的政策重点有二：一是民主化问题，二是核武器控制问题。美国希望 20 世纪 90 年代初的民主化浪潮能够促使中亚五国加入西方民主阵营，因此，在中亚五国独立之初，美国对中亚乃至从苏联母体分离出来的其他国家提出了五个条件，作为美国承认这些国家独立的前提："实行民主、尊重人权和少数民族权利、遵守国际条约、尊重现存边界和鼓励私营企业。"当时凡是同贝克会谈过的各共和国领导人无不完全接受这五个条件。另一个战略重点也是当时美国政府最关心的问题，就是要不遗余力地销毁苏联遗留在哈萨克斯坦境内的核武器，保证中亚地区不存在任何一个核国家，以实现中亚地区的无核化。美国虽为一个核大国，但对世界上其他国家的核发展却极为敏感，从其主观意愿出发，美国不希望其他国家和地区拥有核武器。而苏联在中亚的哈萨克斯坦部署的 104 枚现代化的 SS - 18 型地基洲际弹道导弹以及专门为其配置的 1040 枚核弹头，对美国的安全中枢产生强烈的刺激，令美国领导人寝食

---

① 按照美国国家利益委员会 1996 年完成的《美国国家利益》研究报告，美国的国家利益可以分为四种，即"生死攸关的利益"、"极其重要的利益"、"重要利益"和"次要利益"。"次要利益"是指所出现的条件符合美国的固有的愿望，但不对美国政府保持和提高人民的福祉的能力产生重要影响，它包括五个方面内容。其中"在其他地区扩展民主"、"维护其他国家的领土完整或特别的政治宪政"、"创造和维持其他国家的民主政府以及防止出现大规模侵犯人权和移民美国的情况"等内容与美国在中亚推行的民主政策相吻合。相关内容参见：The Commission on Amirica's National Interests. America's National Interests, Center for Science and International Affairs and John F. Kennedy School of Government of Harvard University, Nixon Center for Freedom, and The RAND Corporation, July 1990. pp. 4 - 7.

不安。

这一时期，美国的中亚战略可以概括为：支持中亚各国争取独立主权，脱离俄罗斯的控制。同时希望中亚能够以美国的民主价值观和政治制度为样板，建立民主化政权，实行经济改革。在此基础上，美国急于解决的问题就是使中亚成为无核区，免除以美国为首的西方国家的后顾之忧。由于中亚只是美国全球战略利益中的一般利益区，而且苏联的解体、中亚各国的独立来得太快、太突然，所以美国还没有制定出长远的、切实可行的中亚战略。

20世纪90年代中期以后到"9·11事件"前，中亚对于美国的战略地位因北约东扩得以由次要利益地区提升为重要利益地区①。20世纪90年代中期开始，克林顿政府着手制定美国的中亚战略。1994年1月，克林顿在对国会发表的咨文中，针对俄罗斯外交部于1993年拟定的《俄罗斯联邦对外政策构想》②，明确要求做出限制性解释。同年2月，美国国务卿克里斯托弗也公开表示，美国必须提防俄罗斯恢复冷战时期的政策。克林顿和克里斯托弗的讲话是90年代美国调整中亚战略的信号。

中亚"这个地区在地缘战略上对美国的含义十分清楚：美国相距太远而无法在欧亚大陆的这一部分成为主导力量。但美国又过于强大而不能不参与这一地区的事务"。美国在中亚的战略目标，就是与俄罗斯争夺控制权。1997年3月，美国总统国家安全顾问伯杰在克林顿总统第二届任期内首次阐述美国对外安全战略时指出："高加索和中亚在美国的对外战略中应是特别关注的地区"，"美国应加紧参与高加索和中亚事务的步伐"。同年4月，美国国务院向国会提交了《里海地区能源发展报告》，并责成副国务卿塔尔博特拟订新的中亚战略。事隔三个月之后，以塔尔博特发表的美国对中亚和高加索地区的政策讲话为标志，美国的新中亚战略出台。美国在中亚的战略目标是："促进民主，创建市场经济，保证中亚各国内部以及国家间的和平与合作"，"支持这一地区国家对俄的独立倾向；解决这一地区冲突与开发石油资源同时进行，使该地区成为美国21世纪的战略

---

① "重要利益"是指所出现的条件会对美国政府维护和提高美国作为一个人民自由、安全国家的人民的福祉产生重要的消极后果。

② 俄罗斯外交部在《俄罗斯联邦对外政策构想》中提出，俄罗斯对独联体的政策是："在独联体内部调节和防止冲突、保护独联体的外部边界、进一步建立条约法律基础、解决军事和政治上的相互协作问题，在现有的经济联系形式和发展新形式的基础上建立互利经济合作，保证少数民族的权利"。参见阿·卡扎廖夫：《俄罗斯对外政策》，载《俄罗斯报》1992年12月3日。

能源基地，遏制并削弱俄罗斯和伊朗在这一地区的影响"。1997 年 7 月底，美国参议院外交委员会通过决议，明确宣布"中亚和外高加索是对美国具有切身重要利益的地区"。1997 年底美国宣布哈萨克斯坦为美国在中亚的第一个战略伙伴国。"1999 年，美国将中亚国家列入美军中央战区司令部的'责任区'，……使中亚司令部成为维护地缘战略和能源利益的专业司令部。从此，美国在中亚的军事介入越来越深"，"中亚国家的主权和边界已经不再构成对美国军事行动的障碍"①。中亚在美国全球战略中的地位得以提升。

"9·11 事件"后，中亚上升为美国战略利益中极其重要的利益地区②。"9·11 事件"使美国的中亚战略进入了一个新起点。美国以反恐为借口在中亚建立军事基地，中亚成为对美国具有极其重要的利益区。在中亚各国独立十年后，美国在中亚的战略意图越来越明确，那就是"既不能使中亚国家重新回到俄罗斯的怀抱，也不能使这一地区成为伊斯兰激进组织的家园。而是要使这一地区成为美国推动全球战略可依托的地区之一"③。

从美国推行的中亚战略来分析，"9·11 事件"后，美国借阿富汗战争之际完成了在中亚的军事部署的同时，也借反恐扩展了美国的地缘政治空间，实现了美国地缘战略的调整。美国驻军中亚，相当于在欧亚大陆中心打进一个"楔子"，从而可以北遏俄罗斯，南晒印度、压伊朗，东制中国，西联中东。美国"控制石油、反恐和防扩散，从政治、资源和军事等方面全面控制中亚，进而控制欧亚大陆，为维护其世界霸权服务"④。

"9·11 事件"后，美国的中亚战略目标非常明确，那就是使中亚地区成为美国未来的能源战略储备基地和遏制俄罗斯扩大势力范围的地缘政治支点，"保持对其他大国在中亚地区的优势，并在军事等一些象征性的重要领域抢占先机，同时也更加注重中亚的战略地位。美国国会将这一阶段美国的中亚战略概括为：（1）美国不允许俄罗斯或中国这样的强国集团

---

① 胡尚哲、高永久：《美国的中亚和外高加索战略的演变》，载《俄罗斯中亚东欧研究》2006 年第 2 期。

② "极其重要的利益"是指所出现的条件严重影响美国保持和提高作为一个自由和安全国家的人民的福祉，它包括十一个方面的内容。其中，防止、威慑和减少在世界各地使用核武器和生物武器的威胁、防止在重要地区出现霸权、防止在欧洲和亚洲出现主要对手、同恐怖主义及跨国犯罪和贩毒作斗争等内容与这一时期美国的中亚战略目标相一致。

③ 胡健：《中亚"帝国后遗症"及其治理新机制》，载《世界经济研究》2004 年第 7 期。

④ 胡曾胜：《美国中亚政策面面观》，载《当代世界》2005 年第 10 期。

主导该地区，而将美国排除在外；（2）防止中亚变为伊斯兰极端势力活动的基地；（3）防止中亚成为毒品贩运的走廊；（4）帮助中亚国家建设公民社会、法制政府和透明的市场经济；（5）美国从来也没有忽视在中亚的能源利益"。① 美国就是要挤压俄罗斯的战略空间，避免重新出现一个欧亚帝国；最大限度地缩小俄罗斯和伊朗对中亚的影响力；将中亚地区逐步并入以美国为首的西方势力范围之内。因为，强化在后苏联空间内无处不在的地缘政治多样化趋势，是美国全球战略的重要组成部分。而"美国的首要利益是帮助确保没有任何一个大国单独控制这一地缘政治空间，保证全世界都能不受阻拦地在财政上和经济上进入该地区"②。为此，美国从军事、经济、政治各方面入手，不断加强对中亚的控制。

一是采取多种方式强化在中亚的军事影响力。美国与中亚国家的军事合作是在北约"和平伙伴关系计划"框架内进行的。1994 年，除塔吉克斯坦之外，土、哈、吉、乌四国在三个月内先后加入了北约在当年设立的"和平伙伴关系计划"，使得美国有机会在此框架内与中亚四国进行局部合作。1995 年，美国帮助哈、乌、吉三国组建了"中亚维和营"，从此，美国的军事触角在"和平伙伴关系计划"和"联合军事演习"的掩护下，成功地进入中亚地区。美国通过加强军事领域的高层互访、签署军事合作协议、加大对中亚国家的军事援助力度、在北约和平伙伴关系框架下实行军事演习、建立军事基地等多种方式加大与中亚的军事合作力度。美国与哈、乌、吉三国都签署了军事合作文件，合作内容从反对恐怖主义到禁止大规模杀伤性武器扩散无所不包；美国通过"对外军事援助计划"（FMF）和"国际军事教育和训练计划"（IMET）对中亚五个国家都实施援助，援助内容从购买美国武器、提供培训费用、物质援助到人道主义援助，应有尽有；美国同中亚国家的军事演习从 1996 年起，每年都要进行，甚至是一年数次；美国在中亚建立军事基地的战略构想"9·11 事件"之后得以实现，在五国中的三个国家——乌兹别克斯坦、吉尔吉斯斯坦和塔吉克斯坦分别建有美国和北约的军事基地。至此，美国在中亚的影响力暂时取代俄罗斯，处于优势地位。

二是谋求扩大在中亚的经济利益。美国不断提升中亚的战略地位，重要原因之一就是石油和经济利益。中亚是个聚宝盆，拥有丰富的地下宝

---

① 邱森林：《美国的中亚战略及前景》，载《外交评论》2005 年第 10 期，第 77 页。

② ［美］兹比格纽·布热津斯基：《大棋局——美国的首要地位及其地缘战略》，上海人民出版社 1998 年版，第 197 页。

藏。中亚地区蕴藏的资源种类很多，尤以石油和天然气储量巨大。美国与中亚的能源合作主要体现在参与中亚的资源探测和开发方面。美国一些著名的石油公司通过获得油田开采权、成立联合企业、投资开发等多种形式，与产油国签署了为期 40 年的协议；美国政府一直鼓励著名的石油财团到中亚投资，到里海抢滩布局。美国政府和国会组织政府官员和专家举行数十次的大型研讨会及国会两院的听证会讨论"里海战略"，以确保"里海方针"的实现；通过修建巴库—第比利斯—杰伊汉输油管道，显示美国在高加索和中亚地区的战略意图。

美国与中亚的经济合作领域随着美国对中亚战略的转变及各大公司的相继进入而不断扩大。从能源领域扩大到光纤通信、建筑、运输、汽车制造、食品生产等领域，通过建立合资、独资企业，提供各类经济援助，加强双边贸易等形式，扩大在中亚经济领域的影响。

三是推行"民主改造"政策以培植亲美势力。对中亚国家进行"民主改造"、促使中亚国家走上民主化道路是美国对中亚的既定方针。为此，美国以经济援助为条件，推进民主化政策；以非政府组织为工具，扶植亲美势力；以策划"颜色革命"为手段，助推民主化进程。

早在 1991 年中亚各国独立前后，美国已经清楚地表达出对中亚民主化问题的鲜明立场。美国不仅以是否实行民主制度作为承认包括中亚在内的各国独立的条件，而且以是否实行美国标准的民主制度作为对这些国家进行经济援助的条件。独立初期，中亚经济步履蹒跚，急需得到外部资金支持。美国在向中亚国家提供经济援助时，要求受援国必须符合两个先决条件，一是要进行"必要的社会改革"，二是必须在推动"政治民主"和"市场经济"方面与美国合作。受援国不仅要接受美国的援助条件，而且要按照美国的援助要求，将一部分款项专门用于"民主援助计划"①。以美国对吉尔吉斯斯坦的援助为例。在 2004 财政年度中，来自美国所有政府机构对吉尔吉斯斯坦援助的款项约有 5080 万美元，其中用于"民主"计划的为 1220 万美元，用于经济与社会改革的为 2180 万美元。② 据统计，

---

① 为在原苏联国家推进民主，美国为这些国家量身定做了"民主援助计划"。美国通过《自由援助法》及各种"单项计划"，在中亚实施以扩展"自由"为目的的经济援助。民主援助项目囊括了社会政治改革、民主文明与制度建设、发展公民社会、安全及法律建设、言论与媒体自由化、改善教育质量和基础教育、人员培训等。

② Помощь США Киргизской Республики в 2004 – ом финансовом году，http：//usinfo. state. gov/russian/Archive/2005/Feb/02 – 971589. html.

"1993～2003 年美国对原苏联各个共和国提供的用于帮助它们进行'民主改革'的专项援助高达 90 亿美元"①。2002 年，在美国通过"自由援助计划"提供给原苏联加盟共和国 20 亿美元的援助资金中，中亚国家得到了 3.56 亿美元，占援助总额的 17.8%。其中，乌兹别克斯坦得到了 1.3 亿美元，哈萨克斯坦得到了 8500 万美元，吉尔吉斯斯坦得到了 6500 万美元，塔吉克斯坦得到了 6200 万美元，土库曼斯坦得到了 1400 万美元。②

在美国提供的民主援助资金中，只有少部分给了中亚国家的政府，大部分资金用来扶植地方反对派、资助非政府组织。美国政府的理由是，尽管中亚各国已经仿效西方宪政制度，实行了政治转型，但改革力度和速度都未能达到西方的要求，所以转而扶植反对派。有资料显示，"从 1991 年 12 月到 2000 年 6 月，美国总共向独联体国家提供了约 73 亿美元无偿的经济和技术援助，其中提供给各国中央政府的援助不足 1/4，而 3/4 以上都提供给了这些国家的私有企业以及非政府组织和独立媒体等民间机构。③在民主诱惑和经济援助的扶持下，中亚国家的确涌现出一批接受西方价值观的政治反对派和亲西方势力。

美国以非政府组织④为工具、扶植各国的反对派、培植亲西方势力、宣传西方价值观、加强民主渗透，不仅手段娴熟，而且具有历史延续性。美国利用非政府组织在世界各地推行民主的行动可以上溯到 20 世纪 80 年代。里根总统在就任的第一年就制定了"民主规划"，并利用非政府组织充当马前卒来推进"民主规划"的实现。在推行西方民主价值观方面作用与地位都很突出的非政府组织——全国民主基金会就创立于里根时期

---

① 《美国介入吉尔吉斯斯坦政局真相揭秘》，《国际先驱导报》，2005 年 4 月 7 日。http：//news.sina.com.cn/w/2005-04-07/15396318892.shtml.

② Сергей Ковтуненко：Главный способ СНГ，http：//www.cn.com.ua/N292/lnkomorie/help/help.html.

③ 郑羽主编：《独联体十年——现状、问题、前景》（上卷），世界知识出版社 2002 年版，第 236 页。

④ 非政府组织是英文 Non-Governmental Organizations 的意译，英文缩写 NGO。一般认为，非政府组织一词最初是在 1945 年 6 月签订的联合国宪章第 71 款正式使用的，是国际性的民间组织，是非政府性、非营利性、非宗教性组织的统称，非政府组织是由各国民间的团体、联盟或个人，为了促进在政治、经济、文化、科技、宗教及其他人类活动领域的国际合作而建立的一种非官方的联合体。非政府组织分为很多类，非政府组织本身所具有的非国家行为主体的性质决定了它可以公开或隐秘的任何方式、与政府或非政府等任何组织、与执政党或反对派等任何派别、与政府官员或持不同政见者等任何人群接触，宣传其主张、给予资金、技术或物质援助，这就为各国政府利用非政府组织达到自己的目的、为受援国的反对派接受援助提供了极为便利的条件，且双方都具有合法性。

（1984 年）。美国安全战略的逻辑是，只有在敌对国家建立起民主政权才能保证美国自身的安全，而敌对国家民主政权的建立需要由非政府组织来代替美国政府出面进行，因此，美国政府以立法的形式为加强非政府组织的作用，为非政府组织的活动和经费资助提供法律依据。2001 年，美国参议院通过了一项允许美国国际开发署可以直接向外国非政府组织捐款的法案；2003 年，美国众议院又通过了《全球民主促进法》。小布什当选总统后，将推行西方民主价值观作为国家外交战略的重要组成部分，积极推行民主改造计划，加大了对中亚地区非政府组织的支持和利用力度，将其作为推进中亚各国民主化进程的重要手段。"而这些具有政府背景的非政府组织，成为了政府得力的工具和帮手"①。在美国，致力于民主开放和公民社会建设的非政府组织因其所倡导的民主、自由、人权等主张与美式民主的标准相符，于是成为 21 世纪美国在独联体国家推行民主改造、操纵政权更迭的不可替代的工具，被称为美国外交政策的"特洛伊木马"。②

据统计，"到 2005 年 8 月，全球总共有 2914 家非政府组织在中亚注册，其中在哈萨克斯坦有 699 家，吉尔吉斯斯坦有 1010 家，塔吉克斯坦有 595 家，土库曼斯坦有 138 家，乌兹别克斯坦有 472 家。这些组织大多有美国背景，且受到美国国际发展局（USAID）等机构的资助或直接领导，以参与政治为目的。美国国际开发署出资在中亚各国成立了'自由之家'、'国际新闻网'、国际共和俱乐部、和平协会、美国民主体制中心、东欧民主中心、美国中亚大学、欧安组织民主制度与人权办公室、中亚网络人口及培训组织、'国际之声'、'青年人权团'、'和平队'、'丝绸之路基金会'、'中亚网络观选组织'、国际人权组织、国家民主党研究所、索罗斯基金会、欧亚基金会、卡内基基金会等非政府组织的分支机构"③。这些数不胜数的非政府组织以不胜枚举的方式——培训政党、选举候选人，帮助和策划反对派与政府当局对话，在对象国建立非政府组织，诱使对象国以换取经济援助为目的而允许在其国内成立反对派组织，为访问学者、留学生甚至非政府组织领导人去美国留学提供资金资助等——向中亚各国输入民主，干涉对象国的政局。

进入 21 世纪后，中亚各国已经形成了由美国非政府组织控制、当地

---

① 闫文虎：《浅析俄罗斯和中亚非政府组织》，载《俄罗斯研究》2007 年第 1 期。

② ［美］威廉·布鲁姆：《谁是无赖国家》，新华出版社 2002 年版，第 197 页。

③ 李立凡、刘锦前：《美国中亚战略棋盘上的非政府组织》，载《国际问题研究》2005 年第 6 期。

中亚人参加的社会关系网络，美国的非政府组织在中亚发挥着越来越大的作用。有事实证明，以土库曼斯坦前副总理希赫穆拉多夫和哈萨克斯坦前副总理卡热格尔金等为代表的中亚各国大多数有实力的反对派领导人都曾在美国进修过。

非政府组织在中亚的民主化进程中发挥了其他国际行为主体不可替代的作用。在"颜色革命"爆发前，无论是中亚各国的政府还是各国民众，对非政府组织在中亚政治民主化中的作用并没有十分清醒的认识，而非政府组织的活动也比较自由，回旋空间很大，对中亚反对派势力的形成、发展、壮大起到了诱导、推动、煽动、指挥、策划等作用，致使中亚各国的非政府组织如雨后春笋般迅速发展，并对政府的执政形成了阻碍。一定时期内，在舆论宣传方面使得民主化的思想得以广泛传播，客观上推进了中亚民主化进程的发展步伐。在众所周知的吉尔吉斯斯坦"颜色革命"中，非政府组织推波助澜，在吉尔吉斯斯坦政权更迭中扮演着操纵者的角色。

2003年11月格鲁吉亚的"玫瑰革命"和2004年12月乌克兰的"橙色革命"的实质是美国等西方国家实行的第二次"和平演变"。以美国为首的西方国家策划"颜色革命"的目的十分明确，就是想以此为手段，扶持接受西方价值观的政治反对派和亲西方势力，推进独联体国家的民主化进程。在中亚，美国选中的策划"颜色革命"的第一个国家就是吉尔吉斯斯坦。"西方国家一致将吉尔吉斯斯坦视为在中亚推行西方民主的样板和试验田，希望吉尔吉斯斯坦成为中亚民主的榜样，在普遍存在一个领导人长期执政的中亚地区成为实现总统权力更替制的表率"[1]。因此，美国认定吉尔吉斯斯坦总统阿·阿卡耶夫无权参选新一届总统，对美国而言，实现吉尔吉斯斯坦政权更迭是美国利益所在，对推进中亚民主化进程具有重要意义。因此，在"3·24事件"发生的过程中，美国一方面对吉尔吉斯斯坦政府施压，一方面以各种方式公开支持反对派：美国要员到狱中看望吉尔吉斯斯坦反对派；邀请反对派领导人访问美国；向反对派提供印刷厂；为反对派提供竞选费用等。美国国务卿赖斯就表示，美国愿意鼓励吉尔吉斯斯坦各个党派共同朝着选举新政府的道路前进……这将是一件非常好的事情。[2] 不仅如此，美国寄希望于吉尔吉斯斯坦"革命"成功后，在

---

① 赵常庆主编：《"颜色革命"在中亚——兼论与执政能力的关系》，社会科学文献出版社2011年版，第83页。

② 赖斯：事件在吉尔吉斯"являются лишь началом"，РИА"Новости"，25.03.2005，http：//www.zakon.kz/our/news/news.asp?id=36955.

中亚地区出现"颜色革命"的多米诺骨牌效应，但事与愿违，美国却遭遇了"滑铁卢"。

综上所述，美国中亚战略与中亚的民主化进程有着紧密的内在联系。在中亚推进民主化进程本身，就是美国中亚战略的重要组成部分。美国把中亚作为其实现全球战略的一粒棋子，中亚的民主化进程需要服从和服务于美国国家利益。以美国为首的西方国家极力推行西方的民主价值观，并将其作为一种普世原则和承认独联体各国独立的先决条件。对其认定的民主国家给予大力支持，对其认定的不民主国家，则打着维护人权的旗号进行干涉。在中亚独立前后，美国将是否实行民主作为与中亚五国建立外交关系的前提条件。西方对中东欧和独联体的西化转型采取的是两种截然不同的态度：对中东欧国家的经济援助虽然也附加了政治条件，但却是实实在在的；而对俄罗斯的援助则是"口惠而实不至"的诱饵，承诺的援助金迟迟不能到位，致使俄罗斯的经济改革计划搁浅。对中亚来说，中亚各国得到经济援助的条件是实现政治民主化。1997年，美国中亚战略出台后，"促进民主"成为美国中亚战略的目标之一。美国以中亚国家加入的北约"伙伴关系计划"为载体，想方设法加强与中亚各国的军事、经济和政治合作，以此来推动美国的中亚战略的实现。美国将惯用的胡萝卜加大棒战略作为在中亚地区推行民主制度的方法：一方面通过与中亚各国进行军事合作，为其提供经济援助的方法，以及高层互访等形式，迫使其向西方的民主制度转轨；另一方面，美国时刻都没有忘记在人权问题上对中亚各国政府施加压力。美国动辄对中亚各国的人权状况提出指责，利用非政府组织来扶植中亚各国政府的反对派。在这一时期，中亚各国虽然对美国政府在所谓的"人权"问题方面的干涉十分不满，但为了得到美国的经济援助，在美俄之间实行平衡政策，因此在人权问题、对待国内反对派问题等方面尽量避免与美国的正面冲突，这在客观上推动了中亚的民主化进程。

2001年"9·11事件"发生后，美国的安全战略遭受到前所未有的严峻挑战，维护国家安全、打击恐怖主义成为美国国家战略的重点。"9·11事件"的发生，为美国进军中亚地区提供了千载难逢的机遇。美国以军事合作为纽带，加强与中亚国家的双边关系。美国进驻中亚，以乌兹别克斯坦为代表的中亚国家亲美倾向加强，使美俄在中亚的实力对比发生变化，在对中亚地缘政治利益的争夺中，美国暂时处于优势地位。但美国在中亚势力的加强并没有促进民主制度在中亚的发展，相反，美国出于自身的需要，将安全利益和经济利益作为首要的利益，置于推行西方的民主价值观之上。换言之，美国在中亚的人权、民主问题上三缄其口，对总统权力越来越强化的乌兹别克斯坦等国不是批评而是赞扬，认为"乌兹别克斯坦在立法和司法制度改革方面取得了成功"，认为乌兹别克斯坦的宪法是"世界上最民主的宪法"。由此可见，美国的民主价值观是为美国的国家利益服务的，美国在中亚推行的所谓民主制度是为美国争夺在中亚的地缘政治利益服务的。

当美国在中亚的军事基地建立和巩固后，美国利益愈发膨胀。为在中亚长期立足，急于培养、扶植亲美势力、暗中资助政府反对派、操纵大众传媒、进行精心设计的民意调查，以使中亚各国能够按照美国的设计向民主化的方向发展。事实证明，美国驻军中亚"并不是来为中亚各国看家护院，保一方平安的，更不是为美国界定的'专制独裁者'保驾护航，而是要按美国'民主'模式改造中亚，把中亚纳入美国全球战略的轨道"。因此，美国在打垮塔利班政权，在中亚地缘政治争夺中暂时处于优势地位后，便抬高了对中亚的政治诉求并加快了推进速度。美国又开始以全新的方式——"颜色革命"推行西方的民主。2003 年发生在格鲁吉亚的"玫瑰革命"和 2004 年乌克兰的"橙色革命"，到 2005 年时已蔓延到中亚，2005 年 3 月吉尔吉斯斯坦爆发"3.24 事件"。尽管吉尔吉斯斯坦国内和外国媒体对此说法不一，但西方势力的介入和操纵是毋庸置疑的。美国和欧洲国家热衷于独联体国家的"颜色革命"，并不是为了帮助这些国家发展经济，增强其国力，其战略意图十分明显，就是为实现自身地缘政治利益的需要。从这个意义上讲，"颜色革命"是西方国家披着民主和自由的外衣，用来争夺地缘政治利益的一种手段。但历史和现实似乎和美国开了一个玩笑。发生在格鲁吉亚和乌克兰的"颜色革命"确实使反对派取得了胜利，也推进了这两个国家的民主化进程。但出现在被美国誉为中亚"民主岛"的吉尔吉斯斯坦的所谓"郁金香革命"，不仅未能推动中亚的民主化进程，西方学者预言的多米诺骨牌效应也未能在中亚其他国家出现，反而阻碍了中亚各国已经迈出的民主化脚步。包括吉尔吉斯斯坦的巴基耶夫总统在内，各国不同程度地加大了总统的权力和政府控制的力度，为民主化发展设置了阻力。2010 年 4 月 6 日，吉尔吉斯斯坦再次发生大规模骚乱，巴基耶夫被反对派赶下台，步阿卡耶夫的后尘逃离家园。这说明，在吉尔吉斯斯坦并没有形成西方的民主制度，也预示着中亚各国未来的民主化之路的艰辛与漫长。

"美国在中亚地区推行民主改造，原本是为了加强美国的地位，削弱俄罗斯的影响，但结果却出乎意料。""颜色革命"使中亚国家对美国产生了戒备和怀疑，"9·11"之后刚刚建立起来的对美国的信任和期望在下降。中亚开始为政权的稳固担心，"在俄美之间的天平重新向俄倾斜，在国家政权的安全上更加倚重俄，与俄合作关系获得新的推动力，俄在中亚的政治、经济、军事存在都得到一定程度的巩固并有新发展"①。美国不得不改变战略，以现实政治取代"民主改造"。"颜色革命"在中亚民主化进程中起到了适得其反的作用，与美国的预期目标相反，"颜色革命"不仅没有成为中亚民主化的推动力，反而成为阻力。

有一点可以肯定的是，到目前为止中亚仍然是美国全球战略中极其重要的利益地区，美国不会放弃对中亚的控制和争夺，同时，美国也不会改变在中亚地区推行"民主改造"的既定战略。目前美国的中亚战略只是策略调整，实行的是"曲线救国"方略：从改变政权到改变民众的思想和认识，再到改变国家性质，最终实行政权转型，而且是向西方民主化转型。

4.2　转型内生动力与条件的解释

从目前人类社会的认知能力和社会发展规律来看，民主政治是必然发展趋势，是全世界都在追求的目标。但发生民主化的动因却多种多样，既有社会经济发展成熟后的水到渠成，也有经济发展对非民主国家产生压力所致，更有早期民主化国家的示范效应。与此同时，外部势力加强可以启动民主，而政治精英阶层的战略选择也可以开启民主进程。中亚国家作为苏联解体的产物，其民主化进程既来自于戈尔巴乔夫时期苏联内部变革的延续，也来自于美国等西方国家的外力推动，唯独缺乏的是中亚国家自身的转型动力。而"民主转型过程既是一个具有内在相互联系的客观性和内在动因的历史过程的扩展，同时也是各国历史传统、精英自主选择等结合的过程"②。通过中东欧国家和中亚国家的比较分析，能更加深刻地认识到，转型内生动力的缺失、传统政治文化的影响以及现实环境和条件的制约，是导致中亚各国转型动力不足、进展缓慢的内在因素。

---

① 赵华胜：《"颜色革命"后欧亚地区形势的变化》，载《现代国际关系》2005 年第 11 期。
② 陈尧：《新权威主义政权的民主转型》，上海人民出版社 2006 年版，第 213 页。

4.2.1 西方化内生动力的缺失

高度集权的政治体制和僵化的计划经济体制既是苏东剧变的根本原因，也是独联体和中东欧国家政治变革的动力。但这一动力对中亚和中东欧国家却有着截然的区别：中东欧国家转型的内生动力是要极力摆脱苏联控制，冲破苏联社会主义这一外来制度的内在化约束，建立西方民主政体。而对中亚国家而言，苏联时期的转型动力是联盟中央"自上而下"的改革，独立后转型的内生动力则是维护国家的独立和稳定，缺乏向西方转型的归属感。

"回归欧洲"是中东欧国家的转型目标，摆脱苏联控制、铲除"斯大林模式"，则是其转型的深层内在动力。从"二战"之后的历史来看，东欧各国社会主义制度的确立原本不是、起码不完全是其人民的自愿选择，而很大程度上是"二战"后期反法西斯阵营利益调和的产物。根据雅尔塔会议的安排，"二战"结束后东欧属于苏联的势力范围。被苏联红军从法西斯主义统治下解放出来的东欧各国成为苏联的卫星国，从此开始了人民民主革命，走上了社会主义道路。随着冷战的开始，苏联走上了争霸全球之路。为与以美国为首的西方势力相抗衡，苏联领导人对东欧各国施以全面控制。为在政治上控制东欧，在斯大林的授意下由波兰统一党出面成立了"欧洲共产党和工人党情报局"。苏联以"有限主权论"、"国际专政论"、"社会主义大家庭论"等理论为依据，将对东欧的控制合法化。"苏联要求东欧国家立即按照苏联的模式实行社会主义革命和社会主义建设，不再容许东欧国家探索通向社会主义的其他途径。'苏联式社会主义'被移植至东欧国家"[1]。但这一模式并不适合东欧国家的国情，更不适应全球化发展的客观要求。因此，从"苏联式社会主义"被移植到东欧时起，东欧各国为摆脱苏联控制和"苏联式社会主义"制度模式，就成为探索适合本国的发展道路的动力和东欧剧变的根源之一。从 1948 年南斯拉夫探索本国发展道路模式，到 1956 年"波匈事件"，波兰统一工人党和匈牙利社会主义工人党通过改革实行党政分开的尝试，再到 1968 年捷克斯洛伐克《行动纲领》中有关改革国家计划体制，实行有计划的市场经济；改革

---

① 朱晓中：《转型九问——写在中东欧转型 20 年之际》，载《俄罗斯中亚东欧研究》2009 年第 6 期。

党的领导体制，实行党政分离；加强民主阵线的作用，实行政治体制多元化等新思想的提出，中东欧国家争取摆脱苏联控制的反抗斗争从未停止过。上述事件的发生虽然没能使这些国家摆脱苏联的控制，但却成为东欧国家变革的动力。到了 20 世纪 80 年代后期，东欧各国在长期的社会主义建设中积累的矛盾日益尖锐化，各国领导人把现行政治、经济体制的弊病和执政党本身的失误和错误根源全部归咎于社会主义制度本身，认为斯大林建立起来的社会主义是"专制的、官僚主义的社会主义"。因此，东欧各国均提出要"彻底抛弃斯大林模式"，"同斯大林主义及新斯大林主义的一切形式彻底决裂"①，建立西方民主政体，实现政治制度的彻底改变。

转型内生动力决定了中东欧国家在转型之初政治方向便十分明确，就是西方化、民主化。即摧毁一党执政、党政不分、议行合一等为主要特征的权力高度集权、缺乏监督和制约的苏联模式，和苏联时期的政治体制彻底决裂；真正建立起以多党竞争、议会民主、三权分立为主要特征的多党议会民主制，走西方宪政民主改革之路。

与中东欧国家相比，缺乏独立建国历史和民主思想基础的中亚国家，作为"苏联人民"的一员，各加盟共和国的政治体制与苏联保持高度一致，可谓亦步亦趋。从斯大林时代的集权模式，到赫鲁晓夫和勃列日涅夫时期缺乏实质性改变的政治经济体制改革，再到戈尔巴乔夫时代的"公开性"和"民主化"改革，各加盟共和国是最好的执行者和见证者。戈尔巴乔夫时期对苏联政治体制实行的"自上而下"的改革，决定了独联体国家政治体制的方向。

中亚五国实现民主化的动力就是维护国家的独立和稳定。独立之初，作为从苏联母体中分离出来的破碎地缘政治地带，在地缘战略地位得到提高的同时，其周边环境也更为错综复杂。俄罗斯极力想甩掉中亚这个包袱；伊朗虽是中亚的近邻，但因其伊斯兰激进组织势力的存在，引起中亚各国的戒备；土耳其利用中亚各国对土耳其的好感，以及土耳其与中亚国家之间特殊的民族关系②，"向突然失去财政来源（莫斯科）的中亚国家

---

① 方桂关编写：《剧变中的东欧》，中共中央党校出版社 1992 年版，第 41 页。
② 突厥部落兴起于准噶尔盆地之北的阿尔泰山。强大的突厥部落在公元 6 世纪的西征使西起土耳其，中经阿塞拜疆、鞑靼斯坦、哈萨克斯坦、乌兹别克斯坦、土库曼斯坦、吉尔吉斯斯坦，东至中国新疆的广大区域逐步实现了突厥化。于是土耳其与中亚的哈萨克、乌兹别克、土库曼和吉尔吉斯成为拥有共同语言文化的突厥民族。

提供各方面的财政援助"①。在当时的国际形势下，除去处于内战状态的塔吉克斯坦外，其余四国都选择了"土耳其模式"。但土耳其的国力有限，无法满足中亚国家经济发展的外援需要。与此同时，土耳其露骨地推行"泛突厥主义"计划，增加了中亚各国的忧虑。"土耳其的政策、行为引起了中亚各国领导人的反感，主要原因有二：其一是，刚刚建立民族独立国家的中亚各国，十分珍惜政治独立的宝贵机会，他们不想刚刚摆脱俄罗斯'老大哥'的束缚，又处在土耳其'老大哥'的支配之下……其二是，中亚国家领导人对土耳其自 20 世纪以来追求的泛突厥主义感到担心。泛突厥主义是中亚地区政治稳定的隐患之一"②。由此可见，在中亚独立初期，无论是对外关系发展还是对内政策的制定，都处于"有求于人"的被动境地："中亚各国在经济上与俄罗斯及其他独联体国家的联系难以割断，安全方面尚需仰仗俄罗斯的军事实力。中亚若想在变幻莫测的世界政治风云中站稳脚跟，特别需要与俄及独联体其他成员国保持较为密切的政治友好合作关系。与此同时，中亚对来之不易的独立机遇非常珍惜，在同俄罗斯保持密切联系，以俄罗斯和伊朗等国制衡土耳其人的同时，又极想摆脱俄罗斯对其的控制，而西方国家的经济援助和安全合作恰巧为中亚各国提供了有利条件"③。而美国将是否实行民主制度作为与独立的独联体各国（包括中亚五国）建立外交关系、进行经济援助的先决条件，这是在中亚五国独立前后美国的既定战略。中亚要维护独立和发展，只能继续实行民主化。由此可见，俄罗斯的大西洋主义政策和美国以实行西方民主价值观为前提的经济援助条件，是中亚五国开始民主化进程的重要外在力量。综上所述，中东欧与中亚国家政治民主化目标虽然都是"西化"，但二者在"西化"的内涵和程度上存在着巨大的差别。中东欧的西化目标清晰明确，就是西欧化；而中亚国家是在苏联解体后跟随俄罗斯的亦步亦趋的选择，或曰再度俄罗斯化。

转型内生动力不同，导致转型结果不同。中东欧国家在摆脱苏联控制的动力驱使下，采取民主化先行的转型策略，政治价值取向发生了翻天覆

---

① "土库曼斯坦和吉尔吉斯斯坦各得到了 7500 万美元的贷款，乌兹别克斯坦得到了 5 亿美元的贷款。土耳其还同意为乌兹别克斯坦提供购买 200 万吨粮食和 25 万吨糖所需的贷款。土还向哈萨克斯坦许诺提供 28 亿美元的贷款。土耳其总共向中亚各国提供了 15 亿美元的信贷，其中 6.5 亿美元为购买食品的贷款，6 亿美元为贷款和贸易担保"。参见 [美] 胡曼·佩马尼：《虎视中亚》，新华出版社 2002 年版，第 165 页。

② 李淑云：《地缘政治与中亚五国民族问题》，辽宁人民出版社 2007 年版，第 188 页。

③ 同上，第 189 页。

地的变化——党变质，国变色。西方多党制取代了原来的一党专制，三权分立的议会民主制取代了中央高度集权制，在较短的时间内就完成了民主转型。而中亚国家因西方化内生动力的缺失，加之维护国家稳定的需要，民主政治转型到目前为止尚处于初始阶段，完成政治转型需要假以时日。

4.2.2　政治文化传统的制约

何谓"政治文化"？政治文化与制度之间是否存在着一种因果关系？政治文化是否能够用来预言政治行为？对这些问题的认知学术界迄今尚存争议。但如果仔细斟酌"政治文化"的概念，我们就会得出这样的结论：政治文化传统是政治民主化的基础，政治文化传统差异对转型的目标和进程的影响是不言而喻的。

西德尼·维巴（Sidney Verba）认为政治文化是"由在经验基础上形成的一系列信念、象征性符号和价值所组成的体系，这个体系规定了政治行为发生的环境。他为政治提供了主观取向"[①]。阿尔蒙德和维巴则把一个国家的政治文化界定为"国家成员对各种政治目标的取向的特殊模式"，其"内在化于该国人民的认知、情感和评价"[②]。不同的民族文化传统、不同的宗教信仰、不同的民主发展历程决定了不同的政治取向模式，导致政治民主化历程和绩效也存在着差异。

"人类的历史是文明的历史。在整个历史上，文明为人们提供了最广泛的认同"[③]。这种文明的认同持续千年而不衰，并且对国际秩序产生正相关的作用。即使由于殖民、战争等因素的外力作用，使文明的同心圆破碎，但对文明的强烈认同感终会将破碎的同心圆重新修复。塞缪尔·亨廷顿认为："在正在形成的全球政治中，主要文明的国家正取代冷战期间的两个超级大国，成为吸引和排斥其他国家的几个基本的极"。在八大世界文明[④]中，以西方文明、东正教文明和中华文明为核心的文明集团正在形成。"这些文明集团中的国家往往围绕着一个核心国家或几个核心国家分

---

①　[澳] 戴维·W. 洛弗尔译：《后共产主义转型的意义》，转引自苑洁主编：《后社会主义》，中央编译出版社 2007 年版，第 119 页。

②　[德] D. 波拉克，J. 雅各布斯，O. 米勒，G. 皮克尔：《后共产主义欧洲的政治文化》，转引自苑洁主编：《后社会主义》，中央编译出版社 2007 年版，第 137 页。

③　薛君度主编：《转轨中的中东欧》，人民出版社 2002 年版，第 356 页。

④　亨廷顿所说的八大文明是指中国文明、日本文明、印度文明、伊斯兰文明、西方文明、东正教文明、拉丁美洲文明和非洲文明。

散在同心圆中，反映了与那种文明的认同程度以及融入那种文明集团的程度"。"国家都倾向于追随文化相似的国家，抵制与它们没有文化共性的国家"。由此可见，政治文化传统在政治转型中的制约作用。

政治文化传统的制约作用主要表现在三个方面：一是文化认同；二是民主经验；三是民族传统。

"文化认同"是转型目标的反映。中东欧国家之所以将"回归欧洲"作为转型目标，是因为中东欧与欧洲之间存在几个世纪之久的文化认同。在西方基督教和东正教文明之间有一条历史分界线，"这条界线可以追溯到4世纪以来罗马帝国分裂和10世纪神圣罗马帝国的建立，至少500年来它一直基本上处于它现在的这个位置。它由北开始，沿着现在芬兰和俄罗斯的边界以及波罗的海各国（爱沙尼亚、拉脱维亚、立陶宛）与俄罗斯的边界，穿过白俄罗斯，再穿过乌克兰，把东仪天主教的西部与东正教的东部分离开来，接着穿过罗马尼亚的特兰西瓦尼亚，把它的天主教匈牙利人同该国的其他部分分离开来，再沿着斯洛文尼亚和克罗地亚同其他共和国分离开来的边界穿过前南斯拉夫。当然，在巴尔干地区，这条界线与奥匈帝国和奥斯曼帝国的历史分界线重合。这是欧洲文化的边界，在冷战后的世界中，它也是欧洲和西方政治经济的边界"①。英国杰出的战争史教授、国际政治学家迈克尔·霍华德认为，"这是东方教会与西方教会之间……一个巨大的宗教分界线：广义上说，这是那些从罗马直接接受或通过凯尔特人或德国人的中介接受基督教的民族，与那些东方或东南方的从君士坦丁堡（拜占庭）接受基督教的民族之间的一个巨大的宗教分界线。"这条线被看做是"东方和西方之间古老的文化分界线"，欧洲人非常在意。正因为如此，在苏东剧变后，对西欧而言，首要的任务就是"重新把中欧各国人民吸引到他们本应属于我们的文化和经济共同体中来，在伦敦、巴黎、罗马、慕尼黑和莱比锡、华沙、布拉格和布达佩斯之间重新编织起纽带"②。中欧人也强调这条分界线。对中欧国家来说，"中欧"既是地理意义上欧洲的重要组成部分，又是西方文明的重要组成部分。早在"8~10世纪，地处欧洲中部的捷克、波兰、匈牙利、克罗地亚和斯洛文尼亚等民族，接受了基督教并使用拉丁文。这些民族成为西欧文明的一部

---

① ［美］塞缪尔·亨廷顿：《文明的冲突与世界秩序的重建》，新华出版社2002年版，第171页。

② 同上，第172页。

分"①。波兰人声称，"自从 10 世纪开始，他们在拉丁基督教对拜占庭的斗争中选择了前者后，他们就一直是西方的一部分"。② 中欧人和西欧人一样，把起源于古希腊和古罗马的欧洲基督教文明视为自己的精神家园。

西欧人和中欧人对基督教文明的认同为中欧国家加入欧盟奠定了良好的基础。欧盟在考虑扩大成员国的问题上，"优先考虑的是文化上属于西方的国家和经济上也往往更发达的国家"。③ 从中东欧国家加入欧盟的顺序来看，隶属于西方基督教文明的匈牙利、捷克、波兰、斯洛伐克、斯洛文尼亚和波罗的海三国——爱沙尼亚、拉脱维亚、立陶宛于 2004 年首先入盟，而属于东正教文明的罗马尼亚和保加利亚在 2007 年才正式成为欧盟成员。罗马尼亚和保加利亚加入欧盟，被看做是"保加利亚人和罗马尼亚人看到了作为西方一部分并融入它的体制的巨大的好处"④。由此可见，中东欧的转型目标之所以用"回归欧洲"来表达，是因为中欧国家具有欧洲的历史文化基础和文化认同。

文化认同在确定转型目标时发挥的核心作用在中亚各国的转型中同样得见。俄罗斯是东正教国家，在东正教文明中处于核心地位。以俄罗斯为中心的独联体国家关系的维系，某种程度上是文明的纽带作用。苏联剧变后，俄罗斯希望能够建立一个在它领导下的以东正教为核心的集团，并且希望信仰伊斯兰教的国家能够环绕在这个集团的周围，成为其势力范围的后院。正因为如此，俄罗斯对北约东扩的反应十分激烈。西方国家在剧变初期也向俄罗斯保证，"北约东扩仅限于历史上是西方基督教世界的一部分的国家"，"它将不包括塞尔维亚、保加利亚、罗马尼亚、摩尔多瓦、白俄罗斯和乌克兰（只要乌克兰继续保持统一）。北约东扩只限于西方国家，也强调了俄国作为一个独立的、东正教文明的核心国家的作用，以及因此它对东正教边界内和沿边界的秩序负责"⑤。

之所以苏联各加盟共和国在独立之后都选择了西方多党议会民主之路，是与东正教与基督教内在文明之间的联系相关。因为东正教是基督教的一个分支，所以无论是沙皇俄国还是现在独联体的一些国家，在许多方面与欧洲和西方都有相似之处。而中亚五国虽然是伊斯兰国家，信仰伊斯

----

① 薛君度主编：《转轨中的中东欧》，人民出版社 2002 年版，第 358 页。
②④ ［美］塞缪尔·亨廷顿：《文明的冲突与世界秩序的重建》，新华出版社 2002 年版，第 172 页。
③ 同上，第 173 页。
⑤ 同上，第 174 页。

兰教，但历史上作为沙俄的殖民地和苏联的加盟共和国，其宗教信仰受到了严格的限制。沙俄时期的俄罗斯化政策，苏联时期的无神论思想，都使得中亚地区的政治文化传统已深深地打上了沙俄和苏联的烙印。沙俄政府的"俄罗斯化"政策意义深远。不仅使得中亚各民族被斯拉夫民族同化，使用相同的语言，实行同样的宗教政策，而且俄罗斯文化逐渐在中亚扎根，俄罗斯民族与中亚各民族的民族文化联系不断加强。这种根植于精神文化方面的联系迄今为止仍然是俄罗斯发展与中亚各国关系的社会基础，也是苏联解体后中亚各国实现政治民主化的政治文化传统所在。这种文化认同的结果就是，中亚国家确定了西方民主化的转型目标，但在转型过程中却留有俄罗斯文化的明显印记。

民主经验是一个国家实现政治民主化的重要条件。有无民主思想基础和历史经验对体制转型能否成功、民主化进程是否顺利都会产生较大影响。民主经验与转型成功几率和转型速度成正比。

亨廷顿指出："在20世纪，极少的国家能够在第一次尝试中就建立起民主的政治体制。可以合理地断言，过去的民主经验比没有这种经验更有助于第三波民主国家的稳定。若是把这一命题推展一下就可以合理地假设，具有较长的和较近的民主经验对民主的巩固比较短的和较早的民主经验更为有利"[①]。波兰的"贵族民主"和议会传统可以追溯到16世纪；匈牙利的等级会议在王朝时期就拥有选举君主的合法权利；在两次世界大战期间，捷克斯洛伐克的民主体制持续了20年，从1918年奥匈帝国崩溃后捷克斯洛伐克共和国成立一直到1938年被德国法西斯占领，存在过16届政府。和捷克斯洛伐克相比，"一战"之后波兰出现的"议会时代"和匈牙利先后建立的资产阶级共和国和苏维埃共和国虽说是昙花一现，既未成功，又时间短暂，但仍然不失为民主的宝贵经验。

相对于捷克、波兰、匈牙利等中东欧国家来说，中亚五国经历更多的是帝国统治的历史，不仅缺乏独立建国的经验，更缺乏民主思想根基。历史上在中亚地区生活的"吉尔吉斯、土库曼和卡尔梅克等游牧民族……他们时而归附希瓦，时而归附布哈拉，时而归附浩罕，时而归附中国"[②]。而无论是16世纪初期建立的哈萨克汗国、布哈拉汗国、希瓦汗国，还是18世纪建立的浩罕汗国，皆不属于现代民族国家。从19世纪中叶沙俄吞

---

① ［美］亨廷顿：《第三波——20世纪后期民主化浪潮》，上海三联书店1998年版，第325页。

② 李淑云：《地缘政治与中亚五国民族问题》，辽宁人民出版社2007年版，第65页。

并中亚，直到 1991 年中亚宣布独立，中亚地区各民族无论是作为沙皇俄国的殖民地，还是作为苏联的加盟共和国，无论是在军事封建帝国主义的控制下，还是在苏联高度集权的政治统治之下，根本没有民主传统可言。长期帝国统治的历史使得中亚五国在民主化浪潮袭来之时，依然处在被动执行苏联政治体制改革方针的状态，缺少实现民主化的内在动力和明确方向。虽然宪法规定要建立民主共和国，但对民主不仅缺乏感性认知，更缺乏历史基础。而这势必会成为民主化发展的阻力。

民族文化传统是民众参与政治转型的思想基础，是政治转型中不可忽视的重要因素。中东欧国家，尤其是曾经经历过文艺复兴的波兰、匈牙利和捷克斯洛伐克等国，民众中的自由民主程度较高，自由、民主、平等、博爱、天赋人权的思想已经普及，来自民间的自由力量成为政治转型不可或缺的力量。尽管中东欧各国民间组织的活动时而公开，又时而隐蔽，但却一直没有停止过。20 世纪 50 年代匈牙利裴多菲俱乐部是自由思想的大本营，1968 年捷克斯洛伐克"布拉格之春"也曾产生过巨大的民间改革动力，捷克持不同政见者发表的《二千字宣言》引起了苏联的强烈反应。从 20 世纪 70 年代中期开始，捷、波、匈三国先后出现了民间政治反对派，如捷克斯洛伐克的"七七宪章人权运动"、波兰的"团结工会"，匈牙利的"民主论坛"，这些政治反对派在东欧国家政治体制改革中充当了急先锋。伴随着执政党地位的削弱乃至被取消，良莠不齐的政治组织如雨后春笋般地建立起来。① 这些反对派组织的成立客观上成为中东欧国家实现民主化的推动力。由此可见，民众的个人主义意识、个人权利传统以及自由传统为多党政治民主化奠定了重要的社会基础。

与中东欧国家自由民主的民族文化传统相反的是，中亚自古就有崇尚权威的民族文化传统。中亚各民族历史上都是游牧民族，以氏族部落为组织形式。在古代恶劣的环境下，为谋求生存，游牧民族必须在部落首领的带领下，战胜天灾人祸，才能得以繁衍生息。由此形成了游牧民族对英雄的崇拜心理。在中亚，以氏族部落为载体的封建汗制一直延续到苏联成立，而部族作为一种民族形式至今在中亚依然存在，且在国家政治生活中

---

① 1977 年捷克发生了"七七宪章运动"，1987 年该组织开始公开活动，此后捷克斯洛伐克各种反对派组织纷纷恢复或建立。比较著名的有"前政治犯协会"、"美国之友协会"、"社会主义复兴俱乐部"、"社会民主党"等。1980 年，波兰团结工会成立。1989 年 4 月重获合法地位，同年 6 月在大选中获胜。1989 年 3 月"匈牙利民主论坛"、"匈牙利民主青年"、"青年民主战士联盟"等反对派组织相继成立。

发挥着重要作用。部族的存在意味着自古以来部族文化传统的存在和延续。在苏联高度集权和个人崇拜的强化之下，独立后的中亚国家将各国总统视为英雄一样崇拜和服从。以土库曼斯坦为例，在土库曼斯坦独立后，人民用总统尼亚佐夫的名字命名首都阿什哈巴德的农场、地区和列宁大街；议会正式尊奉他为土库曼斯坦人的领袖，宣布他的生日为公共假日；尼亚佐夫的肖像印在了 1993 年新发行的土库曼斯坦国的货币上。对于此种现象，土库曼斯坦麦吉利斯（议会）的一位代表指出，应该记住的是总统不是一个人，而是"国家和权力的象征"。尼亚佐夫自己也相当明确地表示，我不需要这种东西，但我们国家需要。"在国家过渡时期必须有一位领导，担心多个权力中心会导致无政府状态"。由过去的崇尚权威演变为今日的崇拜领袖，这是中亚各国总统权力不断扩大的重要原因。

领袖人物的行为在任何一个特定民族国家或一组国家中都会在一般情况下或在某一特定时期推进或妨碍民主化进程。在民主政权建立的过程中，政治领导人是否具有民主意识非常关键。在中亚五国的现任总统中，除了塔吉克斯坦总统拉赫莫诺夫外，其余四国总统——哈萨克斯坦总统纳扎尔巴耶夫、乌兹别克斯坦总统卡里莫夫、土库曼斯坦总统尼亚佐夫、吉尔吉斯斯坦总统阿卡耶夫——都是苏联解体后各国的"开国之父"。他们都亲历苏联高度中央集权统治和解体的历史，也都深受由 20 世纪 70 年代中期开始的、90 年代初达到高潮的第三次民主化浪潮的影响，希望加入到民主国家的行列中。因此，各国在建国后制定的新宪法中，都开宗明义地宣布要建立民主的、世俗的国家，确立了向民主化方向迈进的目标。另外，由于五国总统都在苏联政权中担任过重要的领导职务，苏联的统治方式在他们身上打下了深刻的烙印。加之在政治体制运行的过程中，各国都遇到了诸多问题：经济形势严峻；多党制未能发挥作用；行政机关和立法机关矛盾重重；民族矛盾时有发生和激化的可能。这又使得各国总统认识到，要想使国家走出危机，实现"保持国家稳定，促进经济发展"的首要目标，就必须掌握强有力的政权。而总统集权既能巩固独立成果、保持社会稳定，又不改变国家向政治民主发展的方向。因此，中亚各国领导人利用自己在国内较高的个人威信和广泛的社会基础，都推行总统制政体。中亚的民族文化传统是中亚威权化民主模式形成的重要因素。

4.2.3 民族关系复杂性的影响

中亚不仅是多民族聚居的地区，而且是全球范围内民族和宗教的热点地区之一。在中亚五国独立伊始，国内危机四伏，"政府工作的每一个环节都潜伏着危险"之时，纷繁复杂的"民族关系问题是所有威胁当中最令人感到不安的"[1]。因为民族问题事关国家和地区的安全、稳定与发展，因此上至国家元首下至平民百姓都很关心。吉尔吉斯总统阿斯卡尔·阿卡耶夫在《难忘的十年》中写道："在我任总统期间，国家和政治生活中的任何一个问题都没有像民族关系问题那样令我关注"[2]。独立初期，中亚各种民族矛盾交织在一起：外来民族与世居民族之间、中亚各主体民族之间、主体民族与少数民族之间以及少数民族之间矛盾的普遍存在，不仅对地区政治格局产生了不可估量的影响，而且是维护国家稳定、促进经济发展的重要因素，是决定转型能否顺利进行和成功的重要前提条件。在众多的民族问题当中，中亚五国的俄罗斯人与中亚各民族之间以及中亚各主体民族之间的关系最为突出和重要。

中亚俄罗斯人问题在中亚五国民族问题中不仅表现突出，且带有普遍性。中亚地区的俄罗斯人问题最早可以追溯到沙俄统治时期，俄、苏的移民政策是中亚地区俄罗斯人问题产生的历史原因。中亚地区的俄罗斯人是由沙俄时期的商业移民、军事移民、农业移民及苏联时期的战争移民和支边移民等组成。俄罗斯人大批地向中亚迁移，始于19世纪。19世纪初期的军事移民、19世纪中期的商业移民和19世纪60年代的农业移民使俄国向中亚的移民数量不断增加。以农业移民为例："仅1891~1892年，就有来自俄国的100万农民在哈萨克草原的图尔盖、阿克莫林斯克、谢米巴拉金斯克等地（包括附近的一些吉尔吉斯人领地）定居"[3]。"在1906年到1910年间，有二百五十万农民被迁徙到西伯利亚、远东、中亚和其他地区"[4]。苏联成立后，中亚等边疆地区无论在经济还是文化上都处于落后

---

① ［吉尔吉斯］阿斯卡尔·阿卡耶夫：《难忘的十年》，世界知识出版社2002年版，第225~226页。

② 同上，第110页。

③ 马大正、冯锡时主编:，《中亚五国史纲》，新疆人民出版社2000年版，第105页。

④ ［苏］安·米·潘克拉托娃主编：《苏联通史》第三卷，生活·读书·新知三联书店1980年版，第135页。

状态。为使边疆地区顺利实现经济形态的转变，1921 年 3 月，斯大林在俄共（布）第十次代表大会上指出："有许多部族，主要是突厥语系各部族（它们大约有 2500 万人），还没有经过或者还没有来得及经过工业资本主义时期，因此，他们没有或者几乎没有工业无产阶级，他们必须跨过工业资本主义，从原始经济形态转到苏维埃经济形态"①。斯大林要求"胜利了的先进民族的无产阶级必须帮助、真正地和长期地帮助落后民族的劳动群众，发展文化和经济，帮助他们提高到高级发展阶段，赶上走在前面的民族"②。为此，苏联党和政府在向中亚等边疆地区派遣大批党政领导干部的同时，从各地调集了大批的技术工人、工程技术人员和专家支援中亚的工业建设。为开发边疆，苏联政府还实行有计划的移民政策。有计划的移民政策作为苏联的一项长期国策，从苏联成立后开始实施，一直持续到 20 世纪 80 年代中期。据资料统计，"1928～1936 年迁往中亚地区各共和国的斯拉夫移民有 170 万人"③。这些人中的绝大部分是俄罗斯人。"1959～1970 年，苏联向中亚地区移民 200 万人，其中迁移到哈萨克斯坦的俄罗斯人约 100 万"④。在中亚的部分地区，苏联政府开展了移民垦荒运动。1954 年苏联政府在哈萨克斯坦进行大规模垦荒运动。在垦荒的最初几年中，约 100 万人来到垦区。在实行有计划地支边、移民、垦荒的同时，政府还鼓励各民族自由迁移。

移民是俄罗斯人来到中亚的主要方式。"据粗略估计，在苏联解体前夕的 1990 年，中亚五国共有俄罗斯人 970 万。"⑤ 俄罗斯人在中亚各国总人口中所占的比重分别是：哈萨克斯坦，40.8%；乌兹别克斯坦，10.8%；吉尔吉斯斯坦，25.9%；塔吉克斯坦，10.4%；土库曼斯坦，12.6%。⑥ 中亚五国独立后虽有大批俄罗斯人外迁，但俄罗斯人在中亚的总人口中仍占很大比例。"到 20 世纪 90 年代末期，俄罗斯人在哈萨克斯坦、乌兹别克斯坦和吉尔吉斯斯坦三国仍然是第二大民族，其人口数量分别占这三国人口的 31%（1998 年）、8%（1998 年）和 15%（1999 年）；在另外两个国家——土库曼斯坦和塔吉克斯坦，俄罗斯人人口数量均居第

①　《斯大林论民族问题》，民族出版社 1990 年版，第 185 页。

②　《斯大林全集》第 5 卷，人民出版社 1957 年版，第 47 页。

③　[美] 迈克尔·刘金：《俄国在中亚》，商务印书馆 1965 年版，第 59 页。

④　刘庚岑：《中亚国家的民族状况与民族政策》，载《东欧中亚研究》1995 年第 6 期。

⑤　赵常庆主编：《中亚五国概论》，经济日报出版社 1999 年版，第 154 页。

⑥　[苏] C. U. 布鲁克：《世界人口　民族与人口手册》，新疆人民出版社 1985 年版，第 202～205 页。

三位"①。在中亚各国独立前，俄罗斯人在中亚国家中占有举足轻重的地位，不仅集中生活在大城市，而且是行政机关、科教文卫、大型企业等行政、企事业单位的中坚力量。

尽管在中亚的俄罗斯人与中亚各民族历史积怨较深，矛盾由来已久，在沙俄时期，中亚反对沙俄殖民统治的斗争不断；在苏联时期，发生了震动世界政坛的"阿拉木图事件"，但总体而言，俄罗斯人在中亚的优越地位始终未被撼动。中亚独立后，随着各民族的主体民族意识复苏，俄罗斯人的地位直线下降，身份转型十分明显，由沙俄时代的殖民者、到苏联时期的老大哥、再到中亚独立后的"二等公民"②。身份转型导致俄罗斯人与中亚各国主体民族间的矛盾日益激化。俄罗斯人问题成为中亚各国独立后面临的首要的民族问题。

中亚俄罗斯人身份下降主要表现在：中亚国家中原来由俄罗斯人任职的重要部门改由当地民族，尤其是各国的主体民族担任要职③；俄语失去了主体地位，各国都规定以主体民族的语言为国语。而对绝大多数俄罗斯人来说，因为长期以来俄语都是官方语言，因此，尽管生活在中亚，但并不懂得当地民族的语言。各国推行国语的现实和语言法的制定，给俄罗斯人的就业、生活带来了诸多困难。此外，俄罗斯人的子女入学问题，双重国籍问题，当地民族对俄罗斯族的仇视问题等也都困扰着俄罗斯人。许多因素综合起来，使俄罗斯人与当地人的对立情绪不断上升、激化，以至酿成民族冲突。1993年12月19日，在哈萨克斯坦的巴甫洛达尔市，就发生了俄罗斯族和哈萨克族的流血冲突。

俄罗斯人对自己的"二等"公民地位非常不满。于是，"在一些中亚国家，俄罗斯人建立起捍卫自己权益的社会团体。如哈萨克斯坦的'统一'族际和睦运动的成员主要是俄罗斯人。该组织的基本主张是反对哈萨克斯坦社会中的'哈族化'，同时要求确立俄语与哈语平等的国语地位。

---

① 刘庚岑：《中亚国家的民族政策：理论与实践》，载《世界民族》2002年第1期。

② 潘志平主编：《中亚的民族关系：历史、现状与前景》，新疆人民出版社2003年版，第160页。

③ 1992年2月，在吉尔吉斯斯坦新任命的副总统、总理和3名副总理中除1名俄罗斯人外，其余全是吉尔吉斯人。1995年2月，在吉尔吉斯斯坦新议会前两轮选出的78名议员中，吉尔吉斯人占近90%（吉尔吉斯人在全国总人口中占52.4%），俄罗斯人只占6%（俄罗斯人占全国总人口的20.9%）。而在哈萨克人和俄罗斯人均占很大比重的哈萨克斯坦，据1994年3月的资料，5名副总理级国务顾问全部是哈萨克人，7名副总理中6名是哈萨克人，总统办公厅7名司长中6名是哈萨克人。在俄罗斯人占明显多数的北部州，政府领导人的情况也大致如此。

而更多的俄罗斯人则是怀着不满和无可奈何的心情离开这些国家。据哈萨克斯坦报纸报道，1992 年离开哈萨克斯坦的俄罗斯人有 17.5 万人，1993 年 17 万人，1994 年 25 万人"①。在中亚其他国家同样存在俄罗斯人大量外流的情况。"塔吉克斯坦境内的 38 万俄罗斯人中就有 30 万人离开了塔吉克斯坦"，"在乌兹别克斯坦，约有 100 万俄罗斯人，其中大约一半离开了乌兹别克斯坦"②。

中亚五国俄罗斯人的大量外迁给中亚各国经济发展和政治稳定带来严重影响。在中亚各国生活的俄罗斯人中，绝大多数都是知识型、技术型人才或高度熟练的技术工人，他们的外迁给各国的经济发展造成巨大的损失。"据粗略统计，在哈萨克斯坦，过去共和国 2/3 的收入是由'操俄语'居民创造的，在工业企业中有 75% 的工作由俄罗斯人完成。俄罗斯人大量出走对哈萨克斯坦来说，无疑是一个沉重的打击。据西方统计，如果在最近七八年内俄罗斯人不断离开，那么将使共和国每年损失 24 亿美元的收入。"在吉尔吉斯斯坦，"由于包括俄罗斯人在内的斯拉夫居民的出走，该共和国的经济运转立即受到影响。1993 年夏天，比什凯克农业机械厂停产了 3 周，而机床制造厂只有 10% 的生产能力在运转。到 1993 年底，阿卡耶夫总统自己都承认，该国的经济下降程度已赶上了发生战争的亚美尼亚和被国内战争困扰的塔吉克斯坦。按照阿卡耶夫总统的说法，吉尔吉斯斯坦的大工业在欧洲人离开后已经崩溃了（虽然只是其中 30% 的人离开）"③。与此同时，俄罗斯人问题导致了中亚各主体民族与俄罗斯人的对立情绪不断升温，矛盾冲突时常出现，中亚各国的政治稳定出现动荡局面，成为转型的阻碍因素。

主体民族与国内其他非主体民族的矛盾突出。中亚五国独立初期，长期以来受到压抑的主体民族意识得以释放。民族文化复兴运动如火如荼。各国在强调实行民族平等政策的同时，极力强化主体民族意识，突出主体民族地位。不仅规定主体民族的语言为国语，出台一系列确立主体民族地位的文件，而且从历史中引经据典，对历史上出现的本民族著名的思想家、诗人和英雄人物大张旗鼓地宣传，举办一系列纪念活动，以此来激发各民族的爱国主义精神，增强民族凝聚力和向心力。根据上述民族政策，中亚地区的非主体民族建立民族自治实体、甚至民族分离的要求被拒绝，

---

① 赵常庆主编：《中亚五国概论》，经济日报出版社 1999 年版，第 154 页。
②③ ［美］胡曼·佩马尼：《虎视中亚》，新华出版社 2002 年版，第 91 页。

各国政府都坚决反对将"民族自决权"理论在本国应用。与此同时，复兴主体民族的运动自上而下地在各国轰轰烈烈地展开，成为国家政治生活中最重要的事情之一。1992年5月，哈萨克斯坦总统努·纳扎尔巴耶夫发表了《哈萨克斯坦作为主权国家的形成与发展的战略》，指出："哈萨克斯坦国内政治的重大问题与下列无可争辩的事实有关，即在近现代史中哈萨克斯坦第一次为复兴哈萨克民族意识和构成共和国居民的多样性的其他民族的意识赢得了现实条件。"他号召全世界的哈萨克族人团结起来，采取为从境外返回的哈萨克人提供资金、物质帮助，承认境外的哈萨克人具有哈萨克国籍等措施，吸引境外的哈萨克族回归。1992年9月哈萨克斯坦召开了世界哈萨克人大会，并成立了世界哈萨克人协会，协会的主席就是哈国总统纳扎尔巴耶夫。在这一政策的鼓励下，境外哈萨克斯坦人大量返回哈萨克斯坦。据初步统计，1991～1993年每年返回哈萨克斯坦的人口在10万人以上，从1994年起，回迁人口减少，1997年后徘徊在每年3万～4万人之间。例如，1998年为40624人，1999年为37102人。而自独立以来到1999年在返回哈萨克斯坦的21万人中，绝大部分是哈萨克族人。

中亚五国的民族复兴运动导致了各国主体民族的民族主义势力的兴起，直接影响到各国民族政策的制定，从而导致了民族矛盾的产生。主体民族的民族主义在各国国内的政治生活中反应非常明显。在民族意识上，表现出主体民族唯我独尊的心理。为显示其主体文化的优越性，中亚各国许多城市和街道纷纷改名。国家重要部门的重要岗位基本上都由主体民族的干部负责。"据报道，在哈国家机关、议会、总统机关、法院、检察院、国家安全部门、海关、税务部门、银行机构，以及科学、医疗、文化、地方自治机构的关键岗位的负责人80%～90%由哈族担任，而在苏联解体前，哈萨克人一般只占50%左右。一些新机构，如总统班子、银行、税务等部门基本上都由哈萨克人担任"①。在吉尔吉斯斯坦这种状况更是有过之而无不及，"各单位一把手必须是吉族人，不管其是否内行，而原任该职的俄罗斯人或其他民族的人，尽管是本行的专家，也只能退居次位"②。

---

①　赵常庆主编：《中亚五国概论》，经济日报出版社1999年版，第164页。

②　晓君：《转轨时期的吉尔吉斯斯坦政治体制》，载《东欧中亚研究》1997年第3期。

中亚五国主体民族观念的抬头，使非主体民族受到歧视，不仅引起了俄罗斯族和中亚地区内跨界民族与主体民族的矛盾，也激发了其他非主体民族的民族主义情绪，伤害了非主体民族的民族自尊心和责任感，导致民族分离倾向的出现和国内政局的动荡。部族及地方主义问题突显。哈萨克族、土库曼族和吉尔吉斯族历史上是游牧民族。在游牧民族的宗法制下，对部族认同、效忠的观念十分强烈。虽然在苏联时期，现代民族国家的概念在不断强化，但在中亚，部族主义和地方主义的影响依然存在，而且在独立之后有所抬头。

部族主义是中亚民族问题的突出表现形式之一。部族主义的影响主要是在哈萨克斯坦、土库曼斯坦和吉尔吉斯斯坦三国。哈萨克民族最早是由三个以血缘部落联盟为基础的大、中、小玉兹组成，又称为大、中、小帐。历经三个多世纪后三个部落不仅依然存在，而且对部族的认同感依然强烈。"哈萨克斯坦的部族主义观念只有对哈萨克人有深刻意义，一般外人很难理解其中的奥秘。如果出生在大玉兹的哈萨克人获得一个比较重要的职位，对大玉兹来说，对所有出生在大玉兹的人来说，不管在物质上还是在精神上都是一种胜利，是一种利益分配的结果"①。正因为如此，哈萨克斯坦在选择副总统和总理人选时，都会将候选人出生的部落作为一个重要因素来考虑。在国家的政治生活中，部族的作用十分明显。对部落的忠诚直接影响着哈萨克斯坦的民族国家建设。尽管纳扎尔巴耶夫想方设法把不同政治派别的人吸收起来，但仍无法将哈萨克人对部族的忠诚完全转移到对国族的忠诚上，因此就不可避免地会出现政府反对派。

吉尔吉斯斯坦的部落关系对国家政治的影响更为深刻。南部和北部的部落之争主要是通过国家最高权力之争来体现。吉尔吉斯斯坦前总统阿·阿卡耶夫出生在北方的萨尔巴噶什部落，为平衡国家的权力分配，前六任总理中，有五任是南部各州的人。部落之间经济发展的差异、对宗教信仰程度的不同以及传统的民族关系等很容易成为政治性活动的导火索。同时，部族主义与地方主义相融合极易引发整个国家的骚乱和动荡。

---

① 潘志平主编：《中亚的民族关系：历史、现状与前景》，新疆人民出版社 2003 年版，第127 页。

　　土库曼斯坦部族影响同样很大。几个世纪以来，宗法关系在土库曼人的社会和家庭生活中一直占着统治地位。土库曼斯坦的土库曼人主要分为三大部族、十五个部落。① 其中，最重要的是帖克部（Tekke）和约穆德部（Yomud），而最有影响力的是来自阿什哈巴德的帖克部部落。

　　在乌兹别克斯坦和塔吉克斯坦，地方主义问题比较突出。以塔吉克斯坦为例：不仅存在着经济落后的南方塔吉克族人与生产发达的北方乌兹别克族人的矛盾，而且还存在山地塔吉克族和平原塔吉克族人的矛盾。在经济发展水平和干部任用方面的地方主义冲突，使塔吉克南北方之间的对立情绪比较明显。

　　部族主义和地方主义不仅造成了中亚各国国内政治的动荡、民族分离主义势力的发展和极端宗教主义的死灰复燃，而且对中亚地缘政治格局也产生了一定的影响。

　　针对各国出现的民族问题，从维护国家独立和地区稳定的大局出发，各国不断调整民族政策，以适应形势发展的需要。中亚各国总统都非常重视民族团结问题。土库曼斯坦总统尼亚佐夫指出，"只有靠公民和谐与民族和睦才能实现土库曼斯坦的建国思想"②；乌兹别克斯坦总统卡里莫夫认为，民族和谐是国内安定和谐的重要条件。③ 哈萨克斯坦总统纳扎尔巴耶夫态度也十分坚决："我们在宪法中明确规定，哈萨克斯坦是不可分割的、领土完整的国家。在此基础上，决定我们的国家不实行联邦制……任何时候，我们绝不允许哈萨克斯坦的分裂！"而吉尔吉斯斯坦则提出"吉尔吉斯斯坦人民是一个密不可分的整体"，"吉尔吉斯——我们的共同家园"的口号。为改善独立初期的民族状况，切实解决民族问题，中亚各国实行民族和睦政策和民族平等政策，倡导文化多元化，实行民族文化自

---

① 西土库曼部族（4个）：乔多尔部（Chodor），约穆德部（Yomud），戈克兰部（Goklen），亚孜耶尔部（Yazyr）；东土库曼部族（3个）：特克部（帖克部）（Tekke），萨累尔部（Salor），萨利克部（Saryq）；北土库曼部族（2个）：埃尔萨里部（Ersari），阿利利部（Ariri）；独立的部族（Arabchi，Nokhurli，Anauli，KhasarliK，Nerezim），此外还有信仰犹太教的Ovlat部。资料来源：http://bbs.iskz.com/viewthread.php? tid=2974.

② ［土库曼］萨·阿·尼亚佐夫：《永久中立　世代安宁》，东方出版社1996年版，第46页。

③ ［乌兹别克］伊·卡里莫夫：《乌兹别克斯坦沿着深化经济改革的道路前进》，国际文化出版社1996年版，第105页。

治，各国都成立了民族管理机构①，以宪法、民族政策、宣言等各种形式对民族分裂活动给予制止和打击。但中亚民族问题依然是政治经济转型的巨大挑战。

4.3 政治转型与经济转轨的互动与非对称性发展

20世纪90年代初，当苏联面临解体之时，"一蹴而就的市场经济和乌托邦式的民主逐渐成为大多数原苏东政府所追逐的目标"。② 在此过程中，中东欧国家在短期内迅速实现了民主化和市场化。而中亚国家则因政治转型与经济转轨的非对称性发展，导致转型进程的无限延长。在中亚，政治转型与经济转轨的互动只是在某个时期、某些方面有所体现，二者之间的互动则因为建国初期经济建设任务的繁重与经济基础的严重缺失而无法实现。

4.3.1 权威与民主双重作用于经济转轨的两难

政治与经济关系问题是一个古老的命题。当这一命题在转型时期以政治转型与经济转轨的形式呈现之时，二者之间的内在联系凸显。从苏东国家的转型历程看，政治的合适度是经济改革和成功发展的关键。转型进程是否顺利，在很大程度上取决于制度安排的演进。经济发展结果的决定因素，不仅仅是市场状况，还有制度关系。而政治制度本身就包括经济发展以及转型过程中对政治决策过程产生直接影响的制度安排。由此可见，经济体制转轨和制度变迁是政治改革的内容和条件，而政治体制改革和制度转型以及相关政策的制定和落实、政权的合法性和有效性等是经济制度顺利变迁的保障。制度变迁只是政治转型的第一步，推行和实施变迁后的制

---

① 包括哈萨克斯坦的"哈萨克斯坦各民族和睦与团结大会"和"国家民族政策委员会"，吉尔吉斯斯坦的"共和国公民和睦与民族和谐委员会"和"社会政治协商会议"，哈、吉两国的"全国各民族大会"等。五国"还允许实行民族文化自治，即允许建立各民族文化中心。在乌兹别克斯坦，1989年就着手建立民族文化中心。到20世纪90年代末，这种民族文化中心已发展到八十多个。同期，哈萨克斯坦已建立起一百多个民族文化中心。在吉尔吉斯斯坦，类似的民族文化中心也有四十几个。"参见刘庚岑：《中亚国家的民族政策：理论与实践》，载《世界民族》2002年第1期。

② ［丹］奥勒·诺格德：《经济制度与民主改革》，上海世纪出版集团2007年版，第8页。

度才能确保转型的实现。

在转型过程中，民主化与市场化的关系受到普遍关注。西方学界一般性的结论是：只有在高度发达的市场经济基础之上才能实现民主化；反过来，高度民主化是市场经济得以持续发展的保障。这一结论在 20 世纪 90 年代第三波民主化浪潮之后遇到了挑战。剧变后的苏东国家尽管将市场化和民主化作为发展目标，但长期以来的高度计划经济和集权政治的印记并不能在短时期内彻底抹去。历史上有过民主经验的中东欧国家，市场化与民主化的互动更加顺畅。但在民主思想缺失，根本没有建国经验的中亚各国，权威化和民主化同时作用于处于起步阶段的市场化，使经济转轨出现两难状况。这种情况的出现恰恰验证了丹麦学者奥勒·诺格德的观点。诺格德在对原苏东 20 个转型国家①进行了深入的比较分析之后指出，新兴的民主制度中的大多数民众的普遍期待——"一俟民主建立，效率和福利必将如影随形般地自动跟进"，是一种不切实际的幻想。在《经济制度与民主改革》一书中，诺格德通篇论证的观点是"这些民众的这些期望是错误的，是不切实际的。制度变革一旦生效，从计划经济转向市场经济的激进式变革将不可避免地导致效率和福利的暂时性衰退。这种转型的另一个后果是大量人口陷入贫困，贫富差距将不断地加剧。……转型国家的民众常常带有一种幻想，认为只要坚持和支持民主原则和民主制度，就能自动地享受发达的市场经济带来的种种好处。如果民众被这种幻想所控制，那么当他们发现，想象中的民主和福利资本主义与实际生活中的体验相差很远时，民主本身将陷入危险之中"②。由此可见，民主与市场的互动是有前提条件的，并非具有普适性。对于中亚五国这种体制转型与落后的社会—经济状况、国家创建等传统问题混合在一起的国家而言，情况更加复杂。

转型作为社会发展进程和发展模式，本身就存在着本土性和独特性特征。历史、文化、宗教信仰及经济发展水平不同的国家即使在同一时期开始转型，其进程与结果也将不一致。"相对于那些在现代史时期才首次经历独立的国家来说，那些在近代史时期就曾拥有独立身份的国家掌握着前

---

① 诺格德选择的 20 个转型国家是：阿尔巴尼亚、白俄罗斯、保加利亚、捷克、爱沙尼亚、匈牙利、哈萨克斯坦、吉尔吉斯斯坦、拉脱维亚、立陶宛、摩尔多瓦、蒙古、波兰、罗马尼亚、俄罗斯、斯洛伐克、斯洛文尼亚、土库曼斯坦、乌克兰、乌兹别克斯坦。在这 20 个国家中，包含 4 个中亚国家，只有塔吉克斯坦没有列入其中。

② ［丹］奥勒·诺格德：《经济制度与民主改革：原苏东国家的转型比较分析》，上海世纪出版集团 2007 年版，第 214 页。

者所不具有的政治资本。同样，在民众眼中，那些可以回归共产党政权之前业已存在的自由民主政体和经济制度的国家，将比那些在历史上以共产主义制度取代另一种制度的独裁国家，享有更加稳固的民主合法性"①。中东欧国家和中亚国家的转型实践恰恰验证了这个观点。显然，"简单地断言政治民主化能够直接推动经济发展的观点，是难以站得住脚的"②。

关于转型国家民主化与市场化的关系问题，学者们从不同的角度进行分析，得出的结论也是不同的，大致可以归纳出四种结论：一是在完善的市场经济体系已经建立、国内基本上不存在严重的经济问题的情况下，由权威主义向民主主义的过渡成为必然趋势，民主转型不仅成功且得以巩固。二是市场经济体制尚未完全建立，政治转型已经发生，但因经济结构调整比较顺利，人民生活得以改善，致使原权威主义政权出现合法性危机。在市场化和现代化的过程中，民主化得以实现。三是在市场化的进程中，同时出现民主化。但在转型过程中，因经济下滑、通货膨胀恶化、贫困与失业问题严重，导致民众对政权产生信任危机，民主转型面临挑战。四是民主转型在外力作用下发生，国内经济比较落后，无市场经济可言，民主转型不仅缺乏基础和动力，且因政治体制的不成熟而导致经济条件的恶化、社会矛盾和冲突的加剧。

按照上述类型来划分，独立初期的中亚五国兼有第三种和第四种类型特点。在外力作用下开始民主转型，原有政权（集权体制）的合法性基础并未遭到严重削弱（吉尔吉斯斯坦除外），权威与民主并存。在市场化的进程中开启民主化，转型初期出现了严重的经济危机和经济持续下滑的发展态势。要巩固国家独立，实现经济发展，需要强有力的政权支撑。单单依靠西方民主的方式无法实现国内稳定，总统集权制有其存在的合理性。总统集权制既是中亚独立之初发展市场经济的需要，也是遏制极端宗教势力、民族分离势力和恐怖主义三股恶势力的需要。在中亚，包括被西方誉为中亚民主岛的吉尔吉斯斯坦在内，各国的总统制都具有集权政治的特点。但西方式民主又是各国的转型目标，导致权威与民主并存于政治制度中，同时作用于经济转轨，政治转型与经济转轨呈现出非对称性发展的特点。

在威权主义政权形式下进行经济转型，中亚国家并非首创。"20世纪

---

① ［丹］奥勒·诺格德：《经济制度与民主改革：原苏东国家的转型比较分析》，上海世纪出版集团2007年版，第16页。

② 同上，冯绍雷推荐序，第X页。

60 和 70 年代，韩国、中国台湾、新加坡、印度尼西亚和马来西亚在非民主的背景下实现了令人瞩目和可持续的经济增长。"① 实行以惠及社会各阶层的持续的经济增长为导向的市场经济改革成为东亚政府获得政治合法性的手段。尽管经济发展不一定导致民主化运动，但经济衰退或经济危机必定使尚未完全实现民主的国家政权陷入困境，破坏这些国家的稳定性。"由于威权主义政权实行政治上的排斥和经济上的干预，这种政权性质必然会带来经济危机和社会危机的结果，再加上民主转型的国家在经济上都严重地依附于国际市场，因此，最有可能给威权者带来危机的是经济活动。威权主义国家应对经济危机的通常做法就是经济自由化和适当的政治改革，也就是自由化改革。"② 改革成功，经济获得快速发展，政权即获得合法性，社会稳定；改革失败，经济出现危机，政治民主化就会陷入危险境地。破除权威与民主并行与经济转轨两难方式的最有效办法就是发展各国经济，满足民众需要，夯实民主化的经济基础。在经济成功发展的基础上，随着市民社会的发展，不断深化政治民主化。

4.3.2　缺乏经济基础的脆弱民主化

"中亚各国在历史上的苏联时期形成的经济体系和经济结构的不平衡性，没有为政治上获得独立的各国提供经济独立的必要前提和条件，即政治上的独立缺乏必要的经济基础。"③ 缺乏经济基础的民主化在其发展进程中，其脆弱性凸显，并最终导致民主政权刚刚建立即向威权方式转变。在中亚，哈萨克斯坦和吉尔吉斯斯坦的政治转型与经济转轨路径形成了较为鲜明的对照。

吉尔吉斯斯坦从宣布独立之时起，总统阿·阿卡耶夫就积极推进西方式的宪政民主，誓将吉尔吉斯斯坦建成自由、开放的民主国家，树立"真正的民主总统"的现象。在中亚其他四国进行全民公决以延长总统任期、修改宪法之时，只有吉尔吉斯斯坦没有为延长总统任期而修宪。不仅如此，阿·阿卡耶夫是中亚国家领导人中最乐意服从选民的人，政治上最温

---

① 〔德〕J. 阿伦斯：《中亚国家经济转型的政治—制度基础：来自中国的经验》，载《俄罗斯研究》2009 年第 1 期。

② 谢岳：《社会抗争与民主转型——20 世纪 70 年代以来的威权主义政治》，上海人民出版社 2008 年版，第 225 页。

③ 杨恕：《转型的中国和中亚》，北京大学出版社 2005 年版，第 114 页。

和的人，最看重自由的人，给予反对派最大发展空间的人。"在仅有500多万人口的吉尔吉斯斯坦，有中亚地区数量最多的反对党。反对党的电视台、广播和报纸，甚至西方非政府组织可以在吉尔吉斯斯坦毫无约束地'高效运转'，而总统却没有自己强有力的亲总统党和威力强大的强力机构"①。如此"民主"的吉尔吉斯斯坦政权，被美国树为中亚"民主国家"的样板。但在独立十几年之后，吉尔吉斯斯坦并未能按照西方国家设计的民主路径顺利前行，而是在格鲁吉亚和乌克兰"颜色革命"后，发生了"3·24事件"，政权被推翻，民主化进程受挫。

在探讨"颜色革命"爆发的根本原因时，积重难返的国内经济和社会问题列入首位。经济发展水平落后、民众生活普遍严重贫困、贪腐严重、社会不公等在格鲁吉亚、乌克兰和吉尔吉斯斯坦具有共性。三国不仅在苏联解体后整体经济水平严重下降，而且在独立十年之后，尚有一半以上人口生活在贫困线以下。对绝大多数民众而言，"民主和亲西方似乎离自己很遥远，他们关注更多的是自己的生活状况"②。以吉尔吉斯斯坦为例：吉尔吉斯斯坦独立之后和其他中亚国家一样，经济迅速下滑，陷入危机之中。经济危机主要表现为"综合经济指标严重下降，财政状况恶化，通货膨胀居高不下，货币大幅贬值，物价上涨，企业瘫痪，再生产过程严重受阻，主要工农业产品产量大幅度下降，绝大多数居民生活水平下降"③。到1999年止，"吉尔吉斯斯坦60%的人口生活中贫困线之下。居民平均收入为330美元、国家外债20亿元、国内石油90%依赖进口"④。进入21世纪后，吉尔吉斯斯坦经济略有起色。2001年，吉尔吉斯斯坦国内生产总值增长率为3%左右，是该国1991年国内生产总值的76.1%，依然没有恢复到独立前的水平。不仅如此，吉尔吉斯斯坦经济发展水平与中亚其他国家，尤其是哈萨克斯坦相比，相差悬殊。2003年哈萨克斯坦人均国内生产总值为1996美元，吉尔吉斯斯坦仅为377美元，相差5.3倍。如果将吉尔吉斯斯坦与中国相比较，差别更加明显。在独立前的1990年，吉尔吉斯斯坦人均国内生产总值为1119美元，中国约为300多美元（人民币

---

① 赵常庆主编：《"颜色革命"在中亚——兼论与执政能力的关系》，社会科学文献出版社2011年版，第83页。

② 傅宝安、吴才焕、丁晓强编：《"颜色革命"：挑战与启示》，江西人民出版社2006年版，第210页。

③ 赵常庆主编：《十年巨变——中亚和外高加索卷》，东方出版社2003年版，第191~192页。

④ 赵常庆主编：《"颜色革命"在中亚——兼论与执政能力的关系》，社会科学文献出版社2011年版，第84页。

1647 元），是中国的 3.7 倍。到了 2003 年，吉尔吉斯斯坦人均国内生产总值为 377 美元，中国已超过 1000 美元，吉尔吉斯斯坦只相当于中国的 37%。吉尔吉斯斯坦独立后经济发展与周边国家的极大差距，增加了民众对政府的不满情绪。经济基础的缺失，南北地区经济差异巨大，加之全国普遍存在官僚腐败，民族矛盾激化。这些问题和矛盾导致吉尔吉斯斯坦的民主化陷入危险之中，阿卡耶夫政权崩溃。

哈萨克斯坦与吉尔吉斯斯坦在独立之初的情况具有较大的相似性，都被西方国家视为中亚民主的样板，也都曾面临经济危机。但二者之间的差别在于，哈萨克斯坦在经过短暂的危机之后，从 1996 年起，经济快速复苏。1998 年，哈萨克斯坦的生活水平已超过俄罗斯，成功抵御了亚洲金融危机。1999 年，进入哈萨克斯坦的石油和天然气投资飞速增长了 80%，从 2000 年开始，国内生产总值的增长率连年超过 9%。1996~2005 年，哈萨克斯坦人均国内生产总值从 770 美元增加到 3300 美元。到 2005 年，哈萨克斯坦的国内生产总值超过外高加索三国和除哈萨克斯坦以外的其他中亚四国国内生产总值的总和。被世界银行确定为中等以上收入国家，成为独联体中第一个获得欧盟和美国承认市场经济地位的国家。[①] 哈萨克斯坦国民经济稳步发展，居民安居乐业，生活水平不断提高，不仅不存在爆发"颜色革命"的经济基础，而且民众普遍存在求稳怕乱心理，民心思定，对纳扎尔巴耶夫政权高度认同，对"颜色革命"十分反感，心存忌惮。因此，同样是在吉尔吉斯斯坦爆发"3·24 事件"的 2005 年 12 月 4 日，哈萨克斯坦举行新一届总统选举，纳扎尔巴耶夫以 91.15% 的得票率蝉联哈萨克斯坦总统，2011 年，在哈萨克斯坦总统选举中，纳扎尔巴耶夫再次以绝对优势蝉联总统。哈萨克斯坦在经济取得成功的基础上，沿着具有本国特色的民主化之路稳步向前发展。

哈萨克斯坦和吉尔吉斯斯坦在独立建国之初同被西方国家誉为中亚的民主岛。经过 20 年的转型，两国出现了不同的结果。素有"民主国家"标签的吉尔吉斯斯坦，成为中亚五国中唯一受过"颜色革命"风暴洗礼的国家，尽管一些学者不认可将吉尔吉斯斯坦的"3·24 事件"称为"颜色革命"，但自诩为民主先锋的吉尔吉斯斯坦总统阿·阿卡耶夫在"3·24 事件"后被反对派夺权确是不争的事实。而被西方称为"独裁总统"的

---

① 赵常庆主编：《"颜色革命"在中亚——兼论与执政能力的关系》，社会科学文献出版社 2011 年版，第 130 页。

哈萨克斯坦总统纳扎尔巴耶夫，不仅在"颜色革命"风暴正烈之时实现了总统连任，得到了"颜色革命"制造者美国的支持，而且其民主化进程在平稳发展。同为中亚国家，为何出现不同的转型形势？反思"3·24事件"，吉尔吉斯斯坦经济的落后以及南北发展的失衡是"3·24事件"爆发的内在根源，而经济基础的缺失则是导致民主化受挫的根本原因。

哈萨克斯坦和吉尔吉斯斯坦的转型实践说明，"民主不等于失序，民主是一个实践过程，只有在经济发展的同时培育民主，实践民主，积累民主的经验，才能学会民主，运用民主。任何一种制度都是人类的创造，都是在实践过程中完成的。现实政治体制改革是以民主化进程不断深化为表现"①。诚然，在实现政治民主化和经济市场化的过程中，社会结构的变迁不可小觑。

4.3.3　社会阶级结构变迁与民主化、市场化的实现

转型是极其复杂的社会系统工程，需要动员全社会的力量。民主化与市场化得到实现，与各国的转型政策相关，与民主化和市场化的互构相连，更与社会结构的变迁有着十分密切的关系。

社会结构是指一个国家或地区占有一定资源、机会的社会成员的组成方式及其关系格局，包含人口结构、家庭结构、社会组织结构、城乡结构、区域结构、就业结构、收入分配结构、消费结构、社会阶层结构等若干重要子结构，其中社会阶层结构是核心。按照社会冲突理论，社会结构的分化是社会冲突的根源。"在阶级社会里，阶级分层是最根本、最重要的社会分层，它对其他社会分层起着重要的制约作用，人类社会的社会结构的总体特征和运行规律首先是由社会阶级关系决定的"②。因此，社会阶级结构在苏联占有十分重要的地位。苏联时期，中亚各国和整个苏联一样，阶级结构发生很大的变化。由于苏联奉行"无阶级社会"的政策，不仅地主、富农和资本家等在20世纪30年代就已经被消灭，而且阶级结构比较简单，到苏联解体前夕，只剩下了两个阶级（工人阶级、农民阶级）、一个阶层（知识分子）。

中亚五国独立后，随着非国有化和私有化政策改革进程的不断深入，

---

① 陈尧：《新权威主义政权的民主转型》，上海人民出版社2006年版，第40页。
② 吴增基等主编：《现代社会学》，上海人民出版社1997年版，第192页。

阶级构成的国家战略与苏联时期相比发生质的变化，各国政府都意识到社会阶级结构的变化是国家变化的重要组成部分，是国家经济变化的晴雨表。因此，将形成有产者阶层、特别是中产阶级作为战略目标。在政府政策引导下，政体的结构基础发生了重大变化。社会结构由过去单纯的一个阶层、两个阶级向多元结构转化；由"无阶级"转变为"有阶级"，出现了"新富阶层"和"新困阶层"两极分化的现象。在民主化和市场化的过程中，中产阶级开始出现并发挥作用。

中亚的转型实践证明，"与国家社会经济形态转换有关的重大变革往往会同人的意识上发生的一些复杂变化联系在一起"①。"转轨不仅会给传统的资源配置、信息传递方式、利益分配和占有状况造成冲击，还会影响人与人之间的社会关系，改变人们的观念，同时也需要来自各个社会集团的支持和认可"。当代政治转型的发生与发展"是本国本地区的经济发展、社会的持续分化、社会阶层的兴起、社会力量不断壮大的结果，是国家政治权力机构与社会集团力量之间的关系出现了历史性转变的结果，也是权威主义政权在面临社会内部或外部压力不断作出让步和妥协的结果"②。当"社会经济发展达到一定的阶段以后，社会结构发生了根本变化，社会成员的民主意识大大提高，产生对民主的内在要求"③。不可否认，社会阶级结构的变化对政治转型、经济转轨以及社会政策产生了极其重要的影响，市民社会及政府反对派在推翻权威主义政权的过程中客观上发挥了重要作用。

---

① 孙壮志、刘清鉴：《对中亚五国经济转轨进程、背景的若干分析》，载《东欧中亚研究》1996 年第 1 期。

② 陈尧：《新权威主义政权的民主转型》，上海人民出版社 2006 年版，第 263 页。

③ 同上，第 201 页。

5

结　束　语

转型就是要对原有社会结构进行调整、否定，抑或彻底颠覆，就是要打破原有社会结构的平衡，建构新的平衡。因此，转型的过程必定是充满动荡的过程，从打破平衡到建构平衡的过程就是转型期。

对中亚国家而言，转型注定是一个漫长的过程。由苏联解体带来的被动转型，不仅导致中亚各国转型先天条件的缺失，更使其面临短时期内无法破解的难题。研究中亚转型的价值，不仅在于对中亚国家 20 年转型历程的反思与总结，更是对原有转型理论的拓展与丰富。

5.1　任重道远的转型实践

转型是制度变迁的过程，因转型基础、转型条件、外在因素的不同，导致转型结果不同。一些国家在较短时间内即完成了转型，一些国家则遭遇到了民主化回潮，还有一些国家尽管没有完全出现回潮状况，但转型异常艰难。究其原因，不仅是因为转型进程有其规律性可循①，更是由于各国的转型前提条件不一致，导致转型进程和转型结果出现差异。

20 世纪以来，许多政权在结构形式上选择了民主政体，但最终却未能实现民主转型，原因就在于政治转型需要前提条件。著名学者萨托利在总结早期民主化国家历史的基础上指出，"民主的先决条件主要不是经济条件，而是历史条件：一是政治世俗化，二是对政治的'驯服'，前者指

---

① 向民主的政治转型一般被认为主要有四个阶段：一是原有政权遭遇合法性危机阶段。二是政治转型阶段。三是转型之后民主制度的巩固阶段。四是民主的成熟阶段。

宗教与政治生活的分离，后者指政治不再是一种残酷的斗争，而是一种和平的事业"①。有学者指出，萨托利的"这两个条件隐含着的'前提'是——在民主化之前国家建设已经完成，民主化只是对现有的制度进行调整、转型的过程，而不是一边建设国家制度，一边进行民主化运动"②。

中亚建国即转型的现实，颠覆了学界对民主化转型前提的既有判断。通过对中亚转型的全面研究，可以得出如下结论：

第一，中亚国家转型是外力作用的结果。转型由苏联解体诱发，转型目标被美国所左右，转型模式深受俄罗斯影响。苏联解体导致中亚五国被动转型，美国对中亚实行民主输出，以实现西方民主价值观、走西方民主化道路作为承认中亚各国独立的条件，俄罗斯则利用历史、民族、经济、文化的联系，显示"主权民主"模式对中亚各国的示范效应。中亚的经济转型战略与转型模式同样以美俄为榜样。由此可见，外部影响是中亚转型的至关重要的因素。

第二，旧政权类型影响转型模式选择。中亚五国历史上都没有建立真正独立的民族国家的经验。在加入苏联之前，中亚一直处于落后的封建宗法社会。成为苏联的加盟共和国后，各方面都获得了飞速的发展，其中包括政治制度的巨大转变，中亚一跃而为社会主义制度国家的一员。此后的 70 年，中亚五国一直处于苏联高度中央集权的领导之下，没有任何的自主权。苏联的政治统治模式对独立后的中亚各国政权的建构产生了直接而重要的影响。

第三，政治文化传统是影响转型的主要内部制约因素。中亚各国历来缺乏民主传统。五国历史上皆为游牧民族，在古代恶劣的环境下，游牧民族居无定所。为谋求生存必须在部落首领的带领下，战胜天灾人祸才能得以繁衍生息。因此，游牧民族具有崇尚权威的传统和崇拜英雄的心理。

第四，领袖人物的个人作用强化了总统集权制。领袖人物的价值取向、政治主张会直接影响到国家政策的决定和实行。独立建国后特殊的国情以及中亚各国的民族文化传统，强化了领袖个人在国家治理过程中的作用与影响，助推了总统集权制的快速发展。

第五，大国地缘政治争夺影响中亚转型进程。中亚地缘战略地位随着反恐战争的持续和美俄之间的争夺愈发重要；美国推行西方民主价值观的战略并未因"颜色革命"在中亚的终结而停止，只是具体实施方式略作改

---

① ［美］G. 萨托利：《自由政府能走多远？》，载《民主杂志》1995 年第 3 期。

② 陈尧：《新权威主义政权的民主转型》，上海人民出版社 2006 年版，第 200 页。

变而已；俄罗斯以中亚为依托，与北约和欧盟争夺地缘战略空间的方针没有改变；俄美在中亚的博弈以"9·11事件"和"颜色革命"为分水岭发生逆转；美俄的争夺直接影响到中亚的民主化进程。

第六，转型也要坚持本国特色，不能盲目照搬他国经验。事实证明，民主是不能移植的，即使有朝一日中亚选择了西方的民主模式，接受了西方的民主价值观，其前提必须是国家发展的需要，公民的需要，而不是西方移植的结果。

5.2 同途殊归的转型结果

中亚与中东欧国家在转型之前同属于社会主义制度国家，在20世纪80年代末90年代初，同时被卷入第三波民主化浪潮中，同样是在外力作用和内力驱动之下步入转型轨迹，但却出现了同途殊归的结果。

比较中东欧与中亚的转型，不难发现，中东欧国家的转型是在改变原有国家制度、放弃社会主义道路、明确"回归欧洲"目标、选择西方化民主化政治体制前提下进行的经济、政治以及社会制度的全面和根本性的变革。中东欧国家在构建以多元化为核心的议会制宪政体系和以私有制为主导的市场经济体制的基础上，不但实现了民主化与市场化进程的良好兼容，而且达到了较高水平的均衡。中东欧国家的公民社会相对而言比较发达，以政府为主体的民主化政治运动20世纪50年代在波兰和匈牙利两国以波兹南事件和匈牙利事件的形式呈现，布拉格之春于20世纪60年代发生在捷克。与此同时，发源于民间的民主化思潮20世纪下半叶在中东欧获得较快发展。中亚五国转型同样选择了建立总统制政体和市场经济模式，但由于内外因素的制约作用，转型前提条件的缺失，迄今为止尚未完成转型进程。

5.3 既定方向的漫长征途

中亚国家无法在短时间内克服民主转型的难题，在通往民主的道路中，它们中的多数国家未必出现明显的进步。并不是这些国家的人民不接受民主，而是目前尚没有找到迅速建立民主的渠道。建立民主制度离不开其他主要领域的改革，特别是地方政府的改革。在中亚推行民主只能靠长期的、耐心的、国际社会和国家执政者的共同努力。同时，改革和民主化都应当是在国家社会内部来实现，而不是从外部施加。这一进程应当是逐步的，以免破坏安全和稳定，同时，需要考虑各国的特殊性，改革不应当只有一种模式。

需要指出的是，中亚各国总统制政体随着国际和国内形势的变化而改变。进入21世纪后，随着各国宪法的不断调整，总统、议会、政府间的权力分配也在随之调整，而且权力制衡越来越明显。即使在被西方国家指责为集权制的土库曼斯坦，议会的权力也在随着宪法修订而扩大。2008年土库曼斯坦修改后的新宪法规定，土库曼斯坦国家权力的基础是互相独立、互相平等的立法、执法和司法三权分立原则。根据新版宪法的规定，议会权力将得到实质性的扩大。议会是行使立法权力的国家最高代表机关，由125名人组成（原来仅有50人）。议员根据地域选区选举产生，任期5年。议会有权通过法律、修改土库曼斯坦宪法和法律、解释法律、通过国家预算和执行报告、指定国家总统、议会选举以及地方代表机关成员选举日期、确定国家权力机关行政法规是否符合或违反宪法、批准和废除国家间条约、审议和平与安全问题以及其他问题。新宪法还规定，撤销目前代表土库曼斯坦国家最高权力代表和立法机关的人民委员会，大幅扩大议会权力，甚至可以出于健康原因提前解除总统的职务。总统可以由于疾病原因被提前解职，相应决定应由议会根据独立医学委员会的结论在得到至少2/3法定数量议员的支持情况下做出。如果总统因为某种原因不能履行自己的权力，在新总统选举产生之前，议会可以根据国家安全委员会的决定临时指定一位政府副总理代行国家元首义务，但是代总统不能竞选国家元首职位。

权力分配机制随着各国形势的发展而不断变化。以吉尔吉斯斯坦为例，在2010年4月7日吉尔吉斯斯坦发生大规模骚乱后，反对派成立了临时政府。旋即于5月2日，临时政府正式公布了新宪法草案。在吉尔吉斯斯坦通过的最新宪法草案中明确规定，在吉尔吉斯斯坦建立议会制政治体制，大幅削减总统权力，扩大议会权力。根据草案，总统任期5年，不能连任，议会实际上成为国家管理体系的主导，行政权由总理负责。新宪法草案的核心内容是改变吉尔吉斯斯坦独立以来实行的总统制，由总统制向议会制过渡。这就意味着议会权力的扩大和总统权力的减弱，表明吉尔吉斯斯坦在以宪法为依据改变原有的政治体制。吉尔吉斯斯坦临时政府表示，新宪法将与原有政体划清界限。按照三权分立理论，吉尔吉斯斯坦议会权力的扩大，将促进三权分立的真正实现，也预示着由总统集权向民主治理的进步。在中亚，到目前为止，吉尔吉斯斯坦议会的权力最大。吉尔吉斯斯坦宪法改革说明，在宪法层面上中亚各国的民主化已经实现。

总统的权力也受到宪法的限制。宪法第四条规定，国家建立在权力划分为立法权、执行权及司法权的原则之上，它们独立行为，相互制衡。总统虽然有权任命及解除最高法院院长、高级经济法院院长、总检察长职务，但需要征得议会事先同意。在签署法律时，总统虽然有权在不迟于二周的期限内将附有自己意见的法律驳回议会，重新讨论和表决。但如果议会以 2/3 的多数票确认原来它所通过的决定，总统必须签署。对于修改和补充宪法的法律，总统不具有拖延否决的权利。

在中亚推行民主只能靠长期的、耐心的、国际社会和国家执政者的共同努力。同时，改革和民主化都应当是在国家社会内部来实现，而不是从外部施加。这一进程应当是逐步的，以免破坏安全和稳定，同时，需要考虑各国的特殊性。中亚国家需要真正的而不是脱离实际的改革，靠更换领导人而不是改变领导机制并不能解决问题。正如哈萨克斯坦政治家叶尔兰·加林（Ерлан Карин）所言，中亚的政治情况与格鲁吉亚和乌克兰的区别在于，后两个国家的民众一直要求政府进行民主改革，而在中亚国家，列入政治议事日程的关键问题是反腐败，民主化排在其后。一些极端组织所支持的也不是民主化，而是建立廉洁政府。可见，从中亚现阶段的发展情况看，加速民主化进程是不符合现实的。[①] 但从长远来看，实现具有中亚特色的政治民主化和经济市场化是各国一致的努力方向。

---

① Надежда Малышева, Центрльная Азия в свете Демократических революций. Мировая экономика и международные отношения, № 8 с. 60 – 70.

参 考 文 献

一、中文著作类

1. 《列宁全集》第十八卷，人民出版社 1959 年版。

2. 《中国大百科全书》（政治学卷），中国大百科全书出版社 1992 年版。

3. 蔡定剑：《民主是一种现代生活》，社会科学文献出版社 2011 年版。

4. 李淑云：《地缘政治与中亚五国民族问题》，辽宁人民出版社 2007 年版。

5. 张东荪：《理性与民主》，岳麓书社 2010 年版。

6. 刘军宁编：《民主与民主化》，商务印书馆 1999 年版。

7. 任允正、于洪君：《独联体国家宪法比较研究》，中国社会科学出版社 2001 年版。

8. 唐贤兴：《民主与现代国家的成长》，复旦大学出版社 2008 年版。

9. 陈联璧、刘庚岑、吴宏伟：《中亚民族与宗教问题》，中央民族大学出版社 2002 年版。

10. 王正泉主编，姚渭玉副主编：《剧变后的原苏联东欧国家（1989～1999），东方出版社 2001 年版。

11. 江流、陈之骅主编：《苏联演变的历史思考》，中国社会科学出版社 1994 年版。

12. 赵常庆主编：《中亚五国概论》，经济日报出版社 1999 年版。

13. 孙壮志：《中亚新格局与地区安全》，中国社会科学出版社 2001 年版。

14. 海运、李静杰总主编，学刚、姜毅主编：《叶利钦时代的俄罗斯·外交卷》，人民出版社 2001 年版。

15. 安作相、胡征钦编译：《中亚含油气地区》，石油工业出版社 1993 年版。

16. 方桂关编写：《剧变中的东欧》，中共中央党校出版社1992年版。

17. 陈之骅、吴恩远，马龙闪主编：《苏联兴亡史纲》，中国社会科学出版社2004年版。

18. 应克复等：《西方民主史》，中国社会科学出版社1997年版。

19. 苑洁主编：《后社会主义》，中央编译出版社2007年版。

20. 薛君度主编，朱晓中副主编：《转轨中的中东欧》，人民出版社2002年版。

21. 李静杰总主编，赵常庆主编：《十年巨变——中亚和外高加索卷》，东方出版社2003年版。

22. 刘亚军等：《东欧大地震》，四川人民出版社1991年版。

23. 宋玉波：《民主政制比较研究》，法律出版社2001年版。

24. 范建中等：《当代俄罗斯政治发展进程与对外战略选择》，时事出版社2004年版。

25. 胡伟主编：《新权威主义政权的民主转型》，上海人民出版社2006年版。

26. 李静杰总主编、朱晓中主编：《十年巨变——中东欧卷》，中共党史出版社2004年版。

27. 张月明、姜琦：《政坛10年风云——俄罗斯与东欧国家政党研究》，上海社会科学院出版社2005年版。

28. 宁骚：《民族与国家——民族关系与民族政策的国际比较》，北京大学出版社1995年版。

29. 潘志平主编：《中亚的民族关系：历史、现状与前景》，新疆人民出版社2003年版。

30. 冯绍雷、相蓝欣主编：《转型理论与俄罗斯政治改革》，上海：上海人民出版社2005年版。

31. 《苏联民族问题文献选编》：中国社会科学院苏联东欧研究所、国家民族事务委员会政策研究室编译，社会科学文献出版社1987年版。

32. 赵常庆等：《苏联民族问题研究》，社会科学文献出版社1996年版。

33. 阿拉坦：《论民族问题》，中央民族学院出版社1989年版。

34. 文云朝等：《中亚地缘政治与新疆开放开发》，地质出版社2002年版。

35. 张振国主编：《中亚伊斯兰教的历史与现状》，北京大学亚非研究所 1996 年版。

36. 安维华、吴强、刘庚岑：《中亚穆斯林与文化》，中央民族大学出版社 1999 年版。

37. 叶自成主编：《地缘政治与中国外交》，北京出版社 1998 年版。

38. 新疆维吾尔自治区统计局编：《走向新世纪的独联体国家》，中国统计出版社 2000 年版。

39. 王治来、丁笃本编著：《中亚国际关系史》，湖南出版社 1997 年版。

40. 潘志平主编：《民族自决还是民族分裂》，新疆人民出版社 1999 年版。

41. 马大正、冯锡时主编：《中亚五国史纲》，新疆人民出版社 2000 年版。

42. 王沛主编：《中亚五国概况》，新疆人民出版社 1997 年版。

43. 徐小杰：《新世纪的油气地缘政治——中国面临的机遇与挑战》，社会科学文献出版社 1998 年版。

44. 金宜久、吴云贵：《伊斯兰与国际热点》，东方出版社 2001 年版。

45. 新疆社会科学院国际问题研究中心：《2000 年周边环境与新疆稳定》蓝皮书，2001 年。

46. 新疆社会科学院中亚研究所：《2001 年周边环境与新疆稳定与发展》蓝皮书，2002 年。

47. 薛君度、邢广程主编：《中国与中亚》，社会科学文献出版社 1999 年版。

48. 《俄罗斯和东欧中亚国家年鉴》（1992～1995），中国社会科学院东欧中亚研究所编印。

49. 徐葵主编：《俄罗斯和东欧中亚国家年鉴》（1996），当代世界出版社 1998 年版。

50. 张森主编：《俄罗斯和东欧中亚国家年鉴》（1997），当代世界出版社 1999 年版。

51. 张森主编：《俄罗斯和东欧中亚国家年鉴》（1998），当代世界出版社 2000 年版。

52. 张森主编：《俄罗斯和东欧中亚国家年鉴》（1999），当代世界出版社 2001 年版。

53. 张森主编：《俄罗斯和东欧中亚国家年鉴》（2000），当代世界出版社 2002 年版。

　　54. 钱乘旦主编：《欧洲文明——民族的融合与冲突》，贵州人民出版社 1999 年版。

　　55. 李垂发、迮丽珍编著：《独联体国家经济统计手册》，时事出版社 1994 年版。

　　56. 方永刚、唐复全：《大国逐鹿——新地缘政治》，四川人民出版社 2001 年版。

　　57. 胡联合：《当代世界恐怖主义与对策》，东方出版社 2001 年版。

　　58. 王逸舟：《当代国际政治析论》，上海人民出版社 1995 年版。

　　59. 刘从德：《地缘政治学：历史、方法与世界格局》，华中师范大学出版社 1998 年版。

　　60. 阮西湖等：《苏联民族问题的历史与现状》，生活·读书·新知三联书店 1979 年版。

　　61. 李静杰总主编，赵常庆主编：《十年巨变——中亚和外高加索卷》，中共党史出版社 2004 年版。

　　62. 许新主编：《叶利钦时代的俄罗斯经济卷》，人民出版社 2001 年版。

　　63. 谢岳：《社会抗争与民主转型：20 世纪 70 年代以来的威权主义政治》，上海人民出版社 2008 年版。

　　64. 陈尧：《新权威主义政权的民主转型》，上海人民出版社 2006 年版。

二、中文论文类

　　1. 李淑云：《中亚五国政治民主化初探》，载《俄罗斯中亚东欧研究》2003 年第 1 期。

　　2. 李淑云：《中亚未来：谁主沉浮?》，载《俄罗斯中亚东欧研究》2004 年第 6 期。

　　3. 李淑云：《地缘政治与中亚五国民族问题》，载《俄罗斯中亚东欧研究》2005 年第 4 期。

　　4. 李淑云：《中亚与中东欧民主化进程的国际比较》，载《辽宁大学学报》2010 年第 3 期。

　　5. 朱晓中：《转型九问——写在中东欧转型 20 年之际》，载《俄罗斯中亚东欧研究》2009 年第 6 期。

　　6. 方雷、孙奇：《中东欧国家的政治转轨：以波匈捷为例》，载《山东大学学报》2006 年第 1 期。

　　7. 高歌：《浅析中东欧国家与俄罗斯的异质性》，载《俄罗斯中亚东欧研究》2007 年第 5 期。

8. 高歌：《从制度巩固到观念巩固》，载《俄罗斯中亚东欧研究》2006 年第 1 期。

9. 高歌：《浅析东欧国家政治转轨中的外部因素》，载《国际论坛》2000 年第 6 期。

10. 冯绍雷：《原苏东、南欧、拉美与东亚国家转型的比较研究》，载《世界经济与政治》2004 年第 8 期。

11. 邱森林：《美国的中亚战略及前景》，载《外交评论》2005 年第 10 期。

12. 曹志平：《地缘政治与俄罗斯外交》，载《东欧中亚研究》1998 年第 5 期。

13. 石泽：《美俄竞争：折射中亚形势的晴雨表》，载《现代国际关系》2005 年第 2 期。

14. 胡尚哲、高永久：《美国的中亚和外高加索战略的演变》，载《俄罗斯中亚东欧研究》2006 年第 2 期。

15. 胡健：《中亚"帝国后遗症"及其治理新机制》，载《世界经济研究》2004 年第 7 期。

16. 胡曾胜：《美国中亚政策面面观》，载《当代世界》2005 年第 10 期。

17. 孙勇军：《中亚三国推进一体化》，载《人民日报》1997 年 4 月 11 日。

18. 陈延琪：《中亚恐怖主义的特殊性、危险性和可预防性》，载《周边环境与新疆稳定与发展》2001 年蓝皮书。

19. 赵华胜：《"颜色革命"后欧亚地区形势的变化》，载《现代国际关系》2005 年第 11 期。

20. 张新平：《中亚五国政治转轨的特征》，载《甘肃社会科学》1999 年第 3 期。

21. 闫文虎：《浅析俄罗斯和中亚非政府组织》，载《俄罗斯研究》2007 年第 1 期。

22. 李立凡、刘锦前：《美国中亚战略棋盘上的非政府组织》，载《国际问题研究》2005 年第 6 期。

23. 常庆：《中亚各国独立以来政治经济述评》，载《东欧中亚研究》1996 年第 6 期。

24. 林会生：《笑在脸上　愁在心头——西方对苏联解体的喜与忧》，载《世界知识》1992 年第 2 期。

25. 李兴耕：《俄罗斯政党体制现状及其前景》，载《国外理论动态》2003 年第 8 期。

26. 俞邃：《中亚局势分析与展望》，载《现代国际关系》2005 年第 2 期。

27. 徐崇温：《中亚的“颜色革命”与布什的输出民主战略》，载《中国社会科学院研究生院学报》2005 年第 5 期。

28. 范建中、徐宜鹏：《俄罗斯的“主权民主”：由来、争议及前景》，载《俄罗斯研究》2007 年第 4 期。

29. 冯绍雷：《“颜色革命”：大国间的博弈与独联体的前景》，载《俄罗斯研究》2005 年第 3 期。

30. 赵常庆：《大国在中亚的利益交织》，载《和平与发展》2007 年第 2 期。

31. 徐晓天、陈杰军：《2005 年的中亚形势》，载《国际资料信息》2006 年第 2 期。

32. 祖立超、谷迎秋：《从吉尔吉斯“颜色革命”看俄美博弈中亚》，载《西伯利亚研究》2005 年第 6 期。

33. 赵会荣：《美国在中亚的“民主”目标》，载《俄罗斯中亚东欧研究》2004 年第 6 期。

34. 邵育群：《美国中亚政策的矛盾与困局》，载《美国对外关系专论》2005 年第 6 期。

35. 韩水法：《民主的概念》，载《天津社会科学》2007 年第 5 期。

36. 李兴耕：《普京的主权民主》，载《当代世界》2006 年第 7 期。

37. 孙凌齐：《普京政治体制的特征：“可控民主”—“主权民主”》，载《当代世界与社会主义》2006 年第 1 期。

38. 潘光：《“9·11”事件前后美国与中亚的关系：变化与挑战》，载《复旦学报》2005 年第 6 期。

39. 刘学成：《中亚地缘战略地位的演变与美国的政策》，载《国际问题研究》2004 年第 4 期。

40. 黄宗良：《有限的集权　有序的民主——推进政治体制改革的一种思路》，载《理论参考》2007 年第 9 期。

41. 王长江：《关于民主的几点再认识》，载《理论参考》2007 年第

9 期。

42. 尹承德：《美俄中亚争夺新态势》，载《国际问题研究》2006 年第 3 期。

43. 时殷弘：《当今中亚大国政治：出自中国视角的评估》，载《国际政治》2003 年第 7 期。

44. 常玢：《地缘政治和宗教因素在国家间关系中的作用——试析土耳其、伊朗对中亚地区的影响》，载《世界经济与政治》2001 年第 3 期。

45. 吴家多：《中亚地区的俄罗斯人问题》，载《世界民族》1998 年第 1 期。

46. 郝时远：《20 世纪世界民族问题的消长及其对新世纪的影响》，载《世界民族》2000 年第 1 期。

47. 程伟：《计划经济国家体制转轨异同及其绩效》，载《经济社会比较》2004 年第 5 期。

48. 冯绍雷：《苏东、南欧、拉美与东亚国家转型的比较研究》，载《世界经济与政治》2004 年第 8 期。

49. 程晖：《俄罗斯和中亚经济——继续恢复性增长》，载《中国经济导报》2012 年 2 月 16 日，A04 版。

50. 张屹峰、潘光：《美国的中亚经济战略及其影响》，载《和平与发展》2009 年第 1 期。

51. 陈江生：《中亚的转轨——乌兹别克斯坦的经济改革》，载《中共石家庄市委党校学报》2006 年第 10 期。

52. 吴宏伟、于树一：《中亚地区经济特点及与世界经济的比较研究》，载《新疆师范大学学报》（哲学社会科学版）2009 年第 3 期。

53. 陈江生、毛惠青：《中亚的转轨——土库曼斯坦的经济改革》，载《中共石家庄市委党校学报》2007 年第 2 期。

54. 陈江生：《中亚的转轨——哈萨克斯坦的经济变革与发展》，载《中共石家庄市委党校学报》2007 年第 1 期。

55. 刘清鉴：《独立十年来的中亚经济》，载《东欧中亚市场研究》2001 年第 7 期。

56. 陈江生、李沛霖：《中亚的转轨——吉尔吉斯斯坦的经济改革》，载《中共石家庄市委党校学报》2007 年第 3 期。

57. M. 斯达克：《作为中亚国家转型参考模式的发展型政权》，载《俄罗斯研究》2009 年第 1 期。

三、中文译著类

1. ［哈］努·纳扎尔巴耶夫：《探索之路》，新疆人民出版社 1995 年版。

2. ［哈］努·纳扎尔巴耶夫：《和平的震中》，华夏出版社 2002 年版。

3. ［哈］努·纳扎尔巴耶夫：《前进中的哈萨克斯坦》，民族出版社 2000 年版。

4. ［哈］努·纳扎尔巴耶夫：《站在 21 世纪门槛上——总统手记》，时事出版社 1997 年版。

5. ［哈］卡·托卡耶夫：《中亚之鹰的外交战略》，新华出版社 2002 年版。

6. ［哈］卡·托卡耶夫：《哈萨克斯坦——从中亚到世界》，新华出版社 2001 年版。

7. ［乌兹别克］伊斯拉姆·卡里莫夫：《临近 21 世纪的乌兹别克斯坦 安全的威胁、进步的条件和保障》，国际文化出版公司 1997 年版。

8. ［乌兹别克］伊斯拉姆·卡里莫夫：《乌兹别克斯坦沿着深化经济改革的道路前进》，国际文化出版公司 1996 年版。

9. ［吉尔吉斯］阿斯卡尔·阿卡耶夫：《难忘的十年》，世界知识出版社 2002 年版。

10. ［土库曼］萨·阿·尼亚佐夫：《永久中立 世代安宁》，东方出版社 1996 年版。

11. ［苏］帕利哥夫等：《哈萨克苏维埃社会主义共和国》，民族出版社 1957 年版。

12. ［苏］科尔热涅夫斯基等：《乌兹别克苏维埃社会主义共和国》，民族出版社 1958 年版。

13. ［苏］卢宁等：《吉尔吉斯苏维埃社会主义共和国》，民族出版社 1957 年版。

14. ［苏］阿加哈尼亚恩茨：《塔吉克苏维埃社会主义共和国》，民族出版社 1959 年版。

15. ［苏］安·米·潘克拉托娃主编：《苏联通史》第三卷，生活·读书·新知三联书店 1980 年版。

16. ［苏］M. A. 捷连季耶夫：《征服中亚史》第一卷，商务印书馆 1980 年版。

17. ［苏］M. A. 捷连季耶夫：《征服中亚史》第二卷，商务印书馆 1986 年版。

18．［苏］M. A. 捷连季耶夫：《征服中亚史》第三卷，商务印书馆 1986 年版。

19．［苏］伊·费·巴布科夫著：《我在西伯利亚服务的回忆》（1859～1875 年）上、下册，商务印书馆 1973 年版。

20．［乌克兰］伊凡·麦斯特连柯：《苏共各个时期的民族政策》，人民出版社 1983 年版。

21．［美］罗伯特·康奎斯特主编：《最后的帝国——民族问题与苏联的前途》，华东师大出版社 1993 年版。

22．［法］埃莱娜·卡·唐科斯：《分崩离析的帝国——苏联国内的民族反抗》，新华出版社 1982 年版。

23．［苏］波诺马廖夫主编：《苏联共产党历史》，上海人民出版社 1974 年版。

24．［俄］涅奇金娜主编：《苏联史》第 2 卷，三联书店 1959 年版。

25．［苏］查米扬：《民族问题、部族、民族、少数民族》，民族出版社 1956 年版。

26．［苏］查米扬：《马克思列宁主义关于民族殖民地问题的理论》，民族出版社 1956 年版。

27．［俄］列夫申：《吉尔吉斯—哈萨克各帐及各草原的述叙》，1975 年打印本。

28．新疆维吾尔自治区民族研究所编译：《有关沙俄侵略中亚细亚地区资料译文集》，1974 年打印本。

29．［美］胡曼·佩马尼：《虎视中亚》，新华出版社 2002 年版。

30．［英］杰弗里·帕克：《二十世纪的西方地理政治思想》，解放军出版社 1992 年版。

31．［英］加文·汉布里主编：《中亚史纲要》，商务印书馆 1994 年版。

32．［美］兹比格纽·布热津斯基：《大棋局——美国的首要地位及其地缘战略》，上海人民出版社 1998 年版。

33．［美］亨利·基辛格：《大外交》，海南出版社 1998 年版。

34．［英］哈·麦金德：《历史的地理枢纽》，商务印书馆 1985 年版。

35．［美］斯皮克曼：《和平地理学》，商务印书馆 1965 年版。

36．［美］马汉：《海权论》，中国言实出版社 1997 年版。

37．［苏］杰弗里·帕克：《地缘政治学：过去、现在和未来》，新华出版社 2003 年版。

38. ［美］汉斯·摩根索：《国家间的政治——为权力与和平而斗争》第五版修订版，商务印书馆 1993 年版。

39. ［美］塞缪尔·亨廷顿：《文明的冲突与世界秩序的重建》，新华出版社 1999 年版。

40. ［美］伊曼纽尔·沃勒斯坦、布热津斯基：《大变局——30 位国际顶级学者研判"后 9.11"时代的世界格局》，江西人民出版社 2002 年版。

41. ［美］肯尼斯·沃尔兹：《国际政治理论》，中国人民公安大学出版社 1992 年版。

42. ［美］A. W. 德波特：《欧洲与超级大国》，中国社会科学出版社 1986 年版。

43. ［美］詹姆斯·多尔蒂、小罗伯特·普法尔茨格拉夫：《争论中的国际关系理论》，世界知识出版社 1987 年版。

44. ［美］亨利·赫坦巴哈著，吉林大学历史系翻译组译：《俄罗斯帝国主义　从伊凡大帝到革命前》，生活·读书·新知三联书店 1978 年版。

45. ［美］布热津斯基：《大失控与大混乱》（又名《失去控制：21 世纪前夕的全球混乱》），中国社会科学出版社 1995 年版。

46. ［美］迈克尔·刘金：《俄国在中亚》，商务印书馆 1965 年版。

47. ［美］布鲁斯·拉西特、哈维·斯塔尔：《世界政治》，华夏出版社 2001 年版。

48. ［美］塞缪尔·亨廷顿译：《第三波——20 世纪后期民主化浪潮》，上海三联书店 1998 年版。

49. ［俄］米哈伊尔·戈尔巴乔夫：《对过去和未来的思考》，新华出版社 2002 年版。

50. ［日］星野昭吉编：《变动中的世界政治　当代国际关系理论沉思录》，新华出版社 1999 年版。

51. ［美］理查德·M·尼克松：《超越和平》，世界知识出版社 1999 年版。

52. ［美］理查德·M·尼克松：《1999：不战而胜》，世界知识出版社 1997 年版。

53. ［美］罗伯特·吉尔平：《世界政治中的战争与变革》，中国人民大学出版社 1994 年版。

54. ［德］恩斯特—奥托·岑皮尔：《变革中的世界政治　东西方冲突结束后的国际体系》，华东师范大学出版社 2000 年版。

55. [德] 乌·哈贝马斯等:《全球化与政治》，中央编译出版社 2000年版。

56. [美] 罗伯特·基欧汉:《世界政治经济中的合作与纷争》，上海人民出版社 2001 年版。

57. [美] 玛莎·费丽莫:《国际社会中的国家利益》，浙江人民出版社 2001 年版。

58. [美] 保罗·肯尼迪:《大国的兴衰》，中国经济出版社 1989 年版。

59. [英] 罗宾·科恩、保罗·肯尼迪:《全球社会学》，社会科学文献出版社 2001 年版。

60. [美] 卡莱尔:《文明的忧思》，中国档案出版社 1999 年版。

61. [美] 文森特·奥斯特罗姆:《民主的意义及民主制度的脆弱性——回应托克维尔的挑战》，陕西人民出版社 2011 年版。

62. [加] 弗兰克·坎宁安:《民主理论导论》，长春:吉林出版集团有限责任公司 2010 年版。

63. [丹] 奥勒·诺格德:《经济制度与民主改革——原苏东国家的转型比较分析》，上海世纪出版集团 2007 年版。

64. R. 布鲁斯·麦库姆等:《世界的自由:政治权利和公民自由，1991~1992》，自由出版社 1992 年版。

65. [美] 罗伯特·达尔:《论民主》，商务印书馆 1999 年版。

66. [英] 约翰·邓恩编:《民主的历程》，吉林人民出版社 1999 年版。

67. [美] 约瑟夫·熊彼特:《资本主义、社会主义与民主》，商务印书馆 2000 年版。

68. [以] 夏兰斯基:《论民主:自由战胜暴政与恐怖的威力》，纽约公共事务出版社 2004 年版。

69. [美] 威廉·布鲁姆:《谁是无赖国家》，新华出版社 2002 年版。

70. [俄] 安德兰尼克·米格拉尼扬:《俄罗斯现代化与公民社会》，美华出版社 2003 年版。

71. [丹] 奥勒·诺格德:《经济制度与民主改革:原苏东国家的转型比较研究》，上海世纪出版集团 2007 年版。

72. [波] 格泽戈尔兹·W. 科勒德克:《从休克到治疗——后社会主义转轨的政治经济》，上海远东出版社 2000 年版。

四、英文文献

1. Cumming, Sally N. Kazakhstan: An Uneasy Relationship-Power and Au-

thority in the Nazarbayev Regime [A] (Cummings, Sally N. , ed. Power and Change in Central Asia [C]). London: Routledge, 2002.

2. Atkin, Muriel. Tajikistan: A President and His Rivals [A]. Ibid. Kangas, Roger D. Uzbekistan: the Karimov Presidency-Amir Timur Revisited [A]. Ibid.

3. Collins, Kathleen. Clans, Pacts, and Politics in Central Asia [J]. Journal of Democracy, 2002, 13 (3).

4. Collins, Kathleen. The Political Role of Clans in Central Asia [J]. Comparative Politics, 2003, 35 (2).

5. Collins, Kathleen. Clan Politics and Regime Transition in Central Asia [M]. NY: Cambridge University Press, 2006.

6. Collins, Kathleen. Clans, Pacts, and Politics in Central Asia. Journal of Democracy, Vol. 13, No. 3, July, 2002.

7. Collins, Kathleen. The Political Role of Clans in Central Asia. Comparative Politics, Vol. 35, No. 2, Jan. , 2003.

8. George, Julie A. Expecting Ethnic Conflict: the Soviet Legacy and Ethnic Politics in the Caucasus and Central Asia [A] (Wooden, Amanda E. & Stefes, Christoph H. , eds. The Politics of Transition in Central Asia and the Caucasus: Enduring Legacies and Emerging Challenges [C]). Oxon: Routledge, 2009.

9. Kucera, Joshua. Central Asia and Caucasus: Bleak Outlook for Democratization. EURASIANET, http: //www. eurasianet. org/departments/civilsociety/articles/eav011210. shtml, Jan. 11, 2010.

10. Umerov, Marat. Central Asia: Democracy in the Balance. Carnegie Endowment for International Peace, http: //carnegieendowment. org/2002/04/22/central-asia-democracy-in-balance/j54, Apr. 22, 2002.

11. Ozkan, Guner. Will Nazarbayev Deliver Democracy in Kazakhstan? . The Journal of Turkish Weekly, http: //www. turkishweekly. net/columnist/3475/will-nazarbayev-deliver-democracy-in-kazakhstan. html, July 12, 2011.

12. Ozkan, Guner. Election in Tajikistan Promise Too Little. The Journal of Turkish Weekly, http: //www. turkishweekly. net/columnist/3305/elections-in-tajikistan-promise-too-little-. html, Mar. 12, 2010.

13. A. Aslund. How Capitalism Was Built. The Transformation of Central and Eastern Europe, Russia, and Central Asia. – Cambridge University Press,

2007. – Ch. 4. Liberalization: the creation of a market economy.

14. Åslund, Anders. How Capitalism Was Built: the Transformation of Central and Eastern Europe, Russia, and Central Asia [M]. Cambridge: Cambridge University Press, 2007.

15. Spechler, Martin C. The Political Economy of Reform in Central Asia: Uzbekistan under Authoritarianism [M]. Oxon: Routledge, 2008.

16. Gleason, Gregory. Markets and Politics in Central Asia: Structural Reform and Political Change [M]. London: Routledge, 2003.

17. Roeder, Philip G. The Revolution of 1989: Postcommunism and the Social Sciences [J]. Slavic Review, 1999, 58 (4).

18. Kuzio, Taras. Transition in Post-Communist States: Triple or Quadruple? [J]. Politics, 2001, 21 (3).

19. Lowe, Robert. National Building and Identity in the Kyrgyz Republic [A] (Everett-Heath, Tom, ed. Central Asia: Aspects of Transition [C]). London: Routledge Curzon, 2003.

20. Everett-Heath, Tom. Instability and Identity in a Post-Soviet World: Kazakhstan and Uzbekistan [A] (Everett-Heath, Tom, ed. Central Asia: Aspects of Transition [C]). London: Routledge Curzon, 2003.

21. Steinberger, Petra. "Fundamentalism" in Central Asia: Reasons, Reality and Prospects [A] (Everett-Heath, Tom, ed. Central Asia: Aspects of Transition [C]). London: Routledge Curzon, 2003.

22. Anderson, John. Elections and Political Development in Central Asia. Journal of Communist Studies and Transition Politics, 13: 4.

23. Dosmukhamedov, Yerzhan. Kazakhstan's Assassinated Democracy. Massachusetts: eBookIt, 2011.

24. Bendersky, Yevgeny. Democracy in the Former Soviet Union: 1991 – 2004. EURASIANET, http://www.eurasianet.org/departments/insight/articles/pp010305.shtml, Jan. 2, 2005.

25. Clans, Authoritarian Rulers, and Parliaments in Central Asia (Report).

26. Kubicek, Paul. Authoritarianism in Central Asia: Curse or Cure?. Third World Quarterly, Vol. 19, No. 1, Mar. , 1998.

27. Matveeva, Anna. Democratization, Legitimacy and Political Change in

Central Asia. International Affairs, Vol. 75, No. 1, Jan. , 1999.

28. Collins, Kathleen. The Political Role of Clans in Central Asia. Comparative Politics, Vol. 35, No. 2, Jan. , 2003.

29. Starr, Frederick. Clans, Authoritarian Rulers, and Parliaments in Central Asia. Washington: Central Asia-Caucasus Institute & Silk Road Studies Program, June, 2006.

30. Kucera, Joshua. Central Asia and Caucasus: Bleak Outlook for Democratization. EURASIANET, http://www. eurasianet. org/departments/civilsociety/articles/eav011210. shtml, Jan. 11, 2010.

31. Umerov, Marat. Central Asia: Democracy in the Balance. Carnegie Endowment for International Peace, http: //carnegieendowment. org/2002/04/22/central-asia-democracy-in-balance/j54, Apr. 22, 2002.

32. Ozkan, Guner. Will Nazarbayev Deliver Democracy in Kazakhstan? . The Journal of Turkish Weekly, http: //www. turkishweekly. net/columnist/3475/will-nazarbayev-deliver-democracy-in-kazakhstan. html, July 12, 2011.

33. Ozkan, Guner. Election in Tajikistan Promise Too Little. The Journal of Turkish Weekly, http: //www. turkishweekly. net/columnist/3305/elections-in-tajikistan-promise-too-little-. html, Mar. 12, 2010.

34. Vladimir Popov. Shock therapy versus gradualism reconsidered: lessons from transition economies after 15 years of reforms. – Comparative Economic Studies, 2007, No. 49.

35. Elena Rakova. Privatization experience of some CEE and CIS countries. Lessons for Belarus. – ICEG European center. Working Paper Nr. 29, 2006.

五、俄文文献

1. Шерзод Кудратходжаев: Фальшивый демократизм цветных революций. Народное слово № 146 от 2 Августа 2005 г.

2. Геннадий Серафимович: Цветные революции и национальные интересы США. Суворовский натиск, № 126 от 1 ноября 2008. http: //dlib. eastview. com/browse/doc/19349898.

3. Максим Гликин: Против демократии. Ведомости №151 от 2005 г. http: //dlib. eastview. com/sources/articie. jsp? id = 8107962.

4. Надежда Сапегина, Аититерро. Цветную революцию заказывали? Уральские новые вести. 02ю09ю2005 г. № 071.

5. В. Кузьмин：Роль США в осуществлении цветных революции в заребежных странах. Зарубежное военное обозрение，№ 9 от сентября 2008 г. http：//dlib. eastview. com/browsedoc/19145090.

6. А. Ю. Мельвиль，О траекториях посткоммунистических трансформа ций. Политические исследования，2004（002）.

7. Андрей Бубина，Россия и Средняя Азия. Международная жизнь，2011（4）.

8. Александр Михайлович Либман，Анастасия Викторовна Обыденкова，Международное измерение недемократических режимов：количественый анализ. Москва，Институт экономики 2010 г.

9. Наталья Харитонова，Верной дорогой идете，товарищи！ht-tp：//www/apn. kz/opinions/print6246/htm.

10. Геннадий Серафимович：Цветные революции и национальные интересы США. Суворовский натиск，№ 126 от 1 ноября 2008. http：// dlib. eastview. com/browse/doc/19349898.

11. Миннтимер Шаймиев，Судьбы демократии в России. Незави симая газета от 15 сентября 2006 г. www. ng. ru.

12. Сергей Марков，О суверенной демократии. http：//edinros. ru/ news/html？ id = 115327.

13. С. И. Чернявский，Центральная Азия в эпоху перемен. Россия в глобальной политике，№ 6 ноябрь – декабрь 2005 г.

14. Л. Павлович：Уроки Цветных революций：взгляд из России. Слово Киргизистана № 048 от 15 мая 2005 г.

15. Геннадий Серафимович：Цветные революции и национальные интересы США. Суворовский натиск，№ 126 от 1 ноября 2008. http：// dlib. eastview. com/browse/doc/19349898.

16. Неизбежный тупик “ветных” революций. Русский курьер，№ 43 от 3 декабря 2007 г. http：//dlib. eastview. com/browse/doc/13056025 8.

17. Дмитрий Ермолаев：На параллелях СНГ. Средняя Азия：демок ратия или стабильность. Российские вести от 15 февраля 2006 г. № 006.

18. В. Кузьмин：Роль США в осуществлении цветных революции в заребежных странах. Зарубежное военное обозрение，№ 9 от сентября 2008г. http：//dlib. eastview. com/browse/doc/19145090.

19. Алексей Макаркин: Угрожает ли Казахстану Цветная революция Известия № 194 от 26 октября 2005 г, http://dlib. eastview. com/browse/doc/8476697.

20. Денис Акимов: Актуальный комментарийЦветная революция в Киргизии Парламентская газета № 1859 (009) от 16 января 2006 г.

21. "Центральные революции" —обман зрения?, Новое время № 074 от 23 июля 2005 г.

22. "Центральные революции" —обман зрения?, Новое время № 074 от 23 июля 2005 г.

23. Максим Гликин: Против демократии. Ведомости №151 от 2005 г. http://dlib. eastview. com/sources/articie. jsp? id = 8107962.

24. Надежда Сапегина, Аититерро. Цветную революцию заказывали? Уральские новые вести. 02ю09ю2005 г. № 071.

25. Надежда Малышева, Центрльная Азия в свете Демократических революций. Мировая экономика и международные отношения, № 8.

26. Нур Омаров, Управляемая демократия как промежуточная фаза демократического транзита в Кыргызстане и странах СНГ. http://www. apn. kz/publications/print137. htm.

27. Нур Омаров. Перспективы демократического Кыргызстана. http://www/apn/kz/publications/print6667/htm/ 27/10/2006г. http://news/article7466. htm. Демократия может быть вредней.

28. А. А. Князев. Россия снова в средней Азии. Период внешнеполити ческого бездействия заканчивается. . ЦентрАзия, 28. 12. 2008 г.

29. Шерзод Кудратходжаев: Фальшивый демократизм цветных революций. Народное слово № 146 от 2 Августа 2005 г.

30. В. Папава, О теории посткоммунистической трансформации экономики, Общество и экономика, 2000 (007).

31. А. Мартынов, Постсоциалистическая трансформация: как оценить ее результаты? Общество и экономика, 2003 (012).

32. А. Ю. Мельвиль, О траекториях посткоммунистических трансформ аций. Политические исследования, 2004 (002).

33. Н. Р. Маликова, Этносоциологическое исследование трансформац ии постсоветских нации, Социологические исследования, 2004 (005).

34. Ю. А, Левада, Двадцать лет российской трансформации. Неюбилей
ные размышления о перестройке. Общественные науки и современность,
2005 (006).

35. А. Некипелов, Стратегия системной трансформации и бизнес,
2005 (007).

36. Андрей Дубина, Россия и Средняя Азия. Международная жизнь,
2011 (4).

37. А. М. Вторая трансформация в постсоветских странах. Обществе
нная наука и современность, 2007 (003).

38. А. М. Либман, А. В. Обыденкова, Международное измерение
недемократических режимов: Количественый анализ. Москва Институт
экономики 2010 г.

39. А. Гипин. Деятельность европейских промышленных ТНК в ЦВЕ
и СНГ. Мировая экономика и международные отношения, 2006 (9).

40. Европейский банк реконструкции и развития, Процесс перехода
и показатели стран СНГ (извлечение из Доклада о процессе перехода за
2003 год), Процесс перехода и показатели стран СНГ и Монголии
(извелечение из Доклада о процессе перехода за 2008 год, http://www.
ebrd. com.

41. Европейский банк реконструкции и развития, Процесс перехода
и показатели стран СНГ и Монголии 2003, www. ebrd. com.

六、相关网站

1. http://www. stats. gov. cn.

2. http://www. ebrd. com.

3. http://dlib. eastview. com.

4. http://www. nber. org.